JN452600

변증법이란 무엇인가?

변증법이란 무엇인가? - What is dialectic?

초　판 1쇄 인쇄 1984년 1월　1일
개정판 4쇄 발행 2012년 5월 31일
증보판 1쇄 발행 2023년 3월 20일

지은이　황 세 연
편집인　김 영 권
교　열　이 동 영
디자인　EG 디자인
인　쇄　대한&실업
제　본　동신제책사
발행처　도서출판 **중원문화**
주　소　서울시 마포구 서강로 11길 24(창전 2-33)
주문처　02-325-5534　FAX 02-324-6799
ISBN　978-89-7728-722-8(03120)

※ 잘못된 책은 구입하신 서점에서 바꾸어 드립니다.
(파손된 책은 반품되지 않습니다.)

변증법이란 무엇인가

WHAT IS DIALETIC?

황세연 지음

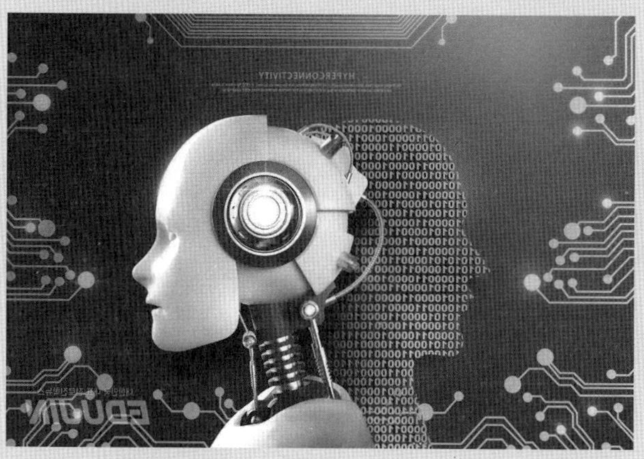

2023

도서출판 중원문화

What is dialectic?

Write & Edit

by

Hwang Sei-youn

이 책은 출판 저작권법에 의하여 법률적으로 보호를 받는 저작물이며

본사의 허락 없이는 무단으로 사용할 수 없습니다.

ⓒ Copyright Hwang Sei-youn 1984
Reprinted 2023 by Jungwonmunhwa Publishing Co.

http://www.library.ne.kr

재판 서문

현대 한국사회는 어느 날 눈떠보니 '선진국'이란 말처럼, 우리는 어느 날부터인가 제4차 혁명이라는 파고 속에 살고 있다. 날마다 쓰고 있는 핸드폰도 매일매일 새로운 기능을 가진 것들로 출시되고 있고, 각종 사무용품, 여러 무기들과 각종 제조품들이 새로운 인공지능(AI) 로봇들에 의해 자동화되어 생산되고 있다. 또한 제4차 혁명시대에서 가장 커다란 변화는 유전자 공학에 의한 포스트 휴먼시대에 진입하고 있다는 사실이다. 포스트휴먼 시대는 정보기술과 생명공학의 발달로 기술이 인간 몸속에 삽입되거나 생활에 밀착됨으로써 인간과 기계의 경계가 해체되는 시대라고 말한다. 즉 기계인간이 새롭게 탄생되고 있는 시대이다.

그렇다면 포스트 휴먼시대 드러나는 정치·사회구조는 현재 우리가 살고 있는 자본주의와 같은 사회구조일까? 아니면 힘을 지니고 있는 자가 세계를 지배하는 봉건주의로 회귀하여 또 다른 불평등한 계급사회가 탄생할 것인가? 그것도 아니라면 이제 인간이 물질로부터 지배받는 게 아니라 칼 맑스가 지적한대로 유물만 추구하는 자본주의를 넘어 아름다운 정신과 이성으로 무장(?)된 새로운 이성적 사회가 탄생될 수 있을까? 이러한 질문은 18세기 이후 오늘날까지 우리들에게 던져진 철학적 문제의 하나이다. 하지만 분명한 것은 제4차 혁명의 물결 속에 살고 있는 우리 사회는 자본주의 진영이든, 사회주의 진영이든 새로운 지식 계급이 탄생해 가고 있다는 점이다. 바로 **지식프롤레타리아의 출현**을 뒤로 한 채 기술발전만 내다보다면 그야말로 공상과학소설이 되고 만다.

칼 맑스가 지적한 "사회적 존재가 사회적 의식을 규정한다"라는 말은 자본주의 사회가 아직은 의식이 존재를 규정할 만큼 고도의 이성적 발전을 가져오지 못하는 사회라고 주장하는 말이다. 칼 맑스는 청년시절 사회주의 사회가 왜 자본주의 사회보다 우월한가를 이렇게 설명하고 있다. 노예사회보다 우월한 사회가 봉건사회였고, 봉건사회보다 더 이성적이고 의식이 발전한 사회가 자본주의 사회라고 한다면 사회주의 사회는 물질에 의해서 정신이 규정받는 사회가 아니라 그 반대로 '의식이 존재를 규정'하는 사회, 즉 현재보다 더 높은 의식을 지닌 사회라고 주장했다. 그렇다면 포스트 휴먼시대는 더욱 높은 의식을 지닌 사회일까?

지금까지 출간된 포스트 휴먼에 대한 여러 저서를 살펴보면 제4차 혁명 시대는 우려할만한 체제로 변화하기보다는 더 나은 휴머니즘 사회로 진입할 것으로 보고 있다. 예를 들어 성균관대학교의 이종관 철학교수는 자신의 저서 『포스트 휴먼이 온다』에서 시종일관 대상(對象), 즉 컴퓨터나 인공지능과 인간과의 관계에서 상호작용의 필요성을 요구하고 있다. 또한 카이스트의 이경상 교수의 저서 『코로나19 이후의 미래』에서도 "예방과 돌봄의 디지털 예방의학이 부상한다"고 적고 있다. 또한 『포스트 휴먼이 몰려온다』 책에서는 「AI 뒤에 숨은 인간, 불평등의 알고리즘」 장에서 하대청 지스트 교수 역시 "인간 없는 인공지능은 없다." "불평등을 이용하는 것이 아니라 불평등을 완화시킬 기술을 요구할 수 있다"라고 주장하고 있다. 다시 말해 인공지능과 인간은 변증법적 상호작용관계로 정치경제가 변화하며 사회구조 역시 한 단계 더 높은 사회로 갈 것임을 알 수 있다. 이는 공상 과학소설이나 공상 영화에서 등장하는 것처럼 서로 대립·투쟁하는 관계라 아니라는 점을 예시하고 있다. 즉, 포스트 휴먼 시대는 인간이 인간을 더 행복하게 하려는 한 차원 높은 고도의 의식사회라는 것을 알 수 있다.

따라서 앞에서 이야기했던 인간 사회의 불평등은 철학이 책임져야할 문제이긴 하지만 자연과학과 철학은 이종관 교수 말대로 서로 상호작용하여 오히려 해소된다고 할 수 있다. 왜냐하면 더 높은 의식사회이기 때문이다. 이는 사회복지 부분 등 인간이 요람에서 무덤까지 모두 행복하게 하는 국제사회로 갈 수 있는 기틀이 될 것이다. 물론 사회적 불평등에 대한 법률이나 질서 등도 빠르게 변화하게 될 것이다. 따라서 여러가지 한계상황은 수많은 변증법적 발전단계에서 일어날 수밖에 없는 현실적인 모순이다. 그러나 종국적으로 소외계층과 소외국가까지 전 세계에 커다란 발전을 가져다줄 것이다. 왜냐하면 칼 맑스의 말처럼 철학은 이제 세계를 해석만 하는 학문이 아니고 실천하는 학문이기 때문이다. 곧 철학의 임무는 지금까지도 그래왔고, 현재나 미래에도 인류행복을 위한 지혜를 자연과학과 상호작용 속에서 계속 쏟아 내는 실천학문으로 존속해야할 학문이다.

따라서 이 책은 변화하는 자연과학의 물결 속에서 발생하는 인간사회의 문제를 변증법적으로 해소해주는 방법론을 익히는데 가장 좋은 지침서가 될 것이다. 그리고 변증법은 철학으로 사회과학 및 자연과학과 함께 수많은 문제를 해결하는 과학이자 인류의 행복을 보장할 수 있는 해답을 제시하는 학문이다. 이 책에서 독자들은 인문·사회과학 및 자연과학이 상호작용하고 대립하면서 함께 같이 가야함을 우리는 쉽게 납득할 수 있을 것이다. 그리고 그것이 우리의 필연이고 인간 사회의 불평등을 해소해 가는 과학적 과정이 될 것이다.

끝으로 이 책은 과거 『변증법이란 무엇인가』의 증보판임을 밝혀둔다.

2023년 초봄에

저자 황세연

초판서문

1990년 중반까지만 해도 당시 군사독재를 퇴치시키기 위하여 많은 학생들이 거의 40여 년 간 인문·사회과학에 관심이 많았고, 특히 철학에 대한 관심은 타의 추종을 불허하였다. 그러나 시대가 지나 신자유주의적 질서에 편입되고 4차 혁명시대가 열리면서 이제는 오직 취업에 대한 관심만 있을 뿐 철학이나 인문과학에는 아무런 관심이 없어진 것처럼 보인다. 하지만 지금 이 순간에도 철학은 본래의 임무인 사회과학과 자연과학이 인간에게 유용하게 쓰이도록 하는 일에 최선을 다하고 있다.

그리고 요즘 사회과학도들의 철학에 대한 관심도 자본주의 사회의 고질적인 불평등이 심화되면서 높아지고 있는 것으로 보인다. 이런 모습을 발견하면서 저자는 여간 기쁘지 않을 수 없다.

또한 이와 함께 변증법에 대한 관심도 다른 여느 때에 비하여 조금은 높아지고 있음을 알 수 있는데, 그것은 곧 변증법에 관한 책자들이 근래 보기 드물기 때문이고, 철학의 지혜를 빌리고자 하는 인간의 절박함 때문이라고 생각한다.

이 책은 과거에 많이 출간되었던 변증법에 대한 관련서적 속에 또 하나의 책을 추가시킨다는 점에서 별반 의미 있는 일이 되지 않을지도 모른다. 그러나 변증법을 첫째 유물론과 관념론에서 취급하는 철학적 입장의 변증법이 아닌 사회과학적인 입장의 변증법, 즉 유물론과 관념론 어느 쪽에도 소속되지 않은 독립된 개별 과학으로 파악하고 있다는 점에서 다른 변증법 서적과 다르다 할 수 있겠다. 때문에 여기에 드러나는 변증법은 사회과학 독자들만이 아니라 일반 대중들에게도 시종일관 흥미진진하게 할 것이다. 또한 모든 현실의 운동법칙을 변증법적 과정으로 보고 있다는 점이 다를 것이고 일련의 문제를 실제로 일어나는 예를 들어 증명해 보이는 방식을 취하고 있다. 이 점이 지금까지의 다른 책에 비하여 흥미를 유발시켜 이해하기 쉬우리라 생각한다.

책의 내용에는 『弁証法はどういう科学か』(三浦つとむ 著, 講談社, 1960)가 많은 부분에서 인용되었는데, 변증법을 지나치게 도식화하였거나 철학과 너무 거리를 취하고 있어서 새롭게 손질을 하여 인용할 수밖에 없었다. 이 때문에 저자는 대부분의 내용을 철학에서 빌려올 수밖에 없었다. 따라서 독자는 변증법의 뿌리인 철학에서 사회과학적인 일련의 문제까지 두루 섭렵하는 계기가 될 것으로 믿는다. 마지막으로 외국어 실력이 부족한 저자에게 도움을 준 형제들과 지인들에게 감사한다.

2012년 초겨울에

저자 황세연

변증법이란 무엇인가? ● 차 례

이 책을 읽는 분을 위하여

이 책을 읽는 분을 위하여

'변증법이란 무엇인가'라는 질문에 대하여 명쾌한 정의를 내린다는 것은 그리 쉬운 일만은 아닐 것이다. 몇몇 사람들은 변증법이란 골치 아픈 것, 또는 신비적인 것에 지나지 않는다고 생각하여 아예 이를 철학적 사유에서 무조건 배제해 버리는 사람들도 있다. 그러나 변증법이란 그렇게 골치 아픈 것도 또 신비적인 것도 아니다.

일단 한마디로 요약할 수 있다면 **변증법**은 사유하고 행위하는 인간, 즉 의식적으로 자신의 삶을 계획하고 구체화시켜 나가는 인간이 살아가는 방법이고 모습이라고 할 수 있다.

우리들은 인생을 살아가면서 끊임없이 수많은 문제들과 부딪친다. 이러한 어려운 문제에 부딪쳤을 때 그에 대응하는 양상은 또한 현실적으로 여러 가지 형태를 띤다. 즉 어떤 사람은 그 문제 자체를 끝까지 해결해 보려고 하기도 전에 미리 좌절해 버려 심지어는 죽음을 몰고 오기도 하는가 하면 어떤 사람들은 그러한 문제들은 현실적으로, 즉 실제적으로는 해결할 수 없다는 판단하에 초월적인 것, 즉 신에 의탁하여 그 문제를 해결하려고 한다. 또 어떤 사람들은 모든 문제는 우리들이 구체적으로 살아가는 이 땅에서 생기는 것이기 때문에 바로 현실 속에서 해결점을 찾아야 하며, 인간들의 삶이란 끊임없이 그러한 문제들에 부딪치고 해결해 나가는 과정이라 생각하여 어떤 일이 있더라도 포기하거나 좌절하지 않고, 또한 그 어떤 초월적인 것에도 의지하지 않고, 문제가 생긴 바로 그곳에서 해결하려고 한다. 후자, 즉 이러한 부정(어려운 삶의 문제들)을 긍정(해결하는 것, 또한 그럼으로써 새로운 삶을 개척해 나가는 것)으로 바꾸어 나가는 것이 곧 변증법적 방법이고 그러한 방법에 입각하여 살아가는 것이 곧 변증법적 삶이다. 그리고 철학이란 바로 이 땅에서 살고 있는 인간의 문제에 물음을 제기하고 이에 대한 해답을 찾기 위한 노력이라고 한다면 철학은 곧 변증법이라고도 하겠다.

서구나 일본에서는 초등학교 시절부터 철학 교육을 하고 있고 중학교에 들어가면 웬만한 학생들은 사고력이 어느 정도 완숙한 단계에 들어서기 때문에 일정한 수준의 도서 선별 능력이 있다고 한다. 그러니 만큼 오래 전부터 그네들의 사상적 깊이는 외래 사상의 수용단계를 넘어 독자적인 사상체계를 정립하는 단계에 와 있는 것 같다. 또한 변증법에 대한 독자적 견해를 가지고 수용하기도 하고 비판적 안목을 가지고 취급하는 것을 보면 부러운 느낌마저 든다. 국내에도 많은 변증법에 대한 책들이 나와 있고 우리들 나름대로의 수용 방법도 정립해 나가고 있는 것 같다. 이제 우리에게도 독자적 학문탐구가 가능해질 수 있다는 자부심을 가지면서 가벼운 마음으로 변증법을 공부해 나가기로 하자. 우리는 지금부터 변증법을 공부함에 있어 그 이해를 돕고자 몇 종류의 책들을 참고해 보기로 한다.

먼저 『철학사전』(중원문화, 2012)에서 '철학'이란 뜻을 살펴보면 다음과 같이 기술되어 있다.

"**철학**(philosophy) ; 자연 및 사회, 인간의 사고, 그 지식 획득 과정에 관한 일반적 법칙을 연구하는 과학이며, 따라서 전체로서의 세계에 대한 견해를 나타내는 세계관이다. 또한 논리학 및 인식론을 그 안에 포함시키고 있다. 철학은 사회적 의식의 한 형태이며 따라서 궁극적으로는 사회의 경제적 구조, 생산관계에 규정받는다……"(중략).

그리고 같은 사전에서 변증법이란 말을 찾아보면 아래와 같다.

"**변증법**(辨證法) ; 자연, 사회, 그리고 사고를 포함하여 가장 일반적인 법칙에 관한 과학이며 실천에 있어서의 방법이다. 변증법 사상은 자연발생적으로 철학적 사고의 시작과 더불어 나타났다. 엥겔스[1]는 고대 그리스 초기의 유물론 철학에 변증법 사상이 나타나 있다고 지적했다. 그 대표적 인물은 헤라클레이토스[2]이다……"(중략).

여기에서 헤라클레이토스는 철학자이기 때문에 변증법은 철학의 한 분야임을 알 수 있고, 또 철학은 모든 과학의 기초이기 때문에 헤라클레이토스의 경우는 변증법이 곧 모든 과학의 근본으로 간주되고 있다고 할 수 있다.

이제 변증법에 대하여 좀 더 구체적으로 살펴보겠다. "변증법이란 어원은 이미 고대철학에서 등장하고 있다. 당시에는 두 대화 상대가 서로 다

---

1) 엥겔스(Friedrich Engels, 1820~1895) ; 맑스와 함께 맑스주의, 과학적 공산주의 이론, 변증법적 및 사적 유물론의 창시자이며, 국제 노동자 계급운동의 지도자였다.— 저자

2) 헤라클레이토스(Hērakleitos, B.C 540~B.C 480년경) ; 고대 그리스에서 변증법 사상을 가장 잘 표현한 철학자.— 저자

른 반대 의견을 가지고 대립하며 토론한다고 하여 변증법(辯證法)이라고 불려졌다. 서양에서는 오늘날까지도 대화를 의미하는 단어 dialectic로 통일되어 있고, 동양에서는 일본의 경우 **말씀 변**(辯) 자를 사용하여 역시 두 상대가 대화하는 말로 사용되고 있으나 우리나라에서는 **나눌 변**(辨) 자를 사용하여 변증법(辨證法)이라고 쓰고 있다. 즉 우리의 경우는 존재하는 것은 모두 '나뉘어져 있다.' 또는 '대립하고 있다'는 확실한 표현이 되겠다. 하여튼 변증법이란 대립물을 의미하는 데에서 나온 말이다."3)

여기서 철학과 변증법에 관하여 『철학사전』(중원문화, 2012)을 좀 더 살펴보기로 하자.

"**철학** ; 고대 그리스에서는 철학이란 간단하게 지혜를 탐구하는 학문이다. 여기서 철학(哲學)의 철(哲)은 밝다는 의미가 아니고 슬기로운 재치나 지혜를 의미하는 중국어 또는 일본식 한자 표현이다. 우리말로는 지혜학으로 이해해도 무방하다. 그리스어로 필로소피아(philosophia)란 말은 피타고라스4)에 의해 쓰여졌다고 하는데, 이것은 philos=사랑(愛)과 sophia=지혜(知)가 합쳐서 된 말로 일반적으로 지적 탐구를 표현하고 있다……(이하는 『철학사전』(이삭출판사, 1983). ……그러나 과학의 분화·독립화와 더불어 이러한 의미는 점차 특정한 내용을 띠게 되고, 주로 사물의 일반 원리에 관한 학으로 생각되기에 이르렀다. '철학이란 무엇인가'라고 하는 것은 개개의 철학자나 시대에 따라 여러 가지로 그 대답이 주어졌지만 근대적인 의미로

---

3) 황세연 지음, 『걸어 다니는 철학』(중원문화, 2014), 102쪽~103쪽.— 저자

4) 피타고라스(Pythagoras, B.C 582~B.C 497) ; 고대 그리스의 민주주의를 '질서' 파괴로 간주하였던 정치가, 수학자, 철학자. 처음 사모스 섬에서 살다가, 그의 정적이었던 엘레아학파로부터 배척되어 성년이 되어 이탈리아로 옮겨가서 크로톤 시에서 살았다.— 저자

서의 'philosophy'라고 하는 말이 알려지게 된 것은 얼마 되지 않는다. 1) 각각의 한정된 대상 영역을 가진 개개의 특수 과학과는 달리 철학은 자연과 사회를 꿰뚫는 가장 일반적인 법칙성을 참구하며, 이런 뜻에서 **세계관**이라고 할 수 있다. 2) 게다가 철학은 동시에 자연적 및 사회적 환경에 대한 우리의 실천적인 태도를 문제로 하며…… 기술적인 지식이 아니라, 살아 있는 **사상**이라는 성질을 갖는다. 3) 철학은 단순한 직관이나 체험이 아닌 합리적인 인식에 기초한 **과학성**을 갖지 않으면 안 되고 특히 인간의 인식과 논리 그 자체에 관한 자기 음미를 포함하지 않으면 안 된다. 철학에 고유한 이와 같은 요인들은 철학의 역사를 통해 여러 가지 비중으로 나타나고 있다. 예를 들면 실존주의에서는 제2의 요인이 중시되고, 논리실증주의에서는 제3의 요인이 지배적이다. 변증법적 유물론은 이러한 요인들의 통일을 목표로 하지만 여기에서도 그 과학적 성격과 실천적 성격과의 분열이 일어나기 쉽다."

또 한 권의 책을 살펴보기로 하겠다. 『철학개론』(務臺理作, 홍윤기 역, 한울출판사, 1982)에서 보면 아래와 같이 씌어 있다. 여기서 강조한 부분은 저자가 독자의 이해를 돕고자 표기한 것이다.

"**철학이란 무엇인가** 하는 물음은 옛날부터 여러 학자들에 의해 되풀이되어 왔다. 이 물음은 간단하게 들릴지 모르겠지만 이것은 일정한 역사적 상황 속에서 철학자가 처한 사회적, 인간적 제조건과 결부되어 나타났다. 따라서 그에 대한 답변도 다양한 것이다. 극단적으로 말하면 철학자의 수효만큼 많은 정의가 존재했으리라 본다. 앞에서도 말한 바와 같이 그러나 철학을 한마디로 정의할 수는 없다. 전문과학의 분야에서는 앞 시대 학자의 업적을 후진 학자가 계승하여 그 위에서 그들의 업적을 쌓아가면서 공통의 목표를 향하여 거대한 탑을 쌓아 올린다. 그러나 철학사를 살펴보면 많은 철학자들이 각각, '철학이란 무엇인가' 하는 물음을 제기하면서 대개는 처음부터 다시 출발하고 있다. 이렇게 보면 철학은 과연 진보하고 있는지 아닌지 하는 의문이 일어난다. 하지만, 오늘날까지 어떤 철학자도 '철학이란 무엇인가'에 대해 뚜렷한 답변을 주지는 못하고 있다……(중략)……이상과 같이 처음부터 명확하게 철학을 개념적으로 규정하기는 극히 곤란하지만, 생각해보면 이것은 철학만의 문제가 아니고 모든 학문에 공통된 것이다. 어떠한 학문이든 처음부터 그 학문을 정의하고 들어가는 것은 학문의 대상 범주를 미리 한정하고 연구 성과를 예상하는 것이 된다. 헤겔[5]식으로 말하면, 학문은 순환적 체계를 이루며, 그 종말은 순환적 체계의 단초적 근원으로 되돌아가는 것이다.

그러나 철학은 또 다른 문제에 부딪치게 된다. 왜냐하면 철학은 다른 학문에 비하여 항상 학문의 근원을 문제 삼는 것이기 때문이다. 철학이라고 하는 학문은 철학 자신을 추구할 뿐만 아니라 다른 여러 전문과학의 근원도 분명히 해야 한다. 그것은 철학이 학문으로서 성립한 당초부터의 과제이다. 하나의 지식은 어떠한 근원에서 발생하는가, 그러한 지식은 얼마만큼의 타당성을 갖는가 등의 질문을 던지는 것이 철학이다. 개별적 과학의 지식뿐 아니라 사상에 대하여, 이데올로기에 대하여, 문학·예술·도덕·종교 등에 대하여 철학은 그 근원을 참구하는 것이다. 즉 철학은 **근원의 학문인** 것이다.

이들 지식 및 사상과 문화가 인간 및 사회에서 성립하는 한, 그 성립의 근원이 존재할 것이다. 철학은 그 근원을 찾아간다. 존재의 근원만이 아니고 근원과 근원의 관계를 분명히 하려고 한다. 철학이라는 것은 실로 근원의 학문이다. 그러나 근원이란 인간이 **사유함으로써** 비로소 분명해지는 것이다. 철학이 근원의 학문이라고 하는 것은 철학이 인간 존재의 뿌리에 관계한다는 것, 즉 **근본적**(根本的 ; radical) 학문이라는 것을 의미한다. 근본적 문제가 무엇인가에 따라 철학은 서양 사상사에서 항상 새로운 모습으로 등장했다. **모든 학문은 철학으로부터 나왔다**고 흔히 이야기

---

5) 헤겔(G. W. F. Hegel, 1770~1834) ; 헤겔 독일 관념론 철학을 완성시킨 근세의 체계적 형이상학자. 예나(Jena), 하이델베르크 등에서 강의하였으며, 만년에는 베를린 대학의 교수로 활동하였다.— 저자

하듯이 철학을 '학문의 여왕'이라고 불러 온 것 또한 사실이다. 그리스도교를 비롯하여 모든 정신적(이성적) 운동은 항상 철학과 협력해왔고 또한 철학적 '근거'를 찾아내거나 밝혀 보려고 노력해 왔다."

앞에서 인용한 『철학사전』(이삭출판사, 1983)에서 다시 인용해 보겠다. 역시 인용문의 강조는 저자의 것이다.

"**변증법** ; 1) 그리스어 dialektike로부터 유래된 말로서 원래는 대화, 문답을 위한 기술(技術)을 뜻하였다. 엘레아의 제논이 문답술의 시조로 일컬어지지만 특히 소크라테스[6]는 이러한 기술에 능통하였다. 그의 제자 플라톤은 논의의 대상이 되는 다양한 사상의 경우를 하나의 정의로 통합시키거나 아니면 여러 가지 종류로 분할하든지 하여 그러한 사상의 본질, 즉 이데아에 도달하는 방법을 변증법이라고 불렀다.

그 다음 아리스토텔레스는 많은 사람의 동의를 얻은 명제를 전제로 하는 추리를 변증적이라고 하여, 이를 참된 명제로부터 출발하는 학문적 논증과는 구별하였다. 중세에 와서 이것은 거의 논리학과 같은 의미로 사용되었다.

이 외에 고대로부터 지나치게 세분된 쓸모없는 구별을 하는 논의에 대한 비난의 뜻으로 변증적이라고 하는 경우도 있었으나, 칸트[7]는 이것을 이어받아 착각에 기인하는 공허한 추론을 변증적이라고 하여 변증법을 '가상의 논리'라고 불렀다. 그리하여 순수 이성이 경험의 차원을 넘어서 형이상학적인 문제에 순수 이성의 원리를 적

---

6) 소크라테스(Sōkratēs, B.C 470~B.C 399) ; 고대 그리스의 철학자. 소크라테스의 사상은 그 당시의 지배계급인 귀족계급을 대변하고 있었는데, 새로운 신흥계급의 출현으로 반민주주의적인 귀족계급이 수세에 몰리고 있었다.— 윤병태외 지음, 『철학대사전』(중원문화, 2023)

7) 칸트(Immanuel Kant, 1724~1804) 영국의 경험론과 대륙의 합리론을 통일하여 관념론 철학을 확립하였다.— 앞의 『철학대사전』 참조.

용하는 경우에 발생하는 오류, 즉 '선험적 가상'에 대한 비판을 그의 선험적 논리학의 제2부인 「선험적 변증론」의 과제로 삼았다. 헤겔은 칸트가 여기에서 지적한 이성이 스스로 범하게 되는 자기와 모순됨으로써 오히려 이로 인하여 자기를 지양(止揚 ; 독, Aufheben)하여 결국 그 반대물로 전화한다고 주장하였다. 이것이 헤겔의 변증법이며 그는 이것을 '현실 세계의 일체의 운동, 생명 및 활동의 원리'라고 보았다. 그의 체계는 이러한 입장에서 자연, 역사, 정신을 포함한 전 세계가 부단한 운동, 변화 그리고 발전을 시도하였으나, 이것은 이데아의 자기발전이라고 하는 관념론적이며 신비적인 형태로 전개되었다. 이런 결과에도 불구하고 헤겔의 변증법적 사유 방법은 개념의 운동이나 이들 사이의 상호적인 이행작용 또는 규정마다가 지니는 상대성에 유의함이 없이, 상호 유리되고 경직화된 개념이나 일면적인 규정들만으로 조직된 형이상학적 사고방식에 대한 지속적이고도 신랄한 비판적 대결을 의미한다.

변증법이란 헤겔에 있어서 결코 '외면적인 기술'이나 '우왕좌왕하며 논증에만 골몰하는 주관적 동요'가 아니며 오히려 오성의 여러 규정이나 사물들, 그리고 유한적인 것이 지니는 본성 안에 있는 실재적 모순 자체의 운동법칙이며 그에 대한 인식의 법칙으로 주체 · 객체 관계의 원리이다. "변증법적인 것이야말로 학적 진전(學的進展)을 이루는 살아 움직이는 혼(魂)이며, 또한 오직 내재적인 연관성과 필연성을 학[철학]의 내용으로 만드는 원리"이다. 그리하여 결국 "변증법적 방법은 자기 자신을 깨우치면서, 동시에 주관적인 것이면서도 또한 객관적인 것이기도 한 절대자를 대상으로 하는 개념이다."

여기서 변증법은 '개념 자체의 운동이며' 따라서 여기에는 그 어떤 객체도 항거할 수 없는 단적으로 보편적인 무한의 힘인 것이다. "이렇게 함으로써 변증법은 이제 이성의 유일하고 절대적인 힘이 될 뿐만 아니라, 또한 이성이 자기 자신을 통해서 모든 것 속에서 자기 자신을 발견하고 또 인식하는 유일하고도 가장 고차적인 충동인 것이다"……(중략)……변증법은 형이상학적인 사유방식처럼 세계를 완성된 고정적 사물의 복합체로 보는 것이 아니라 모든 과정이 복합된 운동으로 파악한다. 더욱이 세계 속에서 끊임없이 생성·소멸하고 발전하는 일체의 사물은 모두가 주위의 사물과 관계 맺으면서 서로 영향을 미치고 있지만, 사물이 발전하는 근본 원인은 사물의 내부에 있으며, 다른 사물과의 관계나 상호작용은 다만 사물의 발전을 위한 부차적인 원인[조건]에 불과하다고 한다. 또한 여기서 발전이 내적인 원인으로 인정되는 것은 일체의 사물의 발전 과정 속에, 그것도 더욱이 이것이 전개되는 전 과정 속에 존재하는 **상호모순** 속에서 서로를 배제하려는 대립적인 측면들 사이의 투쟁이다. 이렇듯 모순되는 측면들은 상호 의존적인 상태에서 통일을 이루고 있으나 그러한 투쟁이 절정에 이르면 통일은 붕괴되고 사물은 자기의 대립물로 전화하면서 어느덧 새로운 사물의 과정이 시작되며 또한 여기에 내재하는 모순의 투쟁이 개시된다.……(중략)……여기에 따라서 '**질의 양으로의 전화**', **자기운동**, **돌변**, **비약**, **낡은 것과 새로운 것의 투쟁**, **우회**, **전진**, **후퇴** 등이 이해될 수 있다."

다음에는 발행년도가 좀 오래된 것이고 약간은 변증법을 비판적으로 바라본 『철학사전』(학원사, 1976)을 인용해 보겠다.

"**변증법적 유물론** ; 맑스주의의 철학이론. 맑스[8]와 엥겔스가 수립한 공산주의의 세계관으로서, 맑스에 의해 최초로 형성된 시기는 1840년대 중반이며 그 배경은 포이어바흐(Ludwig Andreas Feuerbach, 1804~1872)와 헤겔이었다. 포이어바흐의 유물론은 18세기의 프랑스 유물론을 이어받아 종교 및 신학과 투쟁하면서 관념론의 가장 완성된 형태인 헤겔 철학을 비판하고, 유물론적인 입장을 분명히 나타냈다. 그러나 그의 유물론은 여전히 기계적·역학적이며 당대의 자연과학적 성과(특히 에너

---

8) 맑스(Karl Heinrich Marx, 1818~1883) ; 후대에 큰 영향을 끼친 라인란트 출신의 공산주의 혁명가, 역사학자, 경제학자, 철학자, 사회학자, 맑스주의의 창시자, 국제 인터내셔널 1,2차 창립자 — 저자

지 보존의 법칙, 세포설, 생물 진화론)를 고려하지 않음으로써 자연에 있어서의 연관성 또는 발전이라는 시각을 결여하고 있다. 따라서 이것은 인간에 대한 고찰에 있어서도 영원불변의 고정된 본질을 상정하여 그의 사회적 관계나 역사적 발전에 착안하지 못함으로써 관념론에 빠지고 말았다.

헤겔의 변증법은 칸트 이후의 독일 관념론을 이어받아 이를 주축으로 객관 세계의 연관성과 발전의 법칙을 포괄적으로 서술하고자 한 최초의 시도이었다. 즉 그에게 있어서 변증법이란 형이상학에 대립되는 인식의 방법이며 동시에 사유와 현실의 자기운동이 지닌 내적 법칙성(사유와 존재의 동일성)이다……(중략)……맑스는 "헤겔에 있어서는 그가 이성이라는 이름으로 독립된 주체로까지 바꾸어 버린 사유 과정이 현실적인 것의 조물주이었다……. 그러나 나에게는 반대로 관념적인 것은 인간의 두뇌로 옮겨지고 전화(轉化)된 물질적인 것에 불과하다"고 한다. 이리하여 맑스, 엥겔스는 포이어바흐의 유물론이 내포하고 있는 형이상학적 성격과 헤겔의 변증법이 가지고 있는 관념론적인 형태를 근본적으로 비판하고 변증법적 유물론을 수립하였다.

이에 따르면 세계의 본질은 스스로 운동하고 발전하는 물질이며 의식이나 사유는 그의 발전단계에서 나타난 하나의 특정한 유기적 물질, 즉 두뇌의 소산이며 또한 인식이란 인간의 실천을 매개로 하여 가능한 한 충실하게 다듬어진 모사(반영)의 과정에 불과하다. 그리하여 세계는 이러한 인식활동을 포함해서 서로가 연관된 여러 과정의 통일이며 나아가서는 모순을 잉태하고 질적인 비약을 거쳐서 낮은 차원으로부터 높은 차원으로 진행하는 무한한 발전 과정이다. 변증법적 유물론은 인간 사회와 역사에 적용되어 사적 유물론으로 전개되는 가운데 단순히 세계를 해석하는 데 그치는 것이 아니라 변혁을 지향하는 철학이라는 점에서 노동자 계급의 정신적 무기가 된다는 것이다."

그리고 다음은 저자가 편역한 바 있는 『헤겔 정신현상학과 논리학 강의』(졸역, 중원문화, 1984)에서 몇 구절 인용해 보겠다.

"**지양**(止揚 ; 독 aufheben) 헤겔 변증법의 용어. 원어(原語)는 '부정하다', '높이다', 또는 '보존하다'의 뜻을 지닌 말이다. 변증법적 발전에 있어서는 낮은 단계에서 높은 단계로 나아가는데, 높은 단계 중에 낮은 단계의 본질은 그대로 보존된다. 이것을 헤겔은 지양이라 불렀다. 다시 말하여 존재와 무(無)는 모순되고 대립되는데, 이 대립의 부정에 의해 생기는 생성은 그 속에 존재와 무(無)가 통일되어 있으며 그 계기로서 보존된다."

이제 마지막으로 변증법을 잘못 이해하고 있는 분들을 위하여 『철학사전』(중원문화, 2012)을 인용하여 보겠다.

"**정 · 반 · 합**(正 · 反 · 合 ; 독 These · Antithese · Synthese) 헤겔 변증법적인 진행 형식의 3단계로서 정립, 반정립, 종합의 생략된 말이다. 즉자 · 대자 · 즉자대자, 긍정 · 부정 · 부정의 부정도 마찬가지의 뜻이지만 강조점의 차이가 있다. 단순한 도식으로서가 아니라 그 형식과 내용을 음미하는 것이 중요하다."

이제까지 철학과 변증법에 관해서 기술해 보았다. 그런데 우리를 어리둥절하게 하는 점은 철학에 대한 정의가 헤아릴 수 없이 많다는 데에 있다. 여기에서 우리는 대관절 얼마만큼이나 많은 정의가 있었는지를 구체적으로 살펴볼 필요가 있겠다.

1) 앎이 없는 것을 알고서 알기에 애쓰는 마음으로 찬 사람이 철학자이다.
— 소크라테스

2) 사물의 이데아(理念)를 인식하여 변천하는 억견(臆見;doxa)에 대해서 진지(眞知 ; episteme)를 지니는 것이 철학이다.

— 플라톤

3) 철학은 제1철학으로서 제2철학(자연과학)인 물리학에 대립한다.[9)]

— 아리스토텔레스

4) 철학이란 행복한 생활에 도달하려는 노력이다.

— 에피쿠로스

5) 철학이여! 그대는 인생을 지도하며 인생을 덕(德)에로 인도하며, 악(惡)을 쫓도다.

— 키케로

6) 철학은 내적[심리적] 경험에 관한 학이요, 자연과학과 병립하는 위치에 있다.

— 흄

7) 이성의 자기비판이 철학이다. 철학사는 배울 수 있으나 이성에 관해서는 철학적 사색만을 배울 수 있다. 좁은 의미의 철학은 '인간 이성의 절대 목적에 관한 학'(곧 윤리학)이다.

— 칸트

8) 철학에 관해서 예비적인 일반 개념을 줄 수는 없으나, 존재와 변화[生成]에 대한 역사적인 서술이 아니라, 그런 것들의 이념에 대한 체계적 인식이다.

---

9) 여기에서 제1철학이란 후세에 형이상학이라고 부르게 된 것을 의미한다.— 저자

— 헤겔

9) 절대자를 표상하는 것이 종교임에 대해서, 절대자를 개념적으로 인식하는 것이 철학이다.

— 헤겔

10) 표상을 통해서 표상이 아닌 것에, 즉 과학이 다루는 경험적 현상의 피안(彼岸)에 도달하려는 노력이 철학이다.

— 쇼펜하우어

11) 의식의 본질을 직관적으로 분석하고 기술하는 현상학(現象學)이 '엄밀한 학'으로서의 철학이다.

— 후설

12) 철학은 인생과 세계의 전체에 대한 통일적 정신의 반응을 표현한 것이다.

— 짐멜

13) 철학은 각종 가치를 취급하고 서로 충돌하는 개념들을 정리하여, 그 중에서 가장 예지적이며 인간에 가장 유리한 것들을 찾아내는 학문이다.

— S. 후크

14) '현실을 그 근원에서 달관하고 현실을 내적 행위에서 파악하려는 것'이 철학의 과제이다.

— 야스퍼스

15) 존재자에 대한 태도[認識]를 가능하게 하는 것은 그것에 선행(先行)하는 존재 구조의 이해, 즉 존재론적 인식이다. 이것이 형이상학[철학]의 가능성에 관한 문제를 포함하고 있는 것이다.

— 하이데거

이상에서 철학이 무엇인가를 알기 위하여 고대로부터 현대에 이르는 대표적인 철학자들의 철학에 대한 정의를 검토하여 보았다. 그러나 철학의 개념이 명확하게 밝혀졌다기보다는 오히려 혼란만 초래하지 않았나 하는 느낌이 든다.

그것은 철학에 대한 정의가 학자에 따라 다르고 시대에 따라 변해 왔기 때문이다. 이렇게 다양하게 변해 온 까닭은 철학이 그 시대와 사회에서 자신에게 주어진 문제를 해결하려는 노력에서 발생한 것이기 때문이다. 따라서 철학자들마다 철학의 내용이 다를 수밖에 없었고, 또한 철학에 대한 정의도 모두 다를 수밖에 없었다고 할 수 있다. 그리고 앞으로도 철학에 대한 완결된 정의를 내린다는 것은 기대할 수 없다. 왜냐하면 그것은 철학이라는 학문의 성격 속에 들어 있는 하나의 숙명이기 때문이다.

지금까지의 것을 재정리하면 '철학이란 무엇인가'라는 물음 자체가 시대와 인간에 따라 언제나 새롭게 물어질 수 있는 물음이고, 정의하는 사람에 따라서 가지각색의 답변이 주어질 수 있다는 것이었다. 그러나 여기에 드러나는 철학적 사고는 체계적이고 일상적인 것이며 또 근본적이라는 것을 간과해서는 안 될 것이다.

다시 말하면 영문학은 영어 문학에 관해서 연구하는 학문이고 사회과학은 사회 전반에 대하여 연구하는 과학이라면, 여기에서 철학은 인간 역사에 있어서 가장 근본적인 학문이라는 점, 즉 철학이란 자연과 사회, 그리고 인간에 대한 근본인식과 근본태도(根本態度)라고 할 수 있다.

여기에서 아직도 독자는 어리둥절해서 구체적으로 무엇인가 제시되지 않으면 안 될 것 같은 느낌을 받을 것이다. 따라서 한 가지 경우만 더 기술해 보겠다.

앞에서 말한 근본인식 또는 근본태도라는 것은 우리가 소금을 가지고 말할 때 '소금은 짜다.' 그런데 '소금은 왜 짜야만 하는가', '그것은 소금 속에 들어 있는 나트륨 성분 때문이다'라고 했을 경우, '나트륨은 왜 짠 맛을 내게 하느냐'로 파고들어 간다면 그것은 곧 철학의 문제로 좁혀질 것이다. 한 가지만 더 예를 든다면 '4+3은 몇이냐'라고 물을 때 그 답은 분명 7이라고 대답할 것이다. 이때 '왜'라고 물으면 누구든지 머뭇거리게 될 것이다. 바로 이처럼 '왜'라고 따지고 연구하는 학문이 철학이라 할 수 있겠다. '왜'라고 물을 필요도 없는 자명한 사실을 '왜'라고 묻는 것이 바로 철학하는 태도이다.

이처럼 세계에 대한 근본인식과 근본태도가 곧 철학이고, 이것은 다시 세계관이라 말할 수 있다. 문제가 약간 확대되어 가는 감이 없지 않으나 몇 마디만 더 기술해 보기로 하자. 여기서 세계관이라 하면 통상 인생관과 혼동하고 있는데 양자는 그 뜻을 달리하기 때문에 구별해야 할 성질의 것이다. 여기서 말하는 세계관은 세계[우주] 전체 및 현실 전체에 관한 통일적 견해를 의미한다. 세계의 근원적 실체가 유물이냐, 유심(唯心)이냐, 물심이원(物心二元)이냐, 혹은 세계의 근원적 실체의 생성이 기계적이냐, 목적적이냐, 혹은 세계를 통치하는 하나님이 있는 것이냐, 없는 것이냐, 이런 것들에 관해서 주관적 견해를 가지는 것은 세계관에 속하는 문제이다. 이에 대해서 인생관은 우리가 직접 당면해 있는 인생의 의미와 가치에 관한 통일적 견해를 추구하려는 것이다. 이러한 인생관은 우리의 행위를 통해서 인생을 어떻게 가치 있게 형성하느냐 하는 것이 주된 안목이다.[10)]

위에서 알 수 있듯이 세계관이란 세계를 전체적, 또 통일적으로 파악하는 것을 가리키지만 세계의 모양과 같이 단지 객관적인 세계를 지적(知的)으로 파악하는 것이 아니라, 인간의 존재 및 태도라 할 수 있는 행위, 생활, 평가 등의 실천적인 태도를 의미한다고 할 수 있다. 다시 말하면 철학의 최종 사명은 그저 세계관의 탐구에 그칠 수 없고, 행위를 통해서 가치가 있고 의미가 있는 인생의 형성에 기여하는 인생관의 수립에 있겠다. 우리 자신이 어떻게 살고, 어떻게 실천하느냐의 문제는 우리를 둘러싸고 있는 세계보다도 더 절박한 문제이다. 그렇다면 우리는 세계를 어떻게 보고 파악하며 생각할 것인가.

지금부터 이러한 것들을 변증법적으로, 또 철학하는 사람을 변증법론자로 바꿔 놓고 본다면 여기에서 말해지고 있는 것은 분명히 변증법적인 것, 또는 세계의 근본법칙(세계의 운동 · 법칙)은 변증법적이라는 입장에서 파악할 수 있겠다.

그런데 여기에서 변증법에 관해서 논하기 이전에, 주제가 빗나가는 것 같으나 철학과 종교에 대해서 몇 마디 더 언급해야 하겠다. 왜냐하면 고대 그리스에서 현대에 이르기까지 흔히들 대부분의 많은 사람들이 종교

---

10) 이 부분은 최재희 저, 『철학원론』(학구사, 1984) 참조하기 바란다.— 저자

를 철학의 한 분야로 간주하거나 심지어는 종교를 과학으로까지 취급하려 하기 때문이다. MB정권시절 종교인들이 대거 등용되면서 혹시 진짜로 신(God)이 존재하는 것으로 착각하는 사람들도 많아진 것 같다. 그러나 엄격하게 종교와 철학은 다음과 같은 점에서 구별된다.

종교는 초월적 존재 혹은 궁극적 존재(특히 절대자인 하나님)를 그 대상으로 한다. 철학자도 초월적 존재 혹은 궁극적 존재를 문제 삼는다. 이러한 면에서 철학과 종교는 비슷한 일면이 있다고 생각할지도 모른다. 물론 현상 세계의 존재만을 그 대상으로 하는 자연과학과는 차원을 달리한다. 그러나 철학과 종교는 그 대상인 초월적 존재를 대하는 태도에 있어서 근본적인 차이가 있다. 즉 철학은 어디까지나 이성적 탐구로서 초월적 존재의 정체를 밝히려고 하는 데 대하여, 종교는 오직 초월적 존재를 감성적으로 무조건적 신앙(信仰)할 뿐이다.

물론 철학에 있어서도 이성적인 인식의 한계를 초월하여 어떤 신념에 근거하고 있고 종교 역시 신학이라는 이름 아래 그 교리를 논리적으로 체계화하고 있다는 사실을 볼 때, 그리고 오늘날 많은 신자를 가지고 있는 문명(文明) 종교일수록 미신적 · 맹신적 요소가 적고, 이성과 조화되는 점이 많다는 사실을 볼 때, 철학 특히 형이상학과 종교를 분명하게 한계 짓기는 쉽지 않다. 그러나 철학은 이성적 인식에 중점을 두고 있고, 종교는 감성적 무조건적 신앙심에 중점을 두고 있다는 점에서 분명하게 구별된다.

서구 중세시대에는 "불합리한 까닭에 나는 믿는다"고 하여 지식에 대한 신앙의 우위를 역설했는데 이는 이성보다도, 즉 철학보다도 감성에 호소하는 종교적 태도를 단적으로 보여 주고 있는 것이다. 이것은 곧 미국의 역사철학자 윌리암 듀란트(William James Durant, 1885~1981)가 "철학에게 이제 남은 것이라고는 형이상학의 얼어붙은 듯한 차가운 봉우리와 인식론의 아이들 놀음 같은 수수께끼 풀이, 그리고 인간에게는 아무런 영향도 주지 못하는 '윤리학 강의'뿐"[11]이라고 한 만큼이나, 또 분석철학자들 중에 모든 전통적 철학의 형이상학적 발언은 무의미한 헛소리이므로 이를 배격해야 한다고 하여 서구 철학을 무시하는 발언을 서슴지 않는 것만큼이나 두려운 일이라 아니할 수 없다.

인간이 살아가면서 어려운 문제에 부딪칠 때 그것을 해결하고자 하는 태도에는 세 가지 종류가 있다고 한다. 즉 앞에서 말한 바와 같이 그 문제를 해결하기를 포기하고 체념해 버리는 태도와 권위나 종교에 의지하는 태도, 그리고 마지막으로 오로지 자기의 힘으로 끝까지 궁리하고 사색하여 그 문제를 해결하려고 노력하는 태도가 그것이다.[12] 위의 두 번째 태도에서 종교가 발생했다고 볼 수 있겠고, 마지막 태도에서 철학이 생겼다고 할 수 있겠다.

이것은 철학을 함으로써 문제점을 명확히 하고 선택해야 할 사실을 구별하여 보다 나은 판단을 내릴 수 있게 한다는 것을 의미한다. 이것은 또 의도적으로 진지하고 엄밀하게 또 철저하게 사고한다는 것을 의미한다. 바로 이것이 보다 완전한 인간으로 되려는 노력이라 하겠다. 인간은 철학을 함으로써 개인의 실현을 위한 통로를 찾게 된다. 철학은 우리의 생활

---

11) 정진일, 『철학개론』(박영사, 1983), 재인용함.— 저자
12) M. 리델, 『헤겔의 사회철학』(황태연 역, 한울출판사, 1983), 역자후기에서 참조. — 저자

에 힘과 용기를 준다. 우리는 철학을 함으로써 새로운 깊이를 획득하고 또 새로운 차원을 경험하며, 새로운 전망을 내다볼 수 있다. 더욱 큰 희망을 가질 수 있다는 사실은 새로운 것에 대한 무기이다. 그리하여 '왜'라는 것을 정복함으로써, 곧 철학을 함으로써만 우리의 삶이 새롭고 희망찬 방향으로 나아갈 수 있는 해답을 구할 수 있을 것이다. 때문에 우리는 철학을 공부해야 하고 모든 사람이 철학하는 사람이어야 한다.

본론으로 돌아가자. 앞에서 언급한 '마지막 태도'를 변증법적이라고 한다면 변증법은 유일하고 올바른 철학적 인식방법이고 자연과 역사를 지배하는 절대적인 운동법칙이라고 규정할 수 있다. 그렇다면 이러한 변증법에 대한 근본적 문제를 인식하려 했던 철학자들의 생각에 변증법이 여러 형태로 나타나고 있다는 것 역시 당연한 일일 것이다.

물론 변증법에 대하여 아무 쓸모없는 빌어먹을 학문이라고 비난하는 사람들이 있는가 하면, 변증법을 나쁜 학문으로 간주하여 아예 변증법에 대하여 전혀 공부하지 못하게 하는 나라도 있다.

우리나라에서도 한때는 변증법이 유물변증법과 관련이 있다 하여 이승만 정권 시절에는 헤겔철학까지 공부할 수 있는 기회를 주지 않은 적이 있다. 그러나 변증법은 꼭 유물론자나 공산주의자에게만 독점되어 있는 것이 아니다. 변증법은 우리에게도 현실적으로 필요한 학문인 것이다. 이렇게 볼 때 철학에 내려지는 정의만큼이나 변증법에 내려지는 해석도 각양각색임을 알 수 있다. 물론 여기에서 독자가 가장 주의할 점은 이 책도 변증법의 한 분류임을 간과해서는 안 된다는 사실이다.

그리고 또 여기에서 정·반·합이라는 3단계, 즉 트리아데는 원래 J. 피히테[13)]가 이 공식을 처음으로 사용하였다고 전해지고 있다. 그러나 이것은 변증법이 아니다. 다만 하나의 형식적 도식일 뿐이다. 여기에 변증법적 원리를 적용하고 또 그 범위를 전체적으로 인식하고 보편적 방법으로 확대시킨 이는 헤겔이다. 그리고 계속해서 맑스, 키르케고르[14)]의 사유에도 이와 같이 3단계로 움직이고 있다. 특히 헤겔은 그의 『정신현상학』에서 (A)의식(정) (B)자기의식(반), (C)이성(정신 → 종교 → 절대지)이라는 3단계 법칙을 적용하고 있고 『대논리학』의 「존재론」에서도 존재 → 무(無) → 생성이라는 순서로 이 3단계의 작업원리에 따라 기술하고 있다. 즉 처음에는 긍정적인 것을 내세우고 그 다음에는 부정적인 것을 내세우는 것이다. 무(無)는 존재를 지양(止揚)한다.

여기에서 이른바 헤겔의 지양(Aufheben)이라는 용어[술어]에 대해 한마디 언급해두면, 헤겔 자신도 종종 설명하고 있지만 이것은 곧 '부정'하면서 동시에 '보존'한다는 두 가지 의미를 지니고 있다. 결국 그것은 앞선 형태(또는 규정)를 부정하고 '폐기'하면서도 동시에 그 부정은 내용적으로 무(無)에 돌아오는 부정이 아니라 부정되면서도 보존된다. 이 이행 속에서 앞의 형태는 다음에 계속될 수 있는 또 하나의 계기를 이루어 가는

---

13) 피히테(Johann Gottlieb Fichte, 1762~1814) ; 독일 고전철학의 대표자 중 한 사람. 작센 주 랑메나우 출신. 청년 시절 프랑스 혁명에 깊은 공감을 느꼈으며 칸트 철학을 공부. 1794년부터 예나 대학 교수 역임.— 윤병태외 지음, 『철학대사전』(중원문화, 2023)

14) 키르케고르(Soören Aabye Kierkegaard, 1813~1855) ; 덴마크의 종교 사상가. 실존주의 사상의 선구자 중 한 사람. 코펜하겐 대학 신학과에서 수학. 청년시절 종교에 대한 아버지와의 불화와 연애의 실패가 그 후 그의 사상에 커다란 영향을 미친 것으로 보여 진다.— 윤병태외 지음, 『철학대사전』(중원문화, 2023)

바로 그것이다. 헤겔의 변증법은 바로 이러한 의미에서 지양, 즉 자기부정의 연속적인 계열 위에 성립하여 가는 것이고 더 나아가 절대지 속에 포섭되어 그 계기를 이루고 있는 것이다.

다시 3단계 법칙에 관해서 기술하면, 이 3단계는 비단 헤겔에게만 보여 지는 것이 아니고 맑스의 『자본론』이 3권으로 이루어진 것은 바로 여기에 따른 것이라고 주장하는 이도 있다. 그러나 헤겔이나 맑스는 결코 정·반·합이라는 공식을 적용했다고 말한 적도 또 사용해 본 적도 없으며, 또한 이렇게 그들의 변증법이 통속적이진 않다는 사실을 주의해야 할 것이다.

이상에서 우리는 철학은 세계관이라는 것과 변증법은 이 세계관을 하나의 방법 내지 도구라고 볼 수 있다는 것, 또 이러한 세계의 운동법칙을 변증법적이라 할 수 있다는 것을 살펴보았다.

1. 세계를 어떻게 볼 것인가

1. 세계를 어떻게 볼 것인가

(1) 세계와 변증법

과학적인 방법에 대한 요구

과학이 발전하지 못했던 과거 원시시대나 고대에는 우리 눈에 보이지 않는 신(God)을 상정하였다. 이는 동서양을 막론하고, 그리고 아메리카의 인디언이나 잉카인들까지도 자연의 위력 앞에서 그 비밀을 과학적으로 파악할 수 없었던 인간은 신(God)을 만들어 내었다. 또한 신의 모습이나 그 숫(數)자도 인지가 발달하면서 변해갔다. 이것이 그 시대의 시대정신이었다. 원시인들은 모든 사물에 영혼이 있다는 생각에 젖어 있었고, 고대 그리스와 로마에서는 사물의 종류별로 그에 해당하는 신이 존재한다는 다신론(多神論)이 지배하였다. 소크라테스나 플라톤도, 아리스토텔레스도 외예는 아니었다. 그것이 좀 더 발전하여 페르시아에서는 선과 악을 관장하는 두 신을 인정하는 조로아스타교가 나타났다. 하나의 신에 의해서는 이 세상에 존재하는 악의 근원이 설명될 수 없었기 때문이다.15)

교부(教父) 아우구스티누스가 하나님과 인간의 영혼에 대한 지식 및 진리를 통해 행복을 얻을 수 있다고 본 것도 바로 인간이 원했던 당시의

---

15) 강대석 지음, 『왜 유물론인가』(중원문화, 2016), 20쪽.—저자

시대정신에서 나왔다고 보아야한다. 때문에 아무리 권력을 가진 로마 황제라 할지라도 신을 가지고 떠들어대는 사람들을 어찌할 수가 없었다. 인간에게 가장 두려운 건 죽음이었기에 신이 인간의 세계를 간섭하는 존재로 여겨지게 되었다. 그러한 일에 앞장선 자들이 바로 교부(敎父)들이다. 그리고 바로 이 신이 인간의 사후 세계까지 관장하는 것으로 여겨지게 되었고, 또 인간들도 그렇게 믿고 싶어졌을 것이다. 이처럼 사후 세계에 대한 두려움을 파고 든 것이 종교이다. 특히 기독교를 설파하던 교부들은 자신들의 내용에 논리적인 철학을 끌어들여 독특한 존재가 되어 갔으며 더욱더 신은 인간의 세계로부터 가장 선하고 악을 물리칠 수 있는 강력한 존재로 부상하게 된 것이다.

그러나 과학문명이 발전한 현대를 사는 우리는 일상생활에서 계속해서 새로운 문제에 부딪힐 때 이제 신을 찾지는 않는다. 현실은 우리에게 문제를 제기하고 해결을 요구한다. 어떤 때는 해결하고 어떤 때는 해결하지 못하지만, 성공하든 실패하든 문제를 해결하려고 노력함으로써 우리의 인식은 심화되고 문제를 취급하는 능력은 향상된다. 하지만 해결되지 못하는 것이 있으면 이를 해결하기위해 더욱더 노력을 할뿐 신을 찾아 기도하지는 않는다. 왜냐하면 현대인들은 오류를 범하지 않는 인간은 있을 수 없다고 생각하고, 누구나 크건 작건 실패를 한다고 여기기 때문이다. 그러나 실패가 반드시 마이너스의 결과로만 끝나는 것은 아니다. 실패를 충분히 반성하고 올바르게 배운다면 '실패는 성공의 어머니'로 될 것이다. 그래도 돌이킬 수 없는 중대한 실패는 하고 싶지 않을 것이다. 설령 실패한다 할지라도 기분이 조금 상할 정도로 괜찮아지고 싶어 할뿐 신에게

기도하지는 않는다. 다가올 일을 가능한 한 충분히 생각하고 이 일은 이러이러한 점에 주의하지 않으면 위험하다는 등의 확실한 전망을 세워서 확신을 가지고 일을 진행시켜 나가고 싶어 하는 것이다.

인생은 미지의 세계로의 여행이다. 다가올 일은 알 수 없고, 한 치 앞이 어두운데 뭔가 올바른 방향을 알 수 있는 나침반 같은 것은 없을까? 길을 잃지 않기 위한 지도 같은 것은 없을까? 그리고 다가올 문제를 해결하려 할 때 누구든지 과거의 인간들의 경험을 들으려 한다. 자신은 전에 이렇게 하여 성공했다든가, 누구누구는 이렇게 하여 실패했다는 사실을 검토하여, 저렇게 하는 것은 좋지 않을 것이고 이렇게 하면 잘 될 것이라는 방향과 방법을 연구한다. 또 많은 속담과 금언이 경험 속에서 생겨나고 경험으로 확인되어 민중의 생활지침으로서 과거부터 전해져 오고 있다. 문제에 부딪혔을 때 '늦다고 생각할 때가 가장 빨리 시작하는 것이다'든가 '공든 탑은 무너지지 않는다'는 말을 생각해내고 문제를 처리하는 길잡이로 사용한다. 그 밖에는 없을까? 좀 더 과학적인 방법은 없을까?

과학에도 생활의 문제와 같은 면이 있다. 과학자가 새로운 분야의 연구를 진행시키려고 할 때 길잡이로 쓰는 것은 역시 과거의 경험과 선배들의 경험이지만 그것을 만능으로 아무 곳에나 쓸 수는 없다. 태양계의 운동을 연구하는 방법을 그대로 원자핵의 연구에 적용할 수 없으며 식물의 영양을 연구하는 방법은 인간의 영양을 연구하는 방법과 다르다. 같은 금속이라도 원소로서 연구하는 방법과 화폐로서 연구하는 방법은 다르며, 같은 인간이라도 인구로 연구하는 방법과 가족으로서 연구하는 방법은 다를 것이다. 그래도 그런 방법들 사이의 공통점이 없을까? 어떤 분야에서 매우 뛰어난 성과를 얻었을 때 그 방법은 다른 분야와는 아무런 관계도 없고 아무런 도움도 될 수 없는 걸까?

종교도 과학적으로 된다

생활의 문제를 어떻게 해결해야 할지를 모르는 사람들 중에는 종교인들도 MB정권(이명박 정권)이 들어섰을 때 「소망교회」 인물들이 대거 정계에 진출하면서 많은 문제를 일으켰다. 이런 문제에도 불구하고 많은 사람들이 교회에 발을 들여 놓거나 관념적인 인생철학에 관한 책을 읽어보거나 하는 사람이 적지 않다. 지금도 세종로에 가면 보수당주변에는 종교인들이 많다는 걸 알 수 있다. 사이비종교, 이단, 무당 등등이 바로 그것이다.

자연과학자들 가운데서도 과학상의 문제를 어떻게 해결해 나갈지를 몰라서 역시 종교와 철학에 도움을 청하는 사람이 있다. 이과를 전공한 의사나 자연과학자가 종교에 끌리는 것은 좀 우습지만 거기에는 물에 빠진 사람이 지푸라기라도 잡는 것과 같은 기분이 숨겨져 있는 것이다. 특히 현대 포스트휴먼 과학은 여러 분야로 나뉘어져 있어서 과학자는 자신의 세분화된 전문분야만을 연구하므로 아무래도 사물을 보고 생각하는 방식이 좁아지게 된다. 연구가 벽에 부딪혔을 때는 문제를 좀 더 넓은 입장에서 넓은 시각으로 바라볼 필요가 있는데 손에 있는 과학책은 그러한 견해나 사고방식을 가르쳐 주지는 않는다. 따라서 자신의 전문분야에서 벗어나면 이미 과학자도 전문가도 아닌 것이다. 전자장비나 인공지능(AI) 연구에 대한 전문가라도 인생의 문제에는 풋내기에 불과하다.

넓은 입장에서 사물을 보는 견해나 사고방식, 인간이 살아나가는 방법이나 인생의 문제 등은 과거부터 철학과 종교가 다루어왔다. 그래서 이러한 것에 마음이 끌려 종교에 사로잡히게 되는 과학자도 있게 마련이다.

과학이 발달함에 따라 확실히 우리의 사고방식이나 일을 처리하는 방식은 차차 정밀해져 가고 있다. 기본적으로는 그렇지만, 그와 동시에 미신과 비과학적인 방법도 역시 과학적인 외피를 걸치고 외견상 매우 과학적으로 되고, 보다 정교해지는 것을 얼핏 보아도 알 수 있다. 그러므로 과학자가 노력하지 않으면 이러한 비(非)과학이 큰 세력으로 될 위험이 있다. 현재 한 꺼풀만 벗기면 매우 오래된 미신이면서 과학적인 외피의 덕택으로 지식인과 과학자를 사로잡고 있는 예는 얼마든지 들 수 있다. 현대의 신흥종교는 원자핵물리학과 전자공학을 도입하고 인공지능까지 창조해 내는 현대과학의 업적을 끌어들여 신(God)에 관한 이론으로 만들어낸다. 종교인도 현대과학의 업적을 부정할 수 없으므로 이를 체계적으로 받아들여 긍정하며, 나아가 신흥종교의 주된 가르침도 긍정하지 않을 수 없도록 교묘하게 설명하고 있다.

고등종교에도 우리가 엄밀히 따져보아야 할 문제점은 있다. 예를 들면 불교에서는 인간은 환생(幻生)한다고 생각하여 이것으로부터 인과관계를 설명한다. 우리는 현세에 살고 있을 뿐 아니라 전생에도 살았고 현세에 이로운 인간으로 태어나고 현세에서 게으른 사람은 내세에서 비참한 삶을 살게 될 운명에 처해 있다고 해석한다. 어떤 종파는 어린 시절부터 시중드는 사람들이 여럿이 달라붙어 그를 예수의 아들처럼 키우고, 나이가 들어 우수한 대학을 졸업하면 신부가 저절로 생기고, 그의 부모가 지어준 교회의 목사가 되어 자식을 낳고 행복한 삶을 살다가 죽는다. 그러한 내세에서의 행복을 원한다면 지금 신을 믿으라고 설교하고 있다. 일부 학회에서는 현재 종교계에는 미신이 횡행하고 있다고 주장하지만 위의 사람들이 설교한 미신을 절대화하는 자신들도 결코 예외가 될 수 없다.

과학은 이러한 미신을 경시하므로, 종교가 존재하는 이유를 주장할 수 있기 위해서는 과학에도 한계가 있다는 것을 주장해야 한다. 여기까지는 과학이 취급할 수 있지만 이 이후는 과학은 쓸모가 없고 종교만이 해명할 수 있는 분야라고 하여 과학에 대하여 경계선을 설정하고 있다. 과거부터 유럽의 신학자와 관념론자들이 이러한 경계선을 설정해왔다.

일부 학회에서는 다음과 같이 주장하고 있다.

"소위 물질문명의 과학은 우리의 생활에 필수적이며 과학의 발달은 우리의 생활수준을 서서히 높여주는 것은 사실이다. 그 공적은 인정하지만 물질문명이 인생을 완전히 구제할 수 있을까? 현대과학의 정수라는 소립자론(素立子論)은 얼마나 비참한 결과를 초래하고 있는가. 아무리 의학이 발달하여도 앞 못 보는 맹인의 고뇌를 구제할 수 없는데 하물며 인생의 넓고 깊은 고뇌를 어떻게 해결할 수 있겠는가. 과학과 종교의 싸움이 점차 전 세계로 확대되어 우리의 불안이 늘어나고 있는 것은 아닌가. 잘못은 어디에 있을까? 이는 과학의 성과인 물질문명을 절대적인 것으로 믿어, 문명을 이용하고 이끌어 나가는 인간을 잊어버린 결과이다. 인간이 과학을 지도해야 하는 것이지 과학에 의해 인간이 지도당해야 하는 것은 아니다. 확실히 과학은 객관세계의 추구에서 장족의 진보를 했지만 외계를 아무리 파고들어 가도 그것만으로 인생의 행복이 샘솟는 것은 아니다. 왜냐하면 생활은 생명현상이며 생활을 하는 사물 자체의 생명이 규명되어야 하기 때문이다."16)

---

16) 三浦つとむ 著, 『弁証法はどういう科学か』(講談社, 1960), 28쪽 — 저자

우리는 자연과학만을 발전시키려는 것이 아니라, 인간생활을 해명하기 위한 인문·사회과학과 정신과학의 발전을 위해서도 노력하고 있다. 그러나 종교의 입장에서는 여기에 경계선을 그으려고 한다. 종교야말로 인간의 생활과 생명을 해명하여 인간을 지도하는 것이며 과학보다도 상위의 것이라고 주장한다. 일부 학회에서도 "우리 교회의 진수야말로 최고의 문화이며 소위 과학을 지도하는 최고의 과학"이라고 결론짓고 있다. 아무리 그럴듯하게 위장할지라도 인간은 환생한다는 등의 생명론이나 죽으면 천당이나 지옥에 간다는 건 미신이다. 이러한 미신에 기초한 이론이 최고의 과학이라고 주장하는 것은 자만도 정도가 지나치다고 해야 할 것이다.

상식적인 견해와 사고방식의 한계

우리는 상식적으로 '삶'과 '죽음'을 별개의 것으로 생각한다. 물고기는 살아 있지 않으면 죽은 것이다. 떠들며 놀고 있는 아이는 살아 있는 인간이며, 심장이 정지하고 몸이 식어 관에 들어 있는 노인은 죽은 인간이다. 마찬가지로 '배우는 것'과 '가르치는 것'을 별개의 것으로 생각하여 교사는 가르치는 사람이고 학생은 배우는 사람이라고 생각한다.

그런데 현대 포스휴먼 과학자는 이러한 상식에 그치지 않고 유전자를 연구하여 게놈(genome)이라는 생물체를 구성하고 기능을 발휘하게 하는 모든 유전 정보가 들어 있는 유전자의 집합체를 발견하였다. 이후 사물의 상태를 한층 더 깊이 관찰하게 되었다. '삶'과 '죽음'도 세포의 상태로 파악한다. 신체의 세포는 특별한 것을 제외하면 출생 후에도 계속해서 분열하여 오래된 세포는 죽고 새로운 세포가 생겨난다. 예를 들면 갓 태어난

아기라도 신체의 세포가 차차 죽어가므로 '죽음'은 태어날 때부터 '삶'과 공존하고 있다고 해야 할 것이다. 바로 오늘날의 생명과학자는 이처럼 죽어가는 세포를 더 늦게 죽을 수 있는 방법을 연구하고 인간이 죽어서도 어떻게 변화하는 지를 탐색한다. 따라서 '삶'은 '죽음'과 공존하고 있다고 해야 할 것이다. 상식적으로 살아 있는 인간은 '삶'이 적극적인 면이고 죽음이 그 뒤에 감춰져 있는 인간이며, 죽은 인간은 죽음이 적극적인 면이고 삶이 그에 압도되어 계속 상실되는 인간이다.[17]

우리 속담에 "가르치는 것이 곧 배우는 것이다"란 말이 있다. 더 깊이 생각해 보면 교사도 가르치기만 하는 사람이 아니다. 잘 가르치기 위해서는 학생들로부터 자신이 가르친 것을 학생들이 어떻게 받아들이는가, 학생이 어떤 학습조건과 생활조건에 있는가를 이해해야 한다. 결국 가르침과 동시에 학생의 수용방식과 상태를 배우려고 노력해야 한다. 상식적으로 교사는 가르치는 사람이지만 교육학에서 교사는 학생에게 배움으로써 가르치는 능력을 높이는 사람이다. '가르친다'는 적극적인 면의 이면에 '배우는' 노력이 숨겨져 있는 것이다. 이는 곧 "가르치는 것이 곧 배우는 것이다."

경험을 중시하는 것도 차차 한계가 드러날 것이다. 그래서 속담에서도 상식의 약점을 보완하여 좀 더 넓은 안목으로 바라볼 것을 가르치는 것이 적지 않다. 부모가 자식을 가르치고 전문가가 초보자를 가르친다는 상식에 대하여 "가르치는 것이 곧 배우는 것이다"라는 속담처럼 반대의 경

17) 이러한 논리의 전개는 헤겔 『정신현상학』의 「정신」 장(章) 및 『대논리학』 제1 「존재론」에서 찾아 볼 수 있다. 「존재론」, 임석진 역, p.75~7쪽까지 참조 바람.—저자

우가 있음을 일깨우고 있다. 격언(格言)의 이러한 사고방식이나 견해가 상식보다 한 단계 높은 것이며 격언은 과학과 상식의 중간에 있다고 말할 수 있을 것이다.

개별적인 여러 과학과 과학 사이에는 연구에 필요한 사물에 대한 견해나 사고방식이 서로 관련은 있지만 다른 것이다. 자연과학 서적을 읽어서 과학을 암기한다고 해서 과학적인 연구에 필요한 견해나 사고방식을 얻는 것은 아니다. 때문에 과학 서적을 많이 읽은 전문가라도 사물에 대한 견해나 사고방식이 상식적인 수준에 그쳐서 철학적 사고가 진행되지 않으면 종교 또는 오래된 미신에 사로잡히게 된다.

사물의 구별은 상대적이다

자연과학자는 우리의 생활을 풍부하게 하는 여러 가지 도구나 장치를 만들어냈다. 그 중에서 전기에 관한 것을 가지고 검토해 보자.

우선 주위에 있는 것으로 어두운 밤을 밝혀주는 조명장치가 있다. 오래 전부터 사용되고 있는 백열등은 가느다란 텅스텐 선에 전류를 통하여 빛을 내는 것이다. 형광등은 아르곤 및 수은 증기의 혼합기체로 채워진 유리관으로 이루어져 빛을 낸다. 네온사인은 관 속에 들어 있는 네온등의 기체가 진공방전에 의해 빛을 내는데 다른 기체를 사용하면 여러 가지 빛을 얻을 수 있다. 이들은 저마다 구조가 다른 개별적인 특징이 있다. 전기는 빛으로 변할 뿐만 아니라 불이나 열로도 변화할 수 있다. 백열등이 열을 많이 내는 데 비해 형광등은 거의 열을 내지 않아 열로 되는 만큼의 전력소비를 절약할 수 있고, 자연광에 가까운 빛을 낼 수 있는 점이 형광등의 큰 장점이라 하겠다. 이들은 이러한 차이가 있지만 전기에서 빛을 얻는다는 점과 전기적 에너지가 빛으로 변화한다는 점에서 같은 원리에 근거하므로 근본적인 차이는 없다.

다음에는 이와 반대의 경로를 취하는 것, 즉 빛에서 전기를 얻는 장치를 찾아보자. 대표적인 것은 태양에 의하여 전기를 만드는 태양광 발전이 있다. 그리고 그 전기로 빛을 보내어 필름을 투과하여 영화를 볼 수 있게 했었다. 그러나 오늘날에는 극장에서 메모리카드에 녹화된 것을 음성과 빛으로 변화시키지만 옛날에는 필름을 이용하였다. 필름을 통해 빛을 보내면 극장 스크린에 빛이 비쳐지게 하여 영화를 보게 했는데 이를 살펴보면 앞부분에 빛의 변화를 전류의 변화로 바꾸는 장치가 있다. 이 장치의 심장부는 광전관이라는 양극(+)과 음극(-)을 가진 조그만 관으로 된 구(球)인데 빛이 닿으면 음극에서 양극으로 전자가 흐르도록 만들어져 있다. 영화 필름의 한쪽 끝에는 사운드·트랙이라는 음의 변화를 명암으로 기록한 가는 띠 모양의 부분이 있는데 빛을 이 띠를 통과시켜서 광전관에 닿게 하면, 필름의 명암에 의해 빛의 명암이 생기고, 이것이 다시 전류의 흐름의 변화가 되므로 그것을 증폭장치에 연결시켜 증폭하여 스크린 밖의 스피커를 작동시킨다. TV용 카메라도 역시 비슷한 광전관이 들어 있지만 영화에 비하여 훨씬 복잡하며 약한 빛으로도 많은 전류를 얻을 수 있도록 되어 있다. 또 찍히는 사물의 밝기에 따라서 카메라의 조리개가 자동적으로 조절되도록 만들어진 디지털 카메라도 물체가 빛을 받으면 물질 내부에 자유 전자가 생기는 현상을 이용한 장치로 빛을 전류로 바꿔 전류의 힘으로 조리개를 조절하는 것이다.

일상적으로 우리가 사용하는 전기는 전지나 전선을 통하여 전달되어 온다. 오도바이나 자동차의 전등, 사진촬영에 사용되는 전구 등은 전지로 점등한다. 전지에는 건전지와 배터리(battery)가 있는데 화학적인 에너지를 전기라는 형태로 변화시킨다는 점은 별 차이가 없다. 건전지는 한 번 쓰면 그만이지만 배터리는 배전선에서 충전하여 전기를 화학적 에너지로 변화시켜 충전할 수 있다는 차이가 있다. 그런데 배전선의 전기는 어떻게 해서 생길까? 수력발전소에서는 물의 힘으로 수차를 돌려 발전기를 가동시켜서 기계적 에너지를 전기적 에너지로 변화시키고, 화력발전소에서는 석탄을 때어서, 원자력 발전소에서는 원자핵의 반응으로 열을 얻어서 증기기관을 가동시켜 발전기를 돌리고 있다.

이와 같이 전기, 열, 빛, 화학적 에너지, 기계적 에너지는 서로 이행하는 것이며, 전기는 에너지의 상태 중의 하나이다. 전기를 생산하거나 사용하는 것은 에너지의 상태를 전기가 아닌 것을 전기로 변화시키고 전기를 전기가 아닌 형태로 변화시키는 것에 불과하다. 물은 수증기도 될 수 있고 얼음도 될 수 있다. 또한 눈이나 서리로도 될 수 있지만 H_2O임에는 변함이 없다. 이러한 사실은 무엇을 가르쳐 주는가. 일상생활에서 상식적으로 열과 빛을 다른 것으로 생각하거나 얼음과 눈을 다른 것으로 생각하는 것은 잘못된 것이 아니라 필요한 것이지만, 이러한 구별을 고정화하여 변화할 수 없다고 생각하면 과학적인 연구가 불가능하다는 교훈이다. 나아가 이러한 사실을 총체적으로 생각해보면, 사물의 구별은 절대적인 것이 아니라 모두 일시적·상대적이며 일정한 조건하에서 상호 이행하는 것이라고 볼 수 있다. 과거에는 원소(元素)의 구별은 영구적·절대적이라고 생각했었다. 그런데 라듐의 발견으로 어떤 원소가 다른 원소로 변화할 수 있다는 사실이 명확해지고 물질관의 혁명이 일어나게 되었다. 우라늄은 자연 상태에서 저절로 붕괴하여 낮은 원소로 변하며 라듐과 폴로늄[18](Polonium)은 그 과정 중의 한 상태라는 사실이 밝혀졌다. 이 연구가 진행되어 원소의 인공적 교환이 가능해지고 방사성 물질을 인공적으로 만들 수도 있게 되어 결국 원자력을 이용해 발전도 하고 배도 움직이게 할 수 있도록 성공할 수 있었다. 오늘날에는 양자역학의 발전으로 핸드폰이나 자동차 등에도 원자를 이용한 새로운 과학기구들이나 산업용 롯까지 만들어 내고 있다.

여러 가지 물건을 높은 곳에서 떨어뜨려 보자. 돌을 떨어뜨리면 빨리 떨어지지만 나뭇잎이나 종잇조각은 천천히 떨어진다. 이러한 속도차가 공기의 저항 때문이라는 사실은, 이들을 진공에서 동시에 떨어뜨리면 같은 속도로 떨어진다는 사실에서 알 수 있다. 얼핏 보기에는 서로 차이가 있지만 양자는 기본적으로 같은 관계에 놓여 있다. 새나 비행기는 돌이나 나뭇잎과는 반대로 지상에서 공중으로 날아오르는데 보기에는 서로 다르지만 중력의 지배를 받는다는 점에서는 같다. 전기를 빛으로 바꾸는 장치나 기계적인 운동 상태 등을 잘 살펴보면, 일정한 영역에서 일어나는 여러 가지 현상은 그를 일관하는 기본적 · 보편적 · 필연적인 관계가 있다는 것이 명확해진다. 이러한 관계를 인식하는 도중에 도출된 것을 법칙이라고 한다. 또한 한 영역이 지니는 법칙적 성격과 다른 영역이 지니는 법칙

18) 폴로늄은 방사선 동위원소로서, 구하기는 아주 어려워도 살인에 사용될 때는 아주 적은 양으로 쉽게 죽일 수 있기 때문에 독약으로서 사용되기도 한다.—저자

적 성격의 관계를 비교해 보면 그들을 일관하는 보다 보편적인 법칙성을 발견할 수 있다. 이리하여 결국 에너지 법칙과 같은 자연 전체를 관철하는 법칙을 인식할 수 있게 된다.

인간사회는 자연과는 조금 다른 존재이지만 자연에서 유래했으며, 자연과 분리되어 존재할 수 없으므로, 사회의 법칙성은 자연의 그것과는 다를 수는 있지만 완전히 양립한다고 생각되지 않는다. 사회적인 구성도 자연과 마찬가지로 일시적·상대적이라는 사실을 역사가 증명하고 있다. 과거에는 국민과 국왕의 구별을 절대적이라고 생각하여 천지(天地)가 영원하듯이 왕도 영원히 존재한다고 믿었지만, 사회의 발전으로 각국의 군주제도가 소멸되어 군주제도는 사회발전의 한 단계로서 일시적인 제도에 불과하다는 사실을 알게 되었다. 지금은 자본가와 노동자의 구별과 자본주의적 생산양식을 영원한 것처럼 생각하는 사람이 적지 않은데, 러시아혁명 이후 민주사회주의의 실현과 발전은 이러한 생산양식과 구별도 일시적일 수 있다는 것을 알 수 있다.

그러면 정신분야에서는 어떨까? 진리와 오류, 선과 악 등의 구별은 절대적일까? 자동차가 자전거에 비해서 좋다는 견해는 올바르지만 이것은 도로가 자동차가 달리기에 어울리는 조건 아래에서의 진리이고 좁은 길이나 산 속의 오솔길이나 가교(假橋)의 경우에도 자동차가 좋다고 주장한다면 오류이다. 자동차를 타고 가면 걸어가는 것보다 빨리 가지만 이것도 역시 일정한 조건하에서의 진리이고 자동차의 홍수를 이루는 서울의 도심에서는 지하철을 타거나 걷는 편이 도리어 빠른 경우도 있다. 이처럼 진리와 오류가 일시적·상대적임은 부정할 수 없다. 예로 이런 말을 하는 사람이 있다고 치자. "당신이 지금 우리를 지금 부도덕하다고 말했는데 그것은 당신의 말이기 때문이다. 우리가 이를 거꾸로 말하게 되면 우리는 도덕적이라고 해도 당신은 부도덕하다고 하거나 우리가 부도덕하다고 해도 당신은 도덕적이라고 할지도 모른다."

위와 같이 처해진 상황에 따라서 진리는 바뀔 수도 있다. 임금인상이나 처우개선은 노동자에게는 좋은 일이지만 사장의 입장에서 보면 기분 나쁜 일일 것이다. 안중근 의사 같은 혁명가는 우리에게는 한 없이 존경받는 사람이지만 일본 제국주의자들은 테러리스트라고 하며 나쁜 사람이라고 말할 것이다. 덕(德)과 부덕(不德), 선과 악의 구별도 또한 일시적이며 상대적이다. 이렇게 보면, 사물의 구별이 일시적 · 상대적이라는 사실은 자연 · 사회 · 정신을 일관하는 보편적인 하나의 법칙이며 그러한 인식은 모든 문제의 해결을 위한 하나의 지침 역할을 할 수 있음을 알 수 있다.

이렇게 설명하면 매우 간단한 것처럼 생각되지만, 실제로 자연 · 사회 · 정신을 일관하는 보편적인 법칙성이 파악되고 체계적이어서 세계 전체의 일반적인 연관 · 운동 · 발전의 법칙에 관한 과학이 나오기까지에는 많은 우여곡절의 과정이 있었다. 이 과학을 변증법이라고 하는데 그것은 뒤에 다시 이야기하기로 하자.

존재하는 모든 것은 변증법적인 성격을 지니고 있다

오늘날에는 자연 · 사회 · 정신에 일관된 보편적 법칙성이 있다는 사실을 부정할 수 없게 되었다. 물론 아직도 세계는 고정되어 있고 변화하지 않고 있다고 주장하는 사람도 존재한다. 하지만 자연과학의 대상인 자연 ·

사회·정신이나 과학은 모두 변증법적 성질을 띠며 그에 따른다는 사실이다. 인간은 역학(力學)을 알기 이전부터 역학적으로 운동해 왔고 한국어임을 자각하지 않고서도 한국어를 쓰고 있다. 마찬가지로 변증법이 무엇인지를 알지 못하고도 인식 자체는 변증법적인 성격을 지니고 있으며 변증법을 자각하지 않고서도 변증법적인 사고를 하고 있는 것이다. 철학과 과학의 발전으로 인간은 변증법을 알게 되었고, 대상을 올바르게 인식하기 위해서 인식도 의식적으로 변증법적인 성격을 지니게 되었다. 즉 뿔뿔이 흩어져 있는 대상의 한 면과 아직 알려져 있지 않는 다른 면과의 사이에 변증법적 관계가 있음을 예상하여 이를 길잡이로 미지의 세계로 나아가는 것이다. 이것이 변증법적 방법이다.

변증법은 세계라는 건물의 골조(骨組)에 해당한다고 할 수 있다. 물론 단순한 건물에는 단순한 골조가 있고 복잡한 건물에는 복잡한 골조가 있듯이 단순한 사물에는 단순한 변증법적 성격이 있고, 복잡한 사물에는 복잡한 변증법적 성격이 존재한다. 단순한 건물의 단순한 골조는 알고 있지만 복잡한 건물을 분해하여 복잡한 골조를 이해해 본 경험이 없는 사람은 새로이 부딪힌 복잡한 건물의 전체 골조를 올바르게 파악할 수 없다. 이것은 변증법을 연구할 때에도 똑같이 적용된다. 단순한 사물에서 단순한 변증법적 성격을 파악해 본 경험은 복잡한 사물이 연구지침으로서는 불충분하다. 변증법 철학은 한마디로 '대립물의 통일에 관한 학문'이고 '사물의 본질 자체에 내재하는 모순의 연구'를 주로 하지만 모든 사물이 대립물의 통일이라는 성격을 지니고 있다는 사실이나 모든 사물에는 모순이 내재한다는 사실을 아는 것만으로는 일면적이어서 모든 건물에는 가로와 새로의 골조가 있다고 생각하는 것과 마찬가지이다. 건물은 부분에 따라서 골조가 다르고 조합(組合)에 특징이 있듯이 사물도 부분에 따라 대립물의 통일 상태가 다르며 다른 모순의 조합이 있다. 이를 올바르게 파악하지 않는 한 변증법이란 지식은 거의 유효성을 발휘할 수 없다.

자연과학이 자연을 개개의 부분으로 나누어 열에 관하여 혹은 압력에 관하여 연구하는 것은 중요하지만 이는 실제로 열과 압력이 무관함을 의미하는 것은 아니다. 한라산 정상에서 밥을 지으면 보통 솥으로는 비등점이 낮아 밥이 잘 되지 않는다. 이것은 압력이 낮기 때문이다. 역으로 고압솥을 만들어 내부의 기압을 높이면 보통 솥으로는 얻을 수 없는 고온을 얻을 수 있다. 변증법을 **모순**이나 **대립물의 통일**, **부정의 부정** 등의 개개의 법칙 중심으로 생각하는 것도 중요하지만, 이것은 현실의 법칙적인 성격이 따로따로 존재함을 의미하는 것은 아니다. 물리나 화학의 법칙적인 성격이 서로 연관되어 있듯이 변증법이 취급하는 법칙적인 성격도 서로 연관되어 있고, 자연의 법칙적인 성격의 연관을 발견하는 것이 자연과학의 발전이듯이 변증법에서 취급하는 법칙적인 성격의 연관성을 발견하여 단순한 사실에서 복잡한 사실로 나아가는 것이 변증법적 발전이다.

따라서 경제학이나 물리학 등의 개별적인 과학에 혁명적인 발전이 이룩되는 것은 지금까지 보지 못했던 복잡한 건물이 출현한 것과 비슷하므로 그 속에 골조가 있을 것을 예상하여 거기에서 변증법의 활용으로 다른 개별과학의 혁명적인 발전을 이룩할 수 있다는 것은 어떤 건물의 골조에 새로운 공법을 시도하여 이전의 건물을 개축하여 보다 우수하게 개량할 수 있는 것과 비슷하다. 따라서 자연과학이건 인문 · 사회과학이건

과학발전의 최고 단계에서 일을 하는 과학자나 정치가라야 비로소 변증법을 발전시킬 수 있다.

지는 것이 이기는 것이고, 이기는 것이 지는 것이다

모든 사물이 변증법적인 성격을 지니는 이상 우리의 일상생활에서 얻은 생활의 지침에도 역시 변증법적인 파악이 포함되어 있다. 민중이 만들어낸 속담과 금언 중에서 어떤 것은 변증법이 확실하게 부각되어 있어서 변증법적 사고방식과 직접적으로 연관되어 있다. 상식적으로는 승리와 패배는 전혀 다르지만 그 구별은 일시적 · 상대적이므로 패배가 승리로 될 수도 있고 승리가 패배일 수 있다고 생각한다면 이는 분명히 변증법적 이해의 소산이라 할 수 있겠다.

"지는 것이 이기는 것이다!"

몽고의 칭기즈 칸(Chingiz Khan, 成吉思汗, 1155?~1227)은 전쟁에서 패하면 항상 그 전쟁에서 왜 패하였는가를 현장 답사하여 연구했다고 한다.

"그는 한 지역을 빼앗겼다는 기분이 들었지만 한 지역을 빼앗겼기 때문에 도리어 진상을 알 수 있었다고 믿었다. 그렇다면 칭기즈칸에게는 외견상의 패배에서 승리의 결과를 얻었으므로 표면상 진 것처럼 보여도 큰 문제는 없었다."19)

뛰어난 전체적인 전쟁계획이 없으면 진정으로 뛰어난 첫 싸움도 있을

---

19) 중국에서 제작한 드라마 「칭기즈칸」에서 나온 말을 재인용함.— 저자

수 없다. 즉 첫 싸움에서 승리한다 할지라도 만약 그 전투가 전체적인 전쟁국면에서 유리하지 않고 도리어 해가 될 때 그 첫 싸움은 이겨도 이긴 것이 아니라 진 것이다.

일본인, 중국인, 프랑스인도 모두 마찬가지로 생각하고 있다. 변증법은 신비스러운 것이 아니며 이해하기 힘든 것도 아니다. 따라서 변증법에 관한 책을 읽고 이해하기 힘들다고 생각하는 것도, 또한 '이 정도는 상식으로도 알 수 있을 것이다'라고 가볍게 여기는 것도 역시 둘 다 모두 잘못이다. 모든 과학이 그렇듯이 변증법도 낮은 단계와 높은 단계가 있다. 속담이나 격언에서 변증법을 끌어내어 생활에 응용하기는 쉬워도 고도로 발달한 개별과학의 정수를 올바로 뽑아내어 덜 발전된 과학을 발전시키는 무기로 사용하기는 어렵다. 따라서 낮은 수준에서의 올바른 이해와 훈련이 높은 수준을 위한 준비로서 필요하다고 생각한다면, 변증법의 보급을 위해서 민중의 사고방식에서 변증법을 끌어내고 속담에서 변증법을 지적하여 변증법의 유효성을 자각시키는 일이 매우 중요함을 이해할 수 있을 것이다.

(2) 유물론과 관념론

두 세계관의 대립

방법론적인 입장에서 철학적으로 여러 가지 다른 견해가 있지만 그 중에서도 문제가 되는 것은 자연[唯物論 ; materialism]과 정신[觀念論 ; idealism]

은 서로 어떠한 관계에 있느냐 하는 것이다. 이 문제에 대하여 어떻게 대답하느냐에 따라 여러 형태의 철학적 방법을 2대학설(二大學說)로 분류하였다. 즉 자연 속에서 정신의 근원을 찾고 정신을 우선시 하는 주장을 하며, 세계 창조를 정신적 근원으로 주장하는 사람들을 관념론자라고 하였다. 반대로 자연을 세계창조의 근본으로 간주하는 사람들을 유물론학파로 규정하였다.[20)]

우리가 일상적으로 부딪히고 있는 사회는 여러 가지 성질을 갖는 수 없는 물질로 가득 차 있다. 사회는 우리가 보고 듣는 것보다 더 풍부하고 다양하다는 것을 과학은 가르쳐 주고 있다. 검고 질퍽질퍽한 콜타르에서 눈이 번쩍 뜨이는 여러 가지 색소가 얻어지고 눈으로 볼 수 없는 아주 작은 원자에서, 천지를 뒤흔드는 원폭의 거대한 에너지가 얻어진다. 하지만 세계 전체는 이러한 부분으로부터 분리되어 있는 것이 아니며 부분 자체는 전체의 일부이므로 전체와 부분은 구별해야 함과 동시에 공통점이 있다는 것을 예상할 수 있다.

따라서 부분이 갖고 있는 여러 가지의 특수한 성질을 차례차례 제거하면서 고찰하면 맨 나중에는 그 존재에 관한 문제에 도달한다. 세계의 모든 것은 그것이 '존재한다'고 하는 점에서 공통적이다. '없다'고 하는 것도 실제로는 '호주머니에 돈이 없다'든가 이 번지에 '집이 없다'라는 등의 '없다'라는 상태가 '존재'한다는 것이다. 순수한 무(無)는 머리로 생각할 수는 있어도 현실에서는 존재하지 않는다. 세계의 존재는 아무도 부정할 수 없을 것이다. 그러나 세계가 영원한 과거로부터 영원한 미래에 걸쳐서

---

20) 황세연 역, 『걸어 다니는 경제사』(중원문화, 2012), 13쪽 — 저자

존재할 것인가, 혹은 어떤 형태로 창조되었던 것인가에 관하여서는 의견이 분분할 수 있다. 여기서 대립하는 두 개의 세계관이 있다. 세계관의 차이는 변증법에 관한 이해에도 영향을 미친다.

만일 세계의 창조를 인정한다면 수억 년 전에 단지 한 번 창조되었다고 생각하거나 현재에도 매일 창조되고 있다고 생각하더라도 '그 창조자는 누구인가' 하는 문제에 대답해야만 한다. 누구든지 자기의 경험은 부정하지 않는다. 자기의 눈으로 보고 자기의 손으로 만졌던 것, 측량기로 보고 거리와 고도를 계산한 것 등은 모두 현실에 존재하고 있다는 것을 누구도 부정하지 않는다. 그것들을 '물질적'이라고 한다면 아무도 세계가 '물질적'이라는 것을 부정하지 않을 것이다. 따라서 만일 세계의 창조자를 인정하고 창조자도 물질적이라고 한다면, 결국 그는 세계의 일부이며 따라서 세계의 창조자는 아니지 않는가라고 반박할 수 있으므로 아무래도 '물질적'이 아닌 존재가 존재할 필요가 있다. 그런데 우리가 알고 있는 존재 중에는 '물질적'이지 않는 존재라면 '정신적'인 존재일 수밖에 없다. 그러므로 인간 자신의 정신이나 혹은 인간의 외부에 있는 무언가 '정신적'인 존재(말하자면 영혼)의 활동에 의해 이 '물질적'인 세계가 창조되었다는 주장이 나올 수 있다. 이와 같은 '정신적'인 존재를 신(God)이라고 부르고 신이 세계를 창조했다고 주장한다면 그것은 말할 것도 없이 '종교'이다.

정신이야말로 근본적이고 영원한 존재이고 물질이라는 것은 그 산물이라고 주장하는 세계관을 철학에서는 **관념론**이라고 부르고 있다. 관념론과 종교는 세계의 창조를 여러 가지 형태로 주장하고 자연의 배후에 초자연적인 자연의 창조자를 인정하는 점에서 본질적으로 일치하고 있다. 하지만 이와는 반대로 세계는 영원한 옛날부터 존재했고 인간이 없던 시대에도 세계는 존재했으며 항상 물질적으로 통일되어 있다고 한다면 물질이야말로 근본적이고 영원한 존재여서 정신이라는 것은 생물의 발생 이후에야 비로소 나타났다는 존재이고 물질의 일정한 존재양식 속에서 발생한 것이라는 세계관이 있다. 이런 세계관을 가진 사람은 정신은 살아 있는 인간의 뇌수가 갖는 기능이며 뇌수를 벗어나거나 인간과 분리되어 공간에서 떠다니고 있는 '영혼' 같은 것은 인정하지 않는다. 이 세계관을 철학에서는 **유물론**이라고 부르고 있다. 학자에 따라서는 유물론도 관념론도 모두 옳지 않다고 주장하고 어느 한쪽이 영원한 것이 아니라 물질도 정신도 모두 영원하다고 주장하여 소위 이원론을 주창하는 사람도 있지만 이것은 인간에게만 정신을(인간이 아직 존재하고 있지 않은 세계에) 끌어들였다는 의미에서 관념론의 일종이라고 볼 수 있다. 또 물 자체는 창조하지 않았지만 그의 성질과 법칙적인 관계는 정신이 창조했다고 주장하는 학자도 있는데, 정신세계는 부분적인 창조를 긍정하기 때문에 결국 관념론의 또 다른 형태의 하나에 불과하다.

유물론과 관념론은 이와 같이 대립하는 두 가지의 세계관의 명칭이며 그 이외의 것은 아니다. 단어만으로 유물론은 물질주의나 물욕주의라고 생각하거나 관념론을 이상주의나 정신주의처럼 생각하는 것은 잘못이다. 또 두 세계관의 구별도 다른 산물과 마찬가지로 상대적이어서 고정된 절대적인 경계선은 없다. 즉 유물론은 관념론으로, 관념론은 유물론으로 상호 이행한다.

정신적인 존재의 지나친 확대

유물론은 사회 전체에 대해서는 정신에 대한 물질의 선행(先行)을 주장하지만 동시에 부분적으로는 정신적인 존재가 물질적인 존재에 대해서 선행한다는 것도 인정한다. 인간은 일을 시작할 때에 목적을 가지고 계획을 세운다. 건물을 세울 때에는 머릿속에서 설계도를 그리고 완공되었을 때의 상태를 상상한다. 호텔이나 극장의 공사장에는 '금년 9월부터 입주개시, △△아파트' 등으로 써 놓고 완공되었을 때의 상태를 그린 간판이 세워져 있는 것을 본다. 실제 건물보다 먼저 정신적인 건물이 만들어지고 이것이 현실세계로 옮겨지므로 이런 의미에서는 물질적인 존재보다도 정신적인 존재가 선행하고 있다. 독일의 헤겔이 대표적인 경우이다. 그는 존재하는 모든 것은 정신이 현상된 것으로 파악하였다. 그렇지만 그보다 먼저 그 상상이 어떻게 해서 생겼는가를 생각해 보자. 그것은 실제로 존재하고 있는 다른 건축물의 상태를 소재로 해서 상상했으며, 상상을 현실세계로 옮겨 놓아도 실제 건물에 사용된 재료는 상상과 관계없이 현실세계에서 물질적으로 존재하고 있는 것이다. 상상 그 자체가 머릿속으로부터 빠져 나와서 물질적인 존재로 변한 것은 아니다. 호텔이나 극장의 형태가 인간의 머릿속의 설계도나 상상에서 출발했다는 것은 그렇다 치고, 물질적인 존재와 정신적인 존재의 관계를 인간이 만들어 낸 것 이외의 것으로 확대하면 어떻게 될까? 공간에 떠 있는 구름의 모습, 아름다운 산의 모습, 바람에 산들거리는 나무의 모습, 새와 짐승, 인간의 모습도 모두 누군가의 머릿속의 설계도의 상상에서 생겨난 것이 된다. 자연의 배후에 존재하는 누군가의 정신이야말로 이러한 것들의 근원인 것이다. 이렇게 설명하다 보니 지금까지의 유물론은 갑자기 관념론으로 이행해 버렸다. 이는 헤겔이 존재하는 모든 것은 신의 생각과 인간의 사고로 만들어졌다는 것과 같아 보인다.

시(詩) 또한 문학의 한 종류로 인간 정신의 표현이다. 언어의 배후에는 작가의 사상이 선행하고 있다. 이것은 유물론적 사고방식이다. 그러나 시를 좋아하는 사람이 자연의 풍경을 바라보고 작은 새의 지저귐을 듣고서 그 아름다움에 감동해서 '얼마나 훌륭한가, 이것은 자연의 시다'라고 생각할 때 자연의 배후에 있는 작가와 그 작가의 정신의 존재를 암묵적으로 단정하여 부지불식간에 관념론에 빠져버리게 된다. 하지만 그가 외치는 아름다운 시는 바로 자연이라는 대상을 보고 느끼는 감정을 글로 옮긴 것이다. 자연이라는 대상이 없었다면 시인의 감정도 없었을 것이다.

물질적인 존재의 부당한 축소

이와는 반대로 물질적인 세계가 가지는 어떤 상대적인 한계를 절대화하고 물질적인 존재를 부당하게 축소해도 결국 관념론이 된다. 천문학자는 망원경을 사용하여 몇 억 광년이나 되는 먼 거리에 있는 성운을 관찰하고 '우리의 위치'로부터 멀다는 사실을 인정했다. 우리가 관찰한 범위 내에서는 우주는 매 초 몇 만 킬로의 속도로 팽창하고 있다. 오늘날의 지식으로는 백억 년 이상의 수명을 가지는 사물은 존재하지 않는다. 우리가 관찰한 범위 내에서의 부분적인 상태를 우주 전체로 확대해서 '우주가 백억 년 전부터 계속해서 팽창할 수 있었다면 백억 년 전에는 우주는 단지 한 점이었다는 것으로 된다. 우주는 이 상태를 출발점으로 하여 폭발하기 시작했을 것이다. 원자나 별, 은하계, 혹은 공간과 시간도 모두 그때 태어났을 것이다. 그렇다면 지구가 있는 우주외에 도 다른 우주가 있다고 가정해 볼 수도 있다. 이러한 가정도 실제로 우주에 대해서 알고 나서야 이런 가정이나 추론이 가능하다.

'우주와 빛'이라는 결론을 내렸던 과학자가 있었다. 우리가 관찰한 범위에서의 우주가 우주 전체라는 전제가 문제이다. 관찰한 범위에서의 우주가 가령 백억 년 전에 시작되었다고 할지라도 그것은 우주 전체가 시작되었음을 의미하는 것은 아니다. 이 과학자가 주장하는 대로라면 우주가 시작되기 이전에는 시간도 공간도 물질도 없는 소위 '절대무'(絶對無)의 세계가 있었다고 결론지을 수밖에 없다. 온갖 에너지는 이 '절대무'의 세계에서 창조된 것으로 된다. 이것은 에너지법칙의 부정이다. 물질이 아닌 세계가 먼저 존재하고 그로부터 물질적인 우주가 태어났다는 이 우주 탄생론은 천문학적인 관념론이라고도 할 수 있는 이론이다.

세계관의 변증법적인 성격

이렇게 관념론의 성립을 조사해 보면 관념론은 처음부터 끝까지 난센스라고 생각할 수도 있다. 현실에 관한 인식을 기초로 하지 않고서는 (어떠한 세계관도) 있을 수 없다. 전체로서의 이해가 잘못되었다고 해서 부분적으로 옳게 인식하고 있는 것을 배제할 수 없다. 그런 의미에서 뛰어난 관념론자의 설명은 부분적으로 결국 배울 만 한 점을 많이 포함하고 있을 것이다. 신흥종교의 가르침은 근본적으로 문제가 있지만 부분적으로는 옳은 점도 있다. 그렇기 때문에 많은 신자를 확보할 수 있는 것이다. 하지만 옳지 않으므로 결국엔 멸망한다.

정신적 존재의 부당한 확대와 물질적 존재의 부당한 축소는 대립하는 양극에서 출발하여 정반대로의 경로를 취하지만 결국은 일치한다. '유물론에서 관념론으로'라는 인식의 운동경로도 대립하는 두 가지가 있으므로 두 면에서 생각하여야 한다는 점에서 변증법적인 성격을 갖는다.

자연과학은 자연의 상태를 완전히 자연 그 자체로부터 설명하고 있으며 그 배후에 자연의 창조자가 있다는 것 등은 인정하지 않는다. 이것은 자연과학이 유물론적 입장에 서 있다는 것을 의미한다. 사회과학이나 정신과학도 '영혼'이나 '신'을 끌어들일 필요가 전혀 없다. 변증법도 과학이 되려면 유물론의 입장을 무시해서는 안 된다. 변증법의 근원은 세계 자체가 변증법적인 성격을 지니고 있다는 사실에서 나온 것이다. 정신의 변증법적인 성격은 물질적인 세계의 반영으로서 생긴 것이며, 더욱이 의식된 반영으로서 법칙으로서 추상화된 것이 변증법이라 불리는 과학이다.

(3) 학문은 대립성을 지니고 있다

문학 속의 세계관

사물의 존재양식을 문제로 하는 모든 인식이나 주장은 결국은 세계의 존재양식의 문제로 연결된다. 자체로는 유물론이나 관념론의 문제와는 무관하다 할지라도 그 인식이나 주장은 사실상 연결되어 있다. 관념론에 관한 책을 읽고 그 영향을 받아서 관념적으로 되는 사람도 있을 것이다. 자본주의 국가의 학자로부터 사상적으로 영향을 받은 사회주의 국가의 학자가 관념적으로 되는 경우도 있을 것이다. 그러나 유물론으로부터 관념론으로 이행할 수 있는 기회가 도처에 있다는 것을 생각해 본다면, 관념론에 관한 책을 읽지 않고서도 관념적으로 되고, 자본주의 국가와 사상적으로 절연한다 해도 사회주의 국가 내에서 관념론이 나오는 것을 막을 수 없다. 유물론과 관념론의 싸움은 이미 철학자의 논문 속에만 있는 것이 아니고 그야말로 도처에 널려 있다. 하나의 예를 들어 보자.

"이제 늦은 시간에 집안을 둘러보면 사방은 잠이 들어서 괘종시계 소리와 아내의 코고는 소리, 멀리서 가정부의 이빨 가는 소리만 들린다. 이 가정부는 자기가 이빨을 간다고 하면 언제나 이를 부정하였다. '반드시 고치겠다'거나 '죄송합니다'라고 하지 않고 자기 태어난 이후 지금까지 한 번도 이를 갈아본 적이 없다고 고집을 피우며 그런 기억은 없다고 주장한다. 확실히 자고 있는 동안이므로 기억할 수 없는 것은 사실이다. 그러나 사실은 생각하지 못해도 존재하는 일이 있기 때문에 곤란하다. 세상에는 나쁜 일을 하고 살면서도 자신을 어디까지나 착한 사람이라고 생각하는 사람이 있다. 자신이 죄가 없다고 믿고 있으면 나쁜 생각은 없어지고 괜찮아지지만, 아무리 나쁜 생각을 하지 않았다 해도 사람을 괴롭히는 일은 여전히 남아 있다. 이렇게 말하는 사람들은 모두 이 하녀와 같은 종류의 사람이다."[21)]

이 가정부는 "기억" 즉 인식이 존재하지 않으므로 '이를 가는 것' 즉 물자체도 존재할 수 없으며 정신이 인정해야 비로소 사물은 존재한다고 주장하고 있다. 이것은 관념론의 입장이다. '고양이'라는 동물은 인식하지 않아도 사물은 존재하고 정신이 인식하지 않았어도 사물은 존재한다고

---

21) 三浦つとむ 著, 『弁証法はどういう科学か』(講談社, 1960), 31~32쪽.— 저자

반박할 수 있다. 이것은 유물론의 입장이다.

다음은 러시아 작가 투르게네프의 소설 『로댕』에 나오는 구절을 인용해보기로 하자.

"나의 생각으로는…… 소위 전체론이라든가, 가정설이라든가, 체계라든가 하는 그런 것은…… 나는 시골뜨기이기 때문에 품위 없이 말을 마치지만…… 아무런 소용도 없는걸요. 단지 머리를 굴리는 정도의 일이고 사람을 혼란시키는 데 불과하죠. 사실을 전하려면 그것으로도 충분합니다."

"사실의 의미를 설명하는 것도 필요하지 않겠습니까?"

로댕이 반박했다.

"전체론인가!"

피가소프는 자기가 말하고 싶은 것만을 말하고 있다. 그는 계속 혼자 말했다.

"예, 전체론이고 관찰이고 결론이죠. 어허 참! 참을 수 없군! 그것이 모두 소위 주의로부터 나온 것입니다. 고양이도 국자도 저마다 자신의 주의를 휘두르고 떠받들고 뿐만 아니라 사람에게까지 강매를 한다. 거참 참을 수 없군."

"그러면 귀하의 생각에는 주의(主義)라고 하는 것은 없습니까?"

"없습니다만…… 있다는 말이 아닙니다."

"그것이 귀하의 지론(持論)입니까?"

"그렇습니다."

"그러면서도 주의가 없다는 겁니까? 그것이 바로 주의 아닙니까?"22)

유물론과 관념론 두 가지의 당파가 있다고 듣고 괴로운 얼굴을 하는 사람이 있다. "나는 어떤 당파에도 찬성하지 않는다. 이데올로기적 색채는 딱 질색이다. 나는 선입견 없이 사실을 있는 그대로 파악하고 싶다."

22) 앞의 책, 32쪽 재인용.— 저자

라고 말하는 사람이 있다. 그러나 그는 "선입견 없이 사실을 있는 그대로 파악하는" 당파에 찬성하고 있으므로 단적으로 말하면 유물론을 지지하고 있는 것이다. 아무도 하나의 세계관을 철저하게 관철하고 있다고는 말할 수 없지만, 자연에 있어서는 유물론의 입장에 서고 사회에 있어서는 관념론의 입장을 지지하고 있는 사람도 결코 비당파적인 것은 아니다.

과학의 인간성

인식과 이론은 두뇌의 기능이다. 그의 담당자는 살아 있는 인간이다. 그러한 것들은 문장으로 쓰면 인간으로부터 분리해서 존재하는 것처럼 보이지만 겉보기에 그렇다고 그러한 것들을 만들어 내고 응용하는 것은 살아 있는 인간이다. 계급으로 분열해 있는 현대사회에서는 인간은 한 계급에 속해 있다. 과학의 발전이나 응용도 어떤 계급에 속하는 사람들에 의해서 행해지고 있다. 우리나라에서는 과학의 담당자는 인텔리겐치아로, 자연과학의 응용이 생산에 유용하다는 점에서 생산을 지배하고 있는 사람의 이익을 위해서 과학이 봉사하고 있다. 물론 결핵의 특효약이나 항공기의 발명처럼 그것만을 떼어서 본다면 인류 전체에 봉사하는 과학적 성과도 있지만 현대사회에서는 인류 전체에 대한 봉사가 되지 않는다. 경제적으로 풍족하지 못한 사람들은 병이 들어도 약을 살 수 없고 항공기는 이미 무기로서 결사적으로 연구 생산되고 원수폭을 운반하는 도구로 되어 있는 상태이다.

과학과 그것들을 창출해 내고 동시에 사용하는 사회적 조건과의 관계는 점점 더 밀접하게 되고 과학에 대한 규정(제약, 혹은 추진)도 점점 더 강화되고 있다. "어떤 사람이든지 이용할 수 있는 과학은 개인적이 아니라 전 인류적이다"고 생각하는 것은 과학을 인간과 분리하여 문장으로 받아들임으로써 생겼던 잘못이다. F. 엥겔스는 "언어는 사회의 모든 개인에 동일하게 봉사한다"고 말했다. 언어는 그림과는 달리 표현을 위한 사회적인 약속이, 즉 어떤 사물에는 어떤 음성과 문자를 사용한다는 규범이 성립하고 있는 것이다. 여기서 단어의 종류, 즉 어휘라고 불리는 것을 구별할 수 있다. 한국인이라면 어떤 지위 고하를 막론하고 동일한 규범에 따른, 동일한 어휘에 속하는 단어를 사용한다는 의미이지만 개개인의 인간이 사용하는 언어 자체는 그 인간에 있어서 사상의 표현이며 거기에는 자기의 형편에 따른 사상이 포함되어 있다. 어휘와 언어를 혼동하면 이렇게 잘못된 주장을 하게 된다. 그래서 계급적인 사상은 언어의 내용이 될 뿐 아니라 경어와 같이 표현상 사회적인 약속으로까지 되기도 한다.

자연과학이 무의식중에 유물론의 입장에 서 있으므로 지배계급이 신을 내세워 자기의 권위를 유지하는 데 사용하는 경우, 그에 대립하기 때문에 위험사상으로서 취급당하게 된다. 그래서 유럽에서는 진화론이 박해받고 동양에서는 자연과학적 사고방식이 신화를 부정하고 황제의 신성을 해친다고 하여 억압받았다. 일본의 중국 침략의 기운이 무르익어 국민정신 총동원이 문제로 되었던 2차 대전 직전에 일본의 어떤 관념론 철학자는 문부성에서 출판했던 책에서 이렇게 말하고 있다.

"자연과학의 연구에 제한을 가해서 자연과학적으로 사물을 생각하는 능력을 우리는 충분히 억압하고 중도에서 저지시킬 필요가 있다. 그렇지 않고 자연과학적인 사고방식을 계속하도록 놓아둔다면 오늘날 문세가 되는 여러 가지 좋지 못한 사태를 초래하여 국체의 본의(本義)에 어긋나는 사상을 스스로 불러들일 위험이 있을 것이다. 그러한 사고방식을 가지게 되는 사람이 있는가 하면 자연과학자에게 그러한 요구를 하는 경향도 있다고 생각된다. ……한편으로는 자연과학적인 사고라고 하는 것은, 동시에 그것이 갖고 있는 한계를 자각할 것을 반드시 요구한다. 우리는 모든 것, 즉 정치적인 것, 나아가 가치에 관한 모든 것을 자연과학적인 사고방식으로 완전히 알 수 있다는 사상을 부정해야만 한다. 그러한 사상은 제한되어야 한다."[23)]

자연과학에는 계급성이 없다고 생각하는 일부의 맑스주의자보다도 관념론 철학자들 편이 더 민감하여, 자연과학적인 사고방식을 계속 추구하면 신을 부정하게 되므로 이러한 사고방식은 '위험'하다는 것을 인식하고 있다. 자연과학이 세계관으로서의 대립을 갖고 인간성과 결부되기 때문에 특히 '위험'한 것으로 보고 있다.

관념론자들이 볼 때 사회과학에서 사회의 존재양식을 직접 다루는 만큼 자연과학보다도 더 '위험'하다. 많은 어떤 사람들은 '일하고 일해도 역시' 생활이 어려운데 다른 한편에서는 일하지 않고도 윤택한 생활을 하고 있는 사람들은 무엇 때문인가, 오늘의 공무원과 정치가는 정말로 노동자의 일에 호의를 가지고 생각해 주는가, 오늘의 정부와 국가는 어떤 성격의 것인가, 전쟁은 어떻게 해서 일어 나는가 등등의 문제를 과학적으로 검토하면 결국 일반 국민에 대하여 불리한 설명이 계속해서 나올 수 있다. 노동자들이 진정으로 행복해지기 위해서는 어떻게 해서든지 현재의 자본주의 제도를 변혁시켜야 한다는 결론까지 나올 수 있다. 이래서는 곤

23) 앞의 책, 35쪽 —저자

란하기 때문에 노동자들이 사회과학을 연구하는 걸 막으려고 한다.

변증법은 이들 제도가 모두 낮은 것으로부터 높은 것으로 발전하는 사회의 일시적 단계에 불과하다고 주장한다. 이러한 제도가 출현했던 것은 결코 우연적이 아니고 그만한 필연성이 있지만, 그 제도를 지탱하고 있는 조건은 곧 그 속에서 생기는 소멸해 간다고 주장한다. 세계의 모든 것들은 변화하고 생성하고 소멸하며 영원한 것, 절대적인 것, 신성한 것은 존재하지 않는다고 주장한다. 단지 변증법은 사물의 본질적인 존재양식을 운동으로 이해하고 이것을 모순으로서 포착하기 때문에 운동의 특수한 형태로서의 정지를, 진보의 일면으로서의 보수를 부정하는 것은 아니다. 비난 공격을 받으면서 보수당이 정권을 잡고 있어도 거기에는 그 나름대로의 이유가 있으며, 그것을 지탱하는 조건이 사회 속에 있고 민중 속에서도 있기 때문이라는 것을 인정한다. 그러나 그것은 철저하게 일시적, 상대적이며 그 조건은 반드시 소멸해서 제도가 붕괴한다고 주장하는 점에서 근본적인 견해는 철저하게 혁명적이다. 왜냐하면 절대로 변화하지 않는 것은 없다고 보기 때문이다. '존재하는 모든 것은 변화한다'고 하는 사실 자체는 절대로 변화하지 않음을 인정하기 때문이다.

현재의 제도를 유지하는 것이 이익인 사람들에게 있어서는 그것이 곧 붕괴해서 새로운 제도에 의해 대체된다고 정면으로 주장하는 변증법을 좋아할 리가 없다. 그것이 신에 의해서 행해진다고 하면 그런대로 괜찮지만, 변증법의 입장에 서서 억압당하는 사람들 자신이 일어서서 전복시킨다고 하게 되면 더 한층 '위험'하다. 체제를 유지하는 축이 어용학자를 동원하여 경신(敬神)사상을 주장하게 하고 변증법을 공격하는 것은 당연한 것이다. 한편 현 사회의 상태가 변화되기를 바라고 있는 사람들에게는 변증법이 그들의 이익과 요구에 합치한다. 사회개혁을 위한 과학을 유용하게 쓰려면 꾸준히 공부하면서 적극적으로 노력해야 한다.

과학의 편견성

과학의 편견성은 그 자체가 세계관으로서의 편견에 연결되어 있다는 의미이지 정치적인 어느 편견의 주장이라는 의미는 아니다. 다만 그 과학이 어떤 집단에게는 '위험'하고 어떤 집단에게는 '무기'로 사용된다는 의미에서 집단을 대표하는 정당의 이론으로 채택되고 과학의 편견성 때문에 정당과 연결이 이루어지게 된다. 언제나 과학적이고 과학을 활동에 이용하고 싶어 하는 정당이 변증법을 받아들이는 것이지 정당이 받아들임으로써 본래 편견이 없는 이론이 편견성을 띠게 되는 것은 아니다.

어용학자들의 공격수단도 여러 가지가 있다. 특히 가장 오래되고 그럴듯한 반박은 만약 현 사회가 필연적으로 붕괴한다면 아무것도 하지 않고 누워 뒹굴고 있어도 그동안에 붕괴할 것이라고 하는 것이다. "너희들은 사회운동을 하고 있다. 사회를 변혁하는 운동을 하고 있다. 누워 뒹굴고 있어도 붕괴할 사회를 붕괴시키고자 노력하고 있다. 이것은 너희들의 말이 틀렸음을 너희들 스스로가 행동으로 증명하는 것이다"라고 말한다. 이런 종류의 공격은 사회의 필연성이 어떤 형태를 띠고 나타나는지, 그 법칙적인 성격이 갖는 구조를 파헤쳐 보려고 하지 않는다는 데 특징이 있다. 공기의 법칙성은 공기 이외에는 존재하지 않는다. 공기 자체가 그 법칙성의 담당자이다. 마찬가지로 사회가 갖는 법칙성은 인간이 그 담당자이다. "누워 뒹굴고 있어도"라는 주장은 인간의 상태와 관계없이 사회의 법칙성이 있다고 암묵적으로 전제하고 있는데 이 전제부터 이미 틀렸다. 인간이 누워 뒹굴고 있어도 누워 뒹굴지 못하도록 사회가 작용한다. 사회가 발전하고 생산력이 높아져서 생활자료가 산처럼 쌓여 있어도 실업자는 점점 더 증가하고 생활은 궁핍의 구렁텅이로 빠진다고 하는 형태로 사회가 갖는 법칙성이 나타날 수 있다. 침략적인 전쟁이 계획되고 실행되어 민족의 멸망이 다가오는 형태로 사회가 갖는 법칙성이 나타날 수 있다. 누워 뒹굴면 죽을 뿐이다. 죽기 싫으면 사회의 존재양식을 변화시켜야 한다. 가능한 한 피해를 줄이면서 근본부터 변화시켜야 한다.

변증법을 한때는 "오래된 것은 필연적으로 소멸한다. 새롭고 진보적인 것은 아무런 적을 갖지 않기 때문에 옛 사회와 새로운 사회가 충돌하면 의심할 것도 없이 반드시 새로운 사회의 승리로 끝난다"고 주장하는 사람이 있었다. 이는 얼핏 보면 변증법의 옳은 적용으로 매우 그럴듯하게 들리지만 실제로는 어용학자가 공격하는 '누워 뒹굴고 있어도'의 이론이 사회운동을 부정(否定)하도록 유도하듯이 이 '적이 없어 진다'는 것은 평화운동을 부정하도록 유도한다. 이 논법대로 하면 제3차 세계전쟁은 구세계의 패퇴로 끝나므로 오히려 환영하여야 할 것이 된다.

국력의 강성과 문화의 발전을 구가했던 고대 국가들이 멸망했던 것도 '함께 멸망함'을 잘 지적해 준다. 세계전쟁이 초래할 많은 비참함을 줄이기 위해 사회운동은 이러한 함께 멸망함을 막고 사회를 보다 높은 단계로 발전시키는 중대한 임무를 맡고 있다. 사회운동 가운데 최고의 휴머니즘이 나타난다. 지금의 운동은 핵전쟁이 초래할 전 세계적인 규모의 '함께 멸망함'을 무시해서는 안 된다.

핵무기전쟁은 결코 인류를 철저하게 파멸시킬 수 없고 결코 전 세계를 폐허로 만들어 버릴 수도 없다. 핵무기가 직접 인류를 전부 죽일 수는 없다하더라도 방사능의 영향은 남은 인류의 미래에 가공할 어두운 운명을 던지고 있다. 과거 후쿠시마의 원전 사고나 소련의 체르노빌 원전사고 역시 인류에게 재앙을 알려주는 신호라고 할 수 있다.

또 선조가 우리에게 남겨준 귀중한 문화적 유산도 모두 소멸할 것이다. 우리는 인류의 미래와 문화에 대한 책임을 회피할 수는 없다. 평화를 위한 노력을 중지해서는 안 된다. 평화운동은 인류의 멸망을 구한다는 의미에서 특정계급을 초월하여 확대되는 운동이지만 그것이 모든 계급이 '함께 멸망함'을 막는다는 점에서 결국 철학의 임무가 된 셈이다.

철학의 임무는 인문과학과 자연과학, 그리고 사회과학이 우리 인간이 세계를 살아가는 데 도움이 되도록 안내하는 것이 주 임무이다. 왜냐하면 "철학이란 궁극적으로 인류 모두에게 지혜를 갖도록 하는 학문이기 때문이다. 영어의 Philosophy라는 단어는 그리스어 Philos+Sophia 합성어이다. Philos는 '사랑'을 의미하고 Sophia는 '지혜' 또는 '지식'을 의미하듯이 '철학'이란 '지혜를 사랑하는 학문'이기 때문이다.[24] 그리고 이제 철학은 세계를 분석하고 해석하는 학문이 더 이상 아니라 세계의 인류평화를 위해 실천하는 학문이 되어야한다고 칼 맑스는 이미 말한 바 있다. 때문에 어떠한 철학 공부를 하던지 철학을 하는 사람들은 사고력이나 논리력

---

24) 황세연 지음, 『걸어 다니는 철학』(중원문화, 2023), 재판 서문과 본서 12쪽을 참조하기 바람.—저자

이 아주 높은 편이다. 물론 본인만의 생각인지도 모르겠지만 일단 철학을 공부한 사람과 대화를 할 때와 그렇지 않은 사람과 대화를 할 경우는 많이 달랐다는 점을 말해 두고 싶다.

그리고 우리가 철학을 공부하는 이유는 여러 가지가 있겠지만 일단 세계를 알고 싶어서 시작했을 것이고, 자신의 인생관이나 세계관을 확실히 하고 싶은 생각에서 철학 공부를 시작했을 거라고 생각한다. 그리고 철학을 공부하되 어떤 입장에 서서 세상을 바라봐야 하는지도 아주 중요한 문제이다. 철학자에 따라서 철학의 종류는 너무나 다양하다. 본서는 변증법적 유물론을 근간으로 하는 도서이기에 독일의 관념론을 좋아한다거나 미국의 분석철학을 좋아하는 사람들에게는 내키지 않는 대목들로 가득 차 있을 것이다. 그런 분들은 오히려 변증법에 대한 공부를 하지 않는 게 낫다고 본다.

2. 변증법의 역사

2. 변증법의 역사

(1) 고대 그리스에서 헤겔까지

파르메니데스와 헤라클레이토스

여기서 모든 변증법은 철학에서 시작하고 있기 때문에 많은 철학자가 등장한다는 점을 먼저 밝혀둔다. 뿐만 아니라 변증법을 '순수하게 자연을 있는 그대로 바라볼 때, 거기서 우리는 무엇을 볼까?'라는 것에서부터 시작하겠다. 가을 들녘을 보면 태양이 대지에 햇살을 비추며 하늘에는 구름 한 점이 없는 맑은 날씨이다. 그런데 어느 순간 비가 내리고 바람에 나뭇가지가 흔들려 잎이 땅에 떨어진다. 그리고 겨울이 되면 풀과 나무는 죽거나 겨울잠에 들어간다.

이제 새해가 되고 다시 봄이 오면 제비가 지저귀고 나비가 날고 꽃이 피고 물이 흐르고 물고기가 헤엄친다. 즉 모든 것은 운동, 변화, 생성, 소멸하며 서로 연관되어 있는 상태에 있다.

옛날 사람들은 세계를 순수하게 있는 그대로 받아들였다. 이것은 동양도 그랬고 서양도 그러하였다. 하지만 순수한 자연 그대로의 철학은 지배계급이 확립되면서 현학적으로 변하기 시작하였다. 동서양을 막론하고 현

현학적인 부분은 하나님이란 종교가 지배자의 이익을 대변하면서부터 시작된다. 일단 국내에서 유일하게 독일에 유학하여 헤겔과 맑스를 공부하시고 돌아오신 강대석 선생님의 『서양철학사 입문』(중원문화 2023)을 잠깐 인용해 보기로 하겠다.

"엘레아(Elea)학파의 대표자 파르메니데스(Parmenides, B.C. 540~480년경)에 의하면 우리의 지각에 나타나는 현상들은 개별적이고 우연적이며 세계의 본질이 아니다. 움직이고 변화하는 사물의 세계는 우리의 주관적인 생각에 합당한 세계일 뿐 객관적인 진리의 세계가 아니다. 철학은 주관적인 생각을 극복하고 참된 존재를 인식해야 한다. 참된 존재를 가능하게 해주는 기초는 지각이 아니라 사유다. 사유의 통찰 속에 나타나는 세계는 변화하지 않는 존재의 세계다. 운동과 변화는 그 자체로 존재하는 것이 아니라 인간의 감각이 만들어 내는 착각의 산물에 불과하다. 그의 주장에 의하면 "있는 것만 있고 없는 것은 없다."[25] 다시 말하면 운동과 변화는 없다.

이에 반하여 헤라클레이토스는 모든 것이 변하고 움직인다는 전제 아래 그의 철학을 시작했다. 헤라클레이토스에게도 진리란 결코 감각기관에 나타나는 사물의 진술이 아니다. 사물에 관한 지식이 결코 사물의 인식이 될 수 없다. 많은 지식이 지혜를 보증해주지 않는다. 사물의 인식은 로고스(Logos)의 인식을 통해서만 가능하다.

로고스는 그리스어로 '말' 혹은 '이성'을 의미한다. 헤라클레이토스는 보편적인 세계법칙 혹은 자연현상의 보편적인 운동법칙을 로고스라 불렀다. 철학의 근본과제는 인간을 포함한 자연의 인식이고 그 궁극목표가 지혜이다. 지혜는 지식뿐만 아니라 인간의 행위나 태도를 포함한다. "이성적인 통찰을 갖는 것이 가장 큰 덕이며, 참된 것을 말하고 자연에 귀를 기울이며 자연에 따라 행동하는 것이 곧 지혜이다."[26] 헤

---

25) Wilhelm Capelle, *Die Vorsokratiker*, Stuttgart 1963, S. 165. 참고문헌은 원저자의 것.— 저자

라클레이토스에게 자연의 인식은 곧 모든 것을 통해서 관철되는 세계법칙의 인식이다. 헤라클레이토스에서 로고스 개념은 결코 자연의 밖에서 작용하는 어떤 초월적인 본질을 의미하지 않는다. 그것은 오히려 자연 속의 모든 생기·변화·작용의 법칙을 의미한다. 자연 속의 모든 것은 이러한 법칙에 따라 발생하고 변화한다.

"만물은 흐른다"(panta rei)[27]는 헤라클레이토스의 유명한 말은 로고스의 작용을 잘 표현해주고 있다. "우리는 똑같은 물속에 두 번 다시 들어갈 수 없다"[28], 왜냐하면 물의 본질은 바로 '흐름'이기 때문이다. 흐르는 물은 이전의 물이 아니고 또 지금의 물은 그대로 머물러 있지 않는다. 영원히 흐르고 운동하며 계속되는 변화—그것은 물의 본질일 뿐만 아니라 전 우주, 전 세계의 발전법칙이라고 헤라클레이토스는 결론짓는다. 유한하고 개별적인 사물만이 운동·변화·발생·소멸하는 것이 아니라 영원하고 무한한 존재까지도 항상 변화한다. 그러므로 '만물유전'이라는 그의 명제는 우리의 감각에 지각되는 개별자에게만 해당하는 법칙이 아니라 바로 로고스의 법칙이다. 존재란 생성하고 소멸하는 현상의 배후에 숨어 있는 불변의 어떤 것이나 완성된 어떤 것이 아니며, 움직이고 변화하고 소멸하는 절대적인 한 과정이다.

하나인 동시에 모든 것이며 그것으로부터 모든 것이 발생하고 모든 것이 돌아가는 만물의 근원을 헤라클레이토스는 불이라고 주장한다. "만물은 불로 변하고 불은 또한 만물로 변한다. 이는 상품이 황금과 교환되고, 황금이 상품과 교환되는 것과 같다."[29] 세계는 일정한 주기에 따라 불로 용해되고 다시 불로부터 생성된다. 그가 말하는 불이란 신적인 것, 정신적인 것, 영혼적인 것, 물질적인 것이 혼합된 원초적인 에너지와도 같은 것이다. 그는 흙 → 물 → 공기 → 불의 방향으로 변화하는 물질의 운동과정을 '오르막길'이라 하고 그 반대 방향의 과정을 '내리막길'이라 불렀

---

26) *Ebd.*, S. 153. 참고문헌은 원저자의 것.—저자
27) *Ebd.*, S. 132. 참고문헌은 원저자의 것.—저자
28) *Ebd.* 참고문헌은 원저자의 것.—저자
29) *Ebd.*, S. 142f. 참고문헌은 원저자의 것.—저자

다. 앞의 것은 불이 연소하는 과정이고 뒤의 것은 불이 꺼지는 과정이다.

불이 만물의 근원이라는 헤라클레이토스의 주장은 만물의 근원이 항상 유동상태에 있음을 시사해줄 뿐만 아니라 대립적인 투쟁 속에 있음을 보여준다. 상반성을 특히 강조하고 구체적으로 표현하는 점에서 그의 철학은 변증법적인 특성을 지닌다. 헤라클레이토스가 제시하는 변증법의 특징을 요약하면 다음과 같다.

(1) 일체의 자연현상은 '대립물의 투쟁'에 의하여 변화된다. "투쟁은 만물의 아버지이며 만물의 왕이다. 투쟁은 누군가를 신으로 만들기도 하고 인간으로 만들기도 한다. 누군가를 노예로 만들기도 하며 자유민으로 만들기도 한다."[30)]

(2) '대립물의 통일'이 자연현상을 조화시킨다. 남성적인 것이 여성적인 것과 결합되는 것처럼 대립물이 통일되면서 자연은 발전한다. 전체이며 동시에 하나인 존재는 분리되면서 스스로와 일치한다. 그것은 현(弦)과 활처럼 서로 저항하면서 평형을 유지한다.

(3) '대립물의 상호침투'에 의하여 사물이 생성하고 발전한다. '차가운 것이 따뜻하게 되며 따뜻한 것이 차게 된다. 습한 것이 건조해지며 건조한 것이 습해진다.'[31)]

밤과 낮, 겨울과 여름, 전쟁과 평화, 배부름과 배고픔—이 모든 대립물은 우선 상대방을 배제한다. 헤라클레이토스는 형식적인 동일률의 부분적인 중요성을 부정하지 않는다. 낮이 있으면 밤이 있을 수 없으며 평화가 있을 때 전쟁이 있을 수 없다. 그러나 그의 철학은 추상적인 동일률을 넘어서려 한다. 대립물은 서로를 배제할 뿐만 아니라 서로의 조건이 되기도 한다. 배고픔이 없다면 배부름도 있을 수 없고 여

30) *Ebd.*, S. 135. 참고문헌은 원저자의 것.— 저자
31) *Ebd.*, S. 133. 참고문헌은 원저자의 것.— 저자

름이 없다면 겨울이 있을 수 없다. 대립물은 서로의 조건이 되기 때문에 상호침투한다. 서로를 배제하면서 동시에 서로의 조건이 되는 상반성은 상호침투하면서 변화의 본질을 형성한다. 대립물의 투쟁과 상호침투 없이는 결코 어떤 변화도 일어날 수 없다. 상반성은 그러므로 변화의 조건이 되는 요소이다. 운동이 상반성의 원인이 아니라 상반성이 모든 변화의 원인이다. 헤라클레이토스가 변증법적으로 파악한 동일성은 상반성을 배제하지 않으며 그것을 전제로 하고 그것을 포괄한다."

F. 엥겔스는 다음과 같이 쓰고 있다.

"그리스인은(분명 그들은 자연을 분해하고 분석하는 데까지 아직은 이르지 못하였던 까닭에) 여전히 자연을 전체로서 대략적으로 관조했다. 자연현상의 전체적 연관은 개별적으로 증명되지 않았다. 그것은 그리스인에게는 직접적인 직관의 결과였다. 여기서 그리스 철학의 불충분함이 있으며, 이 때문에 이 그리스 철학은 후에 다른 여러 가지 견해에 자리를 물려주지 않으면 안 되었던 것이다. 그러나 또한, 후대의 모든 형이상학적인 반박에 대한 그리스 철학의 우월성도 이 점에 있다."[32]

어떻든 고대에는 진리를 발견하기 위한 목적에서, 사고의 여러 모순과 대립적 의견의 충돌을 파헤쳐 내는 기술을 변증법이라 불렀으며 그리스 철학은 문화발전에 있어서 위대한 기념비인 것이다. K. 맑스와 F. 엥겔스는 고대 그리스 철학을 매우 높이 평가하고 그리스철학 사상의 다양한 여러 형태 속에는 일찍이 후대의 모든 형태의 세계관이 배태되고 있었다고

32) F, 엥겔스, 『자연변증법』, MEW, Bd., 20, S. 333(앞의 책, 한글판, 40쪽). 러시아아카데미연구소 엮음, 황세연 편역, 『세계철학사』(도서출판 청사, 2017, 제1권), 97쪽.

지적했다.[33)]

제논의 궤변

그리스 철학이 제기했던 문제로서, 철학사상 매우 유명한 이 철학자는 제논(Zenon, B.C. 490~430경)이다. '제논의 궤변'은 2천 년이 지난 지금까지도 과학자들을 적지 않게 괴롭히고 있다. 제논은 운동에 관한 다음과 같은 어려운 문제를 제기하였다. 그의 이론에 의하면 결론이 몹시 당연하게 들리지만 현실에서는 그렇게 되지 않는다. 그러나 '그것은 틀렸다'라고 해서 끝나는 것은 아니다. 왜 그러한 잘못된 결론이 생겼는지 그 이유를 명확히 하지 않으면 해결할 수 없다.

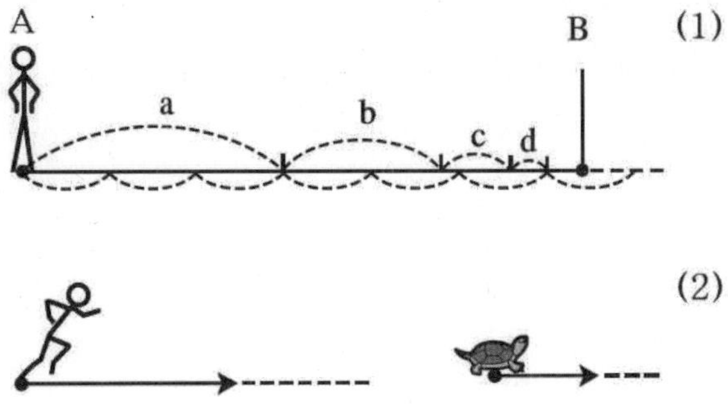

위 그림에서 우선 (1)을 보기로 하자. 'A로부터 B점으로 향해 출발한

33) 고대 그리스의 유물론자들의 저서는 완전하게는 전해지지 않고 단지 단편들만이 전해지고 있는데, 그 이유는 소크라테스의 제자라고 알려진 플라톤이 헤라클레이토스의 도서를 모두 불태워 버렸기 때문이다.—저자

다. 누구든지 A-B의 반인 a를 통과해야 한다.

나머지의 반인 b를, 다음엔 c를 통과해야 한다. 이렇게 하여 뒤의 반 다음의 반으로 무한히 계속한다. 실제로 아무도 B에 도달하지 못하는 것일까? 잘 생각해보면 AB의 거리를 현재의 2배로 하면 B는 반이다. 반을 간다는 문제의 규정부터 당연히 통과하는 것이 된다. 그러므로 걷는다는 성격에 이 문제를 푸는 열쇠가 들어 있음을 알 수 있다. 인간이 걸을 때는 일정한 거리로 다음의 공간을 자르면서 걷는데 인간이 공간을 자른다는 것과 공간 자체가 잘려 있다는 것과는 다르다는 점에 주의할 필요가 있다. 제논이 말하는 것처럼 반 그리고 또 그것의 반이라는 형태로 공간을 자를 수도 있다. 이와 같이 무한히 계속해 나가면 확실히 B에 도달할 수 없다. 그러나 이것은 공간 자체가 그렇게 잘려 있다는 것을 의미하지는 않는다. 우리가 그처럼 공간을 자르면서 가야만 하는 이유는 전혀 없는 것이다. 공간은 잘려 있지는 않지만 결국 잘린다 라는 공간 그 자체의 성격에 규정되어 A의 인간은 제논이 말하는 것과는 달리 자기 발로 공간을 잘라 가서 쉽게 B에 도착한다.

(2)에서는 B점인 거북이가 움직이는 물체이다. '거북이는 영웅 아킬레스보다 100m 앞에 있고 아킬레스와 함께 걷는다. 아킬레스는 거북이 보다 10배 빨리 걷는다. 그러면 아킬레스가 거북이의 출발점에 뛰어 갔을 때 거북이는 이미 10m 앞에 있다. 그래서 이 10m를 아킬레스가 뛰었을 때 거북이는 1m 앞에 있다. 이 1m를 아킬레스가 뛰었을 때 거북이는 0.1m 앞에 다음에 0.1m를 뛰었을 때는 0.01m 앞에 있다. 그래서 아킬레스는 거북이에 아주 근접하게 되지만 추월하는 것은 불가능하다.' 이

문제를 다루었던 어느 과학자는 "아무런 수학적인 어려움 없이" 해결할 수 있다고 하여 $111\frac{1}{6}$의 지점에서 추월한다고 계산하여 그들이 알지 못한 것은 추월하는 점이 어디인가 하는 것인데 "여러분이 불가사의하게 생각할 것은 그들이 왜 이런 하찮은 문제를 상상하여 생각했을까 하는 것이다"[34]라고 쓰고 있다. 문제는 추월하는 점을 아는 것이 아니다. 추월한다는 사실의 논리적인 해명에 의해 이 결론을 이론적으로 뒤집어엎는 것이다. 거북이의 위치는 항상 움직이지만 그것이 공간의 한 점으로서 공간 내에 존재한다는 사실은 변함이 없다. 아킬레스가 거북이에 가까워지면 아킬레스의 발 크기가 자르는 공간의 거리가 거북이와 아킬레스 사이의 거리보다 커지는 순간이 있었다. 즉 거북이와 아킬레스와의 공간의 한계를 넘어서 아킬레스의 발 크기가 더 커지는 순간이 있다. 한계가 존재한다는 말 가운데에 한계를 넘어설 가능성이 포함되어 있다. 이 한계를 넘어설 때 거북이와 아킬레스의 위치는 반대로 된다. 이것을 추월했다고 한다.

그러면 이 문제는 어떻게 될까. '물체가 공간의 한 점에 있을 때 그것은 정지하여 있다. 그런데 날아가는 화살은 항상 공간의 한 점에 존재하는데 따라서 날아가는 화살은 정지하여 있다.' 이 답은 운동의 본질을 명확하게 하고 있다. 꽤 기묘하게 들리겠지만 날아가는 화살은 공간의 한 점에 존재하는 동시에 존재하지 않는다는 것이 정답이다. 기묘하게 들리는 것은 이 답이 모순을 포함하고 있기 때문인데 실은 운동 자체가 모순이므로 당연히 모순을 포함하는 답이 나온다.

'제논의 궤변'은 이 외에도 여러 가지가 있는데 위와 같은 경우는 세계

34) 三浦つとむ 著, 『弁証法はどういう科学か』(講談社, 1960), 44쪽. — 저자

는 불변하며 고정되어 있다는 것을 증면하기 위하여 만들어 낸 궤변이다. 이외에도 가능성과 현실성의 연관, 연속성과 비연속의 통일, 한계를 넘어 섬으로써 반대물로 전화하는 것, 운동은 모순이라는 것 등 현실이 지니는 극히 중요한 성격을 문제로 하고 있다. 그러나 철학자들은 이로부터 운동의 실재를 부정해버리고 현실의 운동에 대한 분석을 하는 데는 힘을 기울이지 않았다. 과학이 발달하지 않았던 시대에는 이들의 운동에 대한 인식도 연구방법으로서 바르게 정립될 수 없었다. 단지 그들은 두 개의 맞지 않는 의견이 싸우게 된다는 식으로 모순이 사유에서 발생하는 것을 주목하여 이 사유에서의 모순을 파헤쳐 나가면서 토론하는 것이 진리에 도달하는 가장 좋은 방법으로 알고 이를 중요시하였다. 그래서 모순을 극복함으로써 진리에 도달하는 기술을 '변증법'이라고 했다. 즉 변증법은 어떤 주관적인 재능에 기초한 것으로 생각하고 사물의 객관적인 성격에 의거한 것이라고는 이해하지 않았다. 이 사유의 모순과 내적 세계의 모순의 연관이 올바르게 이해되고 변증법이 현실의 모순을 연구하는 과학으로 되기까지에 2천 년에 걸친 자연과학과 철학의 발달이 필요했다.

형이상학적인 관점의 타당성

세계를 넓은 범위에서 장기간에 걸쳐 파악할 때와 좁은 범위에서 단기적으로 파악할 때 세계는 반드시 같지는 않다. 지구는 둥글기 때문에 태평양을 '평평한' 바다라고 생각하면 틀리지만 우리나라에 있는 작은 호수나 연못의 수면은 평평하다고 생각해도 틀림없다. 10년, 20년 앞의 먼 시일을 보면 "만물은 유전한다", "모든 것은 변화한다"는 사상을 무시할 수 없기 때문에 지금 살고 있는 집에 불이 나서 가족이 죽을지도 모른다는 큰 변화도 가정하여 화재보험과 생명보험에 가입하지만, 오늘 집에서 재미있게 노는 아이들을 보면 내일도 오늘과 다름없는 생활이 계속된다고 생각하여 계획을 세우는 것이 상식일 것이다. 물론 집도 조금은 파손되고 아이들의 육체와 정신도 조금은 성장한다는 것을 알고 있지만 일상생활과 같은 짧은 기간의 존재양식이라면 그 변화를 무시해도 그런대로 통용된다. 앞에서 문제로 삼았던 '삶'과 '죽음', '가르친다'와 '가르침을 받다'를 다른 것으로 생각하는 상식적인 사고방식도 좁은 범위의 관점에서는 이들은 다르지 않지만 일상생활에서는 그런대로 통용된다.

"이와 같이 변화하고 있는 것을 변화하지 않는 것으로서, 연관되어 있는 것을 구별된 것으로 취급하는 관점이 형이상학적인 관점이다. '형이상학적인 관점도 대상의 성격에 따라 각각의 범주를 가지는 것으로 꽤 넓은 영역에서 정당하며 필요하기도 하다고 하여도 언젠가는 반드시 한계에 부딪혀 그것 때문에 끝에 가서는 일면적이고 편협하며, 추상적으로 되어 버려 해결할 수 없는 모순에 빠져 버린다. 그것은 이 사고방식이 각각의 사물에 사로잡혀, 그들의 연관·존재에 사로잡혀, 그들의 생성과 소멸을 잊어버리고 정지에 사로잡혀 운동을 잊어버리기 때문이며, 나무를 보되 숲을 보지 못하기 때문이다."[35]

작은 호수나 연못의 수면이 평평하다는 사고방식을 태평양에까지 계속 적용하면 지구는 평면이 되고 바다의 끝이 어떻게 되어 있는지를 설명할 수 없어서 책상 끝과 같이 우뚝 솟아 있는 절벽으로부터 지옥으로 향하

35) 앞의 책, 46쪽. — 저자

여 바닷물이 떨어지는 상태를 상상하지 않을 수 없게 된다. 또 이해관계에 끌리어 이 관점이 한계를 무시하기도 한다. 부모에게 의존하며 살고 있는 자식은 지금까지 의존해 왔고 지금도 의존하고 있고 내일도 모레도 의존할 수 있으리라고 생각하기 때문에 언제까지나 계속 의존할 수 있을 것이라고 생각하기 쉽다. 누군가가 항상 그럴 수 없다고 생각하는 것은 오직 부모와 돈이라고 했던 이 형이상학적인 관점에 대한 비판이다. 자본가가 기업을 경영하여 돈을 많이 벌었고 오늘도 벌고 있고 내일도 모레도 벌 수 있으리라고 생각하겠지만, 한국 대기업의 흥망성쇠(興亡盛衰)를 보면 결코 그렇지 않다. 어떤 기업이나, 어떠한 철학이라도 영원히 지속될 것처럼 생각하지만 그렇게 되지 않는다. '언제까지라도 계속되리라고 생각하지 않는 것'이 변증법적인 관점이다.

형이상학적인 세계관의 정립

이윽고 과학자는 자연의 개별 분야의 연구를 진행시키고 자연의 존재양식을 밝혀 나가기 시작했다. 그런데 어떤 사물의 과정을 연구하기 위해서는 그 사물을 그때그때의 존재양식에 따라 연구해야만 한다. 인간의 일생을 알기 위해서는 유아, 성인, 노인, 죽은 사람을 연구해야 하는 거와 마찬가지이다. 그래서 연구가 자연 전체의 연관으로부터 부분을 분리하고, 또 운동을 정지한 형태에서 변화하고 있는 것을 고정된 형태로 파악하는 방법으로 진행되어 가는 이 연구방식, 즉 형이상학적인 방법으로 세계 전체를 연구하거나 이 일면적인 세계의 존재양식을 세계 전체의 존재양식으로 생각해 버리는 경향이 생겼다.

18세기의 고전역학이 완성되었던 시기에는 식물, 동물은 물론 인간조차도 하나의 기계로 해석하려는 경향이 있어서, 세계를 역사적으로 진화하는 과정으로 이해하지 않고 자연은 절대적으로 불변이다라는 사고방식에 기초한 독특한 세계관이 생겨났다. 그리스 시대와 비교하여 각각의 부분에 대한 지식은 상당히 진전되었지만 그 사고방식과 전체적인 세계관에 있어서는 훨씬 후퇴했던 것이다.

뉴턴과 같은 경우도 태양계는 최초의 출발부터 현재와 같은 궤도를 가지고 운동했으며 이 놀라운 우주 궤도를 움직이는 것은 전능한 지혜자(God)의 손이라고 생각했다. 지질학자는 지구상의 산과 강도 태초부터 혹은 신이 창조한 이래 변함없이 그대로라고 생각하고 동식물의 종류는 영원히 같고 같은 종류는 같은 종류를 낳는다고 생각하였다. 이것은 "만물은 유전한다"라는 변증법적인 세계관과 정면으로 충돌하는 것으로 완전한 부정을 의미한다. 이것이 형이상학적인 세계관이다.

변증법의 부활

자연과학은 자연을 그 자체로부터 설명하려고 하기 때문에 당연히 종교적인 설명을 부정해야한다. 그리고 유물론적인 관념을 발전시킨다. 과학의 발전은 종교와의 싸움을 의미한다. 18세기 르네상스를 전후에 프랑스의 진보적인 사상가들은 정치적인 제도 및 그와 결합된 종교 신학에 반대하여 싸웠지만 그 사상은 자연과학의 발전에 도움이 되었다. 하지만 그 시대의 자연과학의 사고방식에 의해 제약되었던 기계적인 유물론이었다. 그러나 이러한 프랑스의 움직임은 독일에 대하여 사회적 사상적으로 커다란 영향을 미쳤다. 독일 사회에서는 유물론을 배격하고 무신론적이라고 생각되는 사상 및 사상가는 억압되었던 것이다. 이런 사회적 조건과 또 하나 세계를 기계적 형이상학적으로 해석하는 것은 인간의 인식(그것은 끊임없이 변화하고 이행하고 발전하고 있다.)을 정확하게 설명할 수 없다는 사실이 독일의 철학을 관념론으로 이끌어갔다. 이는 하나의 후퇴이지만 역사의 논리는 이 후퇴에 혁명적인 전진을 준비하고 있었다. 그것은 변증법의 부활이었다. 독일 철학은 변증법을 다시 받아들여 이것을 사유법칙으로 이론화했다.

그리스 시대의 변증법은 인식의 결함을 지적하는 것으로서, 개인적인 재능으로서 이해되었던 경향이 있지만 독일 철학자 칸트(I. Kant, 1724~1804)는 '이율배반'(二律背反)을 논하며 이것이 인식에 있어서 필연적인 것이라고 주장했다. 세계는 시간 속에 하나의 출발점을 가지고 또 공간적으로 한계가 있다는 것을 증명할 수 있지만 이와 동시에 세계는 시간적인 출발이 없으면 공간적인 한계도 없다는 것도 증명할 수 있다. 이와 같이 해결할 수 없는 모순을 '이율배반'이라고 쓰고 있다. 이 모순이 무엇에 기초하는가를 칸트는 정확히 알지 못했지만 그것이 필연성으로 지적된 것은 변증법의 중요한 진보의 시작이었다. 칸트는 이 모순이 세계 자체의 성격에 원인이 있다고는, 즉 객관적인 모순에 원인이 있다고는 생각하지 않았다. 그는 우리가 물자체에 갖춰져 있다고 생각하는 여러 성질들을 인식으로부터 주어진 것으로 해석하였다. 인간의 인식은 원래 그러한 능력을 갖추고 있으면 물자체는 어떤 성질도 지니고 있지 않고 우리 인식의 저편에 있어서 해석할 수 없는 존재라고 주장했다. 그리고 우리 자신에 들어 있는 그 인식은 알 수 없는 그 무엇으로부터 주어진다고 하였다. 오늘날 우리가 이것을 생각하면 기묘한 주장이지만 자연과학이 아직 충분히 발달하지 않은 시대, 화학적인 분해 합성이 신비스럽게 보였던 시대에는 그렇게 생각하는 것도 무리가 아닌 것이다.

헤겔철학의 특징

독일철학은 칸트로부터 피히테, 셸링을 통하여 헤겔에서 완성되었다. 헤겔은 원래 프랑스 대혁명을 찬양한 부르주아적 민주주의자였기에 관념론의 입장에 있으면서도 칸트의 사고방식을 결정적으로 반박했다. 칸트와 같이 사물의 성질을 주관적이라고 생각하면, 나뭇잎을 검은색이 아닌 녹색으로 보고, 태양을 네모가 아닌 둥근 것으로 보고, 사탕을 시다고 하지 않고 달다고 느끼며, 시계는 1시와 2시를 함께 두드리지 않고 차례로 두드리는 것을 듣고, 2시에서 1시로 되는 것이 아니라 그 반대로 되는 것 등 사물의 존재양식과는 무관하게 우리의 인식 속에서만 그렇다는 것이 되어버린다. 헤겔은 칸트처럼 사물의 성질과 사물 사이에 절대적인 벽을 세우는 것은 잘못이며 물자체는 성질을 가지며 소위 '이율배반'도 세계 자체가 가진 성격이라고 주장하며 칸트를 비판했다.

헤겔은 많은 모순된 사물이 있고 모순된 제도가 있다. 그러므로 모순은 단순한 변칙이 아니라 자기운동의 원리이며 자기운동은 모순이 나타나지 않고, 사물에는 존재하지 않는 객관적인 모순이 운동의 원동력이라는 것을 간파했다. 이리하여 자연, 사회, 정신의 세계 전체를 하나의 과정으로서 끊일 사이 없이 운동 · 변화 · 발전하고 있는 것으로 이해함과 동시에 그 운동·변화·발전의 내부의 연관을 명확하게 하려는 노력이 이뤄졌던 것이다. 그리하여 헤겔에 와서야 비로소 모든 세계에 변증법적이 적용되기에 이르렀다.

그러나 여기서 헤겔의 노력을 잘못된 방향으로 이끈 것은 그의 관념론적 입장이었다. 칸트 이후 독일철학을 진행시킨 사람들은 모두 국가가 임명한 교수였으며 그들의 저작은 교과서로 되어 출간되었다. 그리고 헤겔철학에 이르러서는 국정철학의 지위까지 차지하였지만 그들은 모두 관념론의 입장에 서 있었다. 이는 철학의 전통인 동시에 벗어날 수 없는 사회적 조건이기도 했다. 당시 학설에 반대하는 학자를 공격하는 도구로 사용되었던 변증법은 '무신론'이라는 평가였고 학설과 지위를 매장하는 이 두려운 평가는 헤겔에게 조차 내려져서 그의 제자들은 이러한 평가에 반박하려는 상태를 취하기도 했다. 헤겔은 세계의 창조자가 인간임을 인정했다. 그러나 자연과학의 강력한 진보에 밀리어 그때까지의 관념론 철학의 오류를 비판해 나가면서도 자연과학의 성과와 관념론의 근본적인 입장을 조화시키는 형태를 취했기 때문에 그의 철학체계는 그 방법과 내용에 있어서 '관념론적이어서 머리가 거꾸로 세워진 유물론'이라고 맑스는 헤겔을 비판하기에 이르렀다.

헤겔은 자연과학적 입장에서 개개의 인간정신에 대한 자연의 선행을 인정했다. 그러나 자연의 배후에서 산출하는 정신으로서 '절대정신'의 존재를 주장하는 점에서 그는 관념론의 입장을 취했던 것이다. 이 '절대정신'은 영원한 옛날부터(어디에 시초가 없지만) 존재해 왔고 전 세계의 본래의 영혼이라고도 할 수 있는 것으로서 '절대이념'이 자체의 존재양식을 변화해 자연으로 되고 자연으로서 발전하여 왔지만 곧 인간으로까지 발전하면 인간의 정신으로서 다시 정신적인 존재로 되돌아가 인간정신의 발전 가운데에서 결국 다시 '절대정신'으로 되돌아가게 된다. 이러한 '절대정신 → 자연 → 인간 → 정신→ 절대정신'이라는 정신의 자기 발전이 변증법이라는 것이다. 그래서 '헤겔에 있어서는 변증법 그 자체가 자연 및 사회에 객관적으로 존재하고, 사유의 변증법은 그 형태를 변화시킨 것이다'라고 생각되었던 것이다. 그러나 헤겔 변증법을 두루 이해하지 않고는 맑스의 변증법도, 키르케고르(S. Kierkegaard, 1813~1855)의 변증법도, 또 현대의 변증법도 파악할 수 없다. 이후 헤겔학파는 헤겔 좌파와 헤겔 우파를 낳게 된다.

(2) 헤겔에서 맑스로

헤겔학도 맑스

1840년대가 되면 독일에서도 종교와 봉건제도에 대한 대립이 공공연하게 일어난다. 이들에 대한 사상적 비판의 선두에 선 것은 헤겔 학설에 영향을 받은 젊은이들이었다. 종교와의 사상적 투쟁은 그들로 하여금 자신의 세계관을 반성하게 하였다. 종교와 같은 세계관을 가지고서는 근본적인 비판을 할 수 없었다. 그래서 헤겔 학도들은 유물론 쪽으로 기울어지게 되었다. 그리하여 포이어바흐의 명저 『기독교의 본질』이 출판되고 이에 의한 신학으로부터의 해방은 커다란 감격을 가져다주었다. 그러나 포이어바흐는

"헤겔 철학은 신학의 최후의 피신처이며 최후의 합리적인 지주이다." "헤겔 철학을 버리지 않는 자는 신학을 버리지 않는 것이다"(포이어바흐, 『철학개혁에의 제언』)고 생각하여 헤겔 철학을 쓸모가 없는 것으로 간단하게 결론지어 버렸다. 관념론에서 유물론으로 변모하였다는 면에서는 대단한 전진일지 모르지만 그 내용(특히 사회이론에 관한)은 헤겔과 비교하여 현저하게 후퇴하였다.

그러나 그 후 헤겔학파는 다른 하나의 학설을 낳았다. 그들은 맑스와 엥겔스를 중심으로 활동하는 학파이다. 이 학파의 사람들은 헤겔 철학을 파기하지도 않고 그의 변증법을 받아들여 유물론적 입장에서 새롭게 파악하였다. 유물론적 입장에서 보면, 정신이란 다음과 같은 것이다.

"인간의 뇌 속에만 존재한다. 인간과 분리되어 세계의 어딘가에 존재하는 정신을 인정하면, 인간정신을 공상적으로 인간의 뇌 속으로부터 분리시켜 자연 속으로 가지고 가버리게 된다. 이런 의미에서 헤겔의 소위 '절대정신'은 신학적이다. 포이어바흐가 반대했던 것은 정당했다. 그러나 '절대정신'이라는 사고방식을 부정하는 것과 '절대정신'이라는 명목 아래에 제기되는 존재를 부정하는 것과는 구별해야 한다. '절대정신'은 실제로는 인간의 뇌수에서 분리되어 부당하게 확대된 정신의 존재양식이다. 따라서 이러한 사고방식을 부정하여 '절대정신'을 정확하게 인간의 머릿속으로 되돌려 줄 필요가 있다. 헤겔의 변증법은 '절대정신'의 자기발전으로서 관념론적 입장에서 신학적으로 설명되고 있으므로 헤겔의 궤변으로 매도되거나 매우 오해를 받고 있기 때문에 '절대이념'에 연결된 해석을 정정하여 올바른 평가를 하여야 한다. 헤겔의 소위 '객관적 변증법'은 실제로는 변증법이 아니고 자연이 그 자체로서 가지고 있는 법칙적인 성격이다. 소위 객관적 변증법은 자연전체에 두루 통용된다. 그래서 소위 주관적 변증법, 즉 변증법적 사유는 자연의 모든 부분을 관철하는 운동의 반영에 불과하다."36)

그러므로, 헤겔이 자연을 운동의 존재양식으로 받아들이고 변증법으로 반드시 인식할 수 있다고 주장했던 것은 공헌으로 인정함과 동시에 그가 소위 '절대이념'의 존재양식이 변형된 것으로서 자연을 해석하기 위해 객관적인 운동의 존재양식까지도 객관적 변증법이라고 부르는 것은 비판시정될 필요가 있다. 이로써 "변증법은 운동(외부세계의 운동 및 인간의 사유운동)의 일반적 법칙에 관한 과학으로 환원되었다."(엥겔스 『포이어바흐론』) 달리 표현하면 헤겔의 변증법은 '절대이념'에서 자연의 운동으로, 정신에서 물질로 발전하므로 머리로 거꾸로 서 있는 상태이지만 칼 맑스는 그것을 자연의 운동을 기초로 하는 과학으로, 물질에서 정신으로의 반영으로 환원시켜 거꾸로 서 있는 상태를 바로잡았다는 것이다. 그리하여 헤겔의 관념론적인 변증법이 칼 맑스의 유물론적인 변증법 소위 유물변증법으로 바뀌게 된다.

유물변증법은 칼 맑스와 엥겔스에 의해 발전되었을 뿐만 아니라 이들과 무관하게 특히 헤겔과도 전혀 무관하게 독일의 피혁공인 요셉 디츠겐(J. Dietzgen, 1828~1888)에 의해서도 발견되었다.37) 그는 『인간 두뇌 기능의 본질』이라는 저작에서 유물론의 입장에서 사유능력을 분석하고 변증법적인 사고방식이 올바르다고 주장하고 있다. 모든 것을 냉엄한 비판

36) 앞의 책, 52쪽.—저자

37) 러시아아카데미연구소 엮음, 황세연 편역, 『세계철학사』(도서출판 청사, 2017, 제4권), 628~629쪽 참조.—저자

의 눈으로 보는 맑스가 그 원고를 읽고서 "한 노동자의 독자적인 힘으로 사유한 것으로서는 경탄할 만한 사상을 가지고 있다."(맑스, 『쿠게르만에게 보내는 편지』)라고 평했다.

디츠겐은 엄한 규율의 학교를 졸업했다. 1848년 혁명[38] 후 그는 미국으로 망명했다. 1863년에는 일자리를 찾기 위해 러시아로 떠나 페테르부르크의 공장에서 노동자로 일했다. 그는 모든 여가를 철학, 경제학, 사회주의 이론 연구에 할애하여 철학적 대저인 『인간 두뇌 활동의 본질』(1869년)을 썼다. 참으로 놀라운 노동자이다.

유물사관

유물변증법은 맑스학파에게 가장 훌륭하고 예리한 무기가 되었다. 포이어바흐가 할 수 없었던 유물론의 입장에서 사회에 관한 과학적인 이론의 완성도 이 무기를 사용하여 기초를 세우고 유물론적인 역사관을 확립하였다. "프롤레타리아와 부르주아의 계급투쟁에 유물사관을 특별히 적용하는 것은 변증법을 매개로 비로소 가능하다"(엥겔스). 유물론적 입장에서, 물질적 생산과 물질적 교통을 계속적으로 발전시키는 인간은 그들이 당면하는 현실과 함께 사유와 사유의 모든 생산을 변경시킨다. "의식이 존재를 규정하는 것이 아니라 도리어 존재가 의식을 규정한다." "변증법적으로 이해하면 인간의 존재는 그들의 현실적인 생활과정이다"(『독일 이데올로기』)라는 것이다.

---

38) 1848년 2월 파리에서 시작된 혁명의 열기는 급성 전염병처럼 전 유럽으로 확산되었다. 정치에 참여할 수 없었던 많은 자유주의자들은 의회 제도를 확립하고 헌법을 제정하기 위하여 자신의 삶을 불사르는 희생도 개의치 않았다.— 저자

그때까지의 유물론자들은 인간의 존재를 일면적으로밖에 받아들이지 않았다. 즉 생활을 과정으로 이해하지 못했다. 인간은 환경의 산물이고 마시고 먹고 자고 입고 산다는 사실을 수동적인 면에서만 이해했다. "지금까지의 모든 유물론(포이어바흐도 이에 속한다.)의 중요한 결함은 대상·현실·감성을 단지 객체 혹은 직관 형식으로만 파악하고 인간적, 감성적인 활동인 실천으로는 파악하지 못하며 주체적으로 파악하지 못한다는 점이다"(맑스, 『포이어바흐에 관한 테제』). 생활재료인 대상을 객체로만 파악하여 그것을 능동적인 인간 활동의 산물로서 노동이 투하되어 있으며 그런 의미에서 주체적인 성격을 가진 것으로 받아들이지 않으면 자연과 인간의 역사는 완전히 달라져서 자연이 인간의 실천으로 가공되고 변화되며 인간이 가공한 자연이 다시 인간을 가공하여 만들어내는 생활과정이 이론적으로 누락되어 버린다. 마치 인간과 자연은 서로 동털어진 고립된 존재이고 인간은 결코 역사적 자연과 자연적 역사를 가질 수 없는 듯한 말투(『독일 이데올로기』)로 끝난다.

우리의 세련된 미각(味覺)은 자연 그대로가 아니고, 인간의 실천으로 창조된 미(味)를 매개로 길러진 것이다. 우리의 세련된 미적 감각도 인간의 실천으로 창조된 아름다움에 의해 길러진 예술인 것이다. 바꿔 말하면, 인간의 노동에 의한 인간자신의 창조이다. 만약 대상을 직관적으로 있는 그대로만 받아들인다면 그것들이 발생한 과정은 잊혀 지고 인간의 실천에 의해 창조되었다는 사실도 잊혀져 버릴 것이다(맑스). 이처럼 인간은 자연과 인간, 인간상호의 생활과정을 받아들여 물질의 테두리를 타파하였다. 동물은 자연에서 받아들여 소비할 뿐이지만 인간은 생활자료를 생산하여 소비함으로써 인간 자신을 생산한다. 생활자료를 생산함으로써 간접적으로는 생활을 생산한다. 유물사관은 이러한 물질적인 생활의 생산 과정이야말로 역사를 움직이는 원동력이고 현실을 살아가는 인간을 이해하는 기초이며, 생활자료의 생산방법은 생산에 참여하는 인간의 생산방법을 규정한다고 주장한다.

현대의 물질적인 생활의 생산양식은 자본주의적 생산양식이라고 일컬어졌다. 여기에는 자본주의적 생활자료의 생산방법과 이와 상호 매개하는 과정으로서 자본주의적 인간의 생산방법이 포함되어 있다. 인간의 생산방법에서 나타나는 해악은 당연히 생활자료의 생산방법을 변화시키지 않고서는 근본적으로 제거될 수 없다.

변증법적 세계관

18세기에 주로 이루어졌던 사물에 관한 과학인 자연과학도 19세기가 되자 이 과정을 취급하게 되어서 사물의 기원 및 발전, 그들 간의 연관에 관한 과학으로 바뀌었다. 자연에서 발생했던 형이상학적 세계관은 자연과학이 발달함에 따라 개개의 분야에서 붕괴되기 시작하여 전체로 확산되었다. 맑스학파의 성립을 전후로 하여 물리학에서는 전자기학이 탄생하고 에너지 보존의 법칙이 확립되었고, 화학에서는 무기물에서 유기물이 합성되고, 생물학에서는 생물의 기본단위로서의 세포가 발견되고, 진화론이 확립되는 등 그때까지 절대적인 경계라고 생각되었던 사실들이 차례차례 타파되고 상호연관을 확증하고 마침내 모든 자연이 영원한 생성 및 소멸, 끊임없는 전화, 운동과 변화하는 존재라는 새로운 세계관에 실증적으로 도달하기에 이르렀다. 이것은 그리스인의 세계관이 보다 높은 단계에서 부활하였음을 의미한다. 엥겔스는 자연과학 및 자연과학자들 사이에 있는 형이상학적 세계관과 변증법을 깨닫지 못한 경험주의의 결합 및 관념론 등을 비판하여 자연과학의 올바른 발전방향을 제시하고, 자연과학이론을 사회에 그대로 적용하려는 경향을 타파하기 위해 『자연변증법』이라는 저작을 계획하였다고 한다. 그리고 이 책은 그가 죽은 뒤 1939년 유고집으로 발행되었다.[39)]

(3) 현 대

관념론과의 대립

"모든 철학은 헤겔과 함께 끝난다"(엥겔스, 『포이어바흐론』)라고 맑스학파는 선언한다. 그리고 오늘날 모든 철학자들은 맑스를 마지막으로 철학은 종결된다고 말한다. 저자 역시 여기에 동의한다. 유물론은 이미 철학이 아니라 과학적인 세계관이고 세계의 부분적인 연구는 개별과학에 의해 취급되고 있기 때문이다. 맑스학파가 자신들의 이론 중 어느 것을 철학이라고 부른다 해도 그것은 옛 철학의 성과를 계속 이어받았다는 역사적 사실과 개별과학의 구별이 필요하다는 의미로 세계관과 변증법에 '철학'

---

39) 여기서 인용되고 있는 『자연변증법』 한글판은 「중원문화」에서 1999년, 2000년, 2006년, 2012년에 간행된 바 있는 것을 참고로 하고 있음을 밝혀 둔다.—저자

이라는 이름을 붙이는 데에 지나지 않는 것이다. 따라서 엄밀하게 말하면 철학은 아니다.

그러나 고대철학은 아직까지 신학자 · 철학자 · 과학자들의 이론 속에 여러 가지의 형태로 남아서 재현되고 있다. 헤겔에 의해 확립되었던 변증법은 신학 속에서 계속 살아남아 있고 다시 실존철학의 형태로 제기되고 있다. 그리고 공공연하게나 우연하게 이들의 철학과 맑스학파의 세계관 및 변증법 사이에는 끊임없는 투쟁이 계속되고 있다.

맑스주의

맑스학파는 혁명적인 실천의 지침이 되는 이론을 정력적으로 창조해냈다. 혁명운동은 사회과학의 다면적인 발전은 요구한다. 이 이론의 창조와 실천으로 유물변증법을 확립하기에 이르렀다. 레닌(V. I. Lenin, 1870~1924), 스탈린(I. V. Stalin, 1879~1953), 모택동 등은 누구나 유물변증법에 관하여 논의하고 그 중요성을 강조했다.

그러나 맑스 · 엥겔스 이후 유물변증법과 그의 응용인 사회과학이 균등하게 직선적으로 발전해 왔을까? 당시 소련과 중국의 교과서에는 그렇다고 씌어 있지만 사실은 그렇지 않았다. 불균형적인 발전을 하고 있었다. 당시 중국이든 러시아든 맑스 · 엥겔스의 저작을 모두 입수할 수 없었고, 입수한 저작들도 철저하게 연구 · 토론할 수 없어 원리적인 파악이 불충분했기 때문에 스탈린과 모택동도 유물변증법의 원리를 잘못 받아들이고 있었다. 그렇지만 그들은 혁명의 공로자로 존경받으며 그들의 말은 성서와 같이 숭배되고 절대화되어 있기 때문에 원리적인 후퇴가 거의 지적되지 않고 있었다. 과거 중국과 소련의 논쟁중의 하나는 양쪽 모두 원리적으로 잘못된 유물변증법을 옳다고 믿는 것에 있었다.

맑스·엥겔스의 유물론이나 변증법을 정확하게 이해하지 못하고 맑스의 이름으로 맑스 이전의 유물론이나 헤겔과 같은 변증법을 설명하려는 사람도 있다. 혹은 맑스주의의 '발전'이라고 하면서 원리적인 수정을 가하거나 변증법을 부정하는 사람들 사이에서도 끊임없이 논쟁이 계속되고 있다. 이들 중에는 스탈린, 모택동[40]의 말 가운데서 잘못된 부분을 옳다고 믿고, 그와는 다르지만 실제로는 옳은 주장을 수정주의라고 공격하는 사태도 결코 적지 않다.

맑스와 엥겔스는 다르며 맑스의 변증법을 엥겔스가 수정했다고 주장하는 사람도 오래전부터 있었다. 최근에는 H. 마르쿠제가 "자연은 변증법의 사정권 밖에 있다"고 하고, 엥겔스의 오류가 스탈린에게 계승되어 정점에 달했다고 설명하고 있다. 그러나 지금 생물학에서는 정상세포에서 암세포로의 질적 변화가 연구의 초점이 되고, 엑스선이나 방사선 물질 등의 에너지가 세포에 대하여 어떠한 전화형태로 작용하고 어떠한 구조나 기능의 변화를 일으키는가가 계속 연구되고 있다. 19세기의 3대 발견, 즉 에너지론·세포론·진화론은 하나의 과학으로 서로 침투되어 끊임없는 전화를 구체적으로 계속 해명하고 있다. 철학자와 사회학자가 자연의 변증법적 성격을 부정한다 하여도 자연과학자들로부터는 조소를 받을지도 모른다.

---

40) 스탈린 모택동의 오류는 프롤레타리아독재를 포기하는 건 사회주의의 사멸이란 논리로 프롤레타리아독재를 지속시킨 것이다.— 저자

형이상학을 부정하는 경향

형이상학적인 사고방식과 그의 한계를 넘어서 만들어진 형이상학적 세계관과는 관계가 있지만 구별되어야 한다. 후자가 잘못되었으므로 부정되어야 한다고 해서 전자까지도 잘못되었다고 부정해서는 안 된다. 작은 변화를 무시하고 같은 것으로 취급하는 것도 일정한 한계 내에서는 정당하고 필요하다. "추상적 동일성이나 모든 형이상학적 모든 범주도 모두 일상적인 소규모나 짧은 시간에 관한 문제에서는 진리가 될 수도 있다." "일상적인 소규모의 과학적인 문제에서는 형이상학적 모든 범주도 역시 타당할 수도 있다"(엥겔스, 『자연변증법』). 그런데 과거 사회주의 혁명에 성공한 나라들이 이러한 형이상학의 타당성을 인정하지 않은 경우가 있었다. 때문에 그들은 몰락할 수밖에 없었다. 맑스주의에서는 형이상학은 현실을 근거로 하지 않는다든가 엉터리라고 주장해도 상관없다고 주장하지는 않는다. 단지 상식적인 견해는 중요한 과학적 연구에는 사용할 수 없고 정당화하고 필요하지만 한계를 넘어서 엉터리로 되어서는 안 된다고 충고하고 있을 뿐이다. 따라서 이러한 주장들은 맑스주의를 수정한 일례가 될 수 있다. 맑스주의에서는 변증법도 형이상학도 모두 필요하지만 변증법이 훨씬 더 중요하다고 주장한다.

키르케고르

실존철학41)의 선구자 키르케고르의 실존주의 철학은 헤겔 철학에 대한

41) 실존이란 말은 밖에 나타난다는 의미의 라틴어 exister에서 온 것인데, 이 말의 본래의 뜻은 본질에 대한 현실 존재라는 뜻이다. 그런데 현실 존재는 물건인 경우에는 상대적이지만 인간의 존재에 있어서는 절대적이다. 즉 '나'라는 인간은

불만에서 출발하였다. 헤겔의 관념론에서는 개인의 현실적 존재는 이념의 보편 속에 해소되고 만다. 그는 이념 때문에 개인의 구체적 존재의 의의는 없어지고 마는 헤겔 철학에 반대하고 개인의 주체성, 즉 실존을 강조한다. 인간은 하나의 실존으로서 다른 물건이나 다른 사람과는 절대로 바꿀 수 없는 유일한 단독자이다. 물건이나 도구는 이것과 저것을 바꿀 수 있고 이것 대신 저것도 무방하지만 인간은 하나하나의 개별적 주체로서 다른 사람과 바꿀 수 없고 다른 사람을 대신할 수도 없는 유일무이한 귀중한 존재다. 이러한 단독자가 현실적 존재, 즉 실존의 본질이라는 것이다.

그는 실존의 구조를 세 단계로 구분하였다. 제1단계는 미적 실존의 단계이고 제2단계는 윤리적 실존의 단계이며, 제3단계는 종교적 실존의 단계이다. 여기서 미적 실존의 단계란 그저 아무것도 얽매이지 않고 향락 속에 살아가는 실존이다. 이는 얼핏 보기에는 자유로운 생활 같다. 그러나 그것은 외면적 쾌락의 노예가 된 생활이고 쾌락 속에 본래의 자기를 상실한 실존이다. 쾌락주의로 살아가는 미적 실존은 불안과 권태와 우수 끝에 자기부정에 빠진다. 여기에서 참된 자기를 도로 찾으려는 자각과 노력이 생긴다. 이것이 양심의 입장에서는 윤리적 실존이다.

윤리적 실존은 자기의 의무를 다하고 사회적·시민적 자기로서 살아가는 것이다. 그것은 양심을 가진 성실하고 온당하고 건전한 생활 태도이다. 이는 미적 실존에 비한다면 분명히 높은 실존이다. 그러나 인간은 자

남과 절대로 바꿀 수 없는 유일무이한 존재다. 따라서 실존철학자들은 실존이 본질보다 앞선다고 한다. 요컨대 실존이란 인간 본래의 자기(自己)라는 뜻이고, 실존주의란 불안과 위기에 처하여 자기를 상실한 인간이 본래의 자기(주체성)를 찾아야 한다는 주장이다(『철학사전』, 중원문화, 2012).—저자

력으로 완전한 성실, 완전한 정직, 완전한 도덕적 이상에 도달할 수 없다. 양심적으로 되려고 애쓰면 애쓸수록 엄격한 도덕률 앞에 서면 설수록 자기의 부족과 무력과 유한성을 느끼지 않을 수 없다.

인간이 스스로의 유한성(有限性)과 무능과 부족함을 느끼고 절망할 때 허망한 자기를 내던지고 절대자에 귀의하게 된다. 이것이 종교적 실존이다. 그것은 신앙으로 살아가는 종교적 생활 태도다. 신앙을 갖는다는 것은 이성으로는 믿기 어려운 역설을 순순히 받아들이는데, 그것은 어떤 계기를 통해서 이루어질 수 있다. 대체로 자기가 자기의 무력에 절망하는 것은 도리어 신앙에 이르는 한 계기가 될 수 있다.

요컨대 인간의 도덕적 노력이 가는 데까지 가서 절망하고 좌절하는 데서 오히려 한층 높은 종교의 세계로 비약하는 것이다. 이것이 그가 말하는 좌절에 의한 비약이다. 이 말은 깊은 신앙의 논리를 역설적으로 표현한 말이다. 이것이 그의 역설변증법이고 실존변증법이다.

현대철학의 반(反)변증법적 동향

이상에서 고대에서 19세기까지의 변증법의 역사를 간략하게 살펴본 셈인데, 특히 르네상스 이후에 등장하는 여러 가지 형태의 변증법 가운데 우리에게 중요한 의미를 주는 것은, 역시 헤겔, 맑스-엥겔스 그리고 키르케고르의 변증법일 것이다. 이들은 모두 변증법을 한갓 방법론적인 것으로 보지 않고, 그것을 자기 자신의 사상 구조 속에서 받아들여 일체화하였다. 그들의 사상내용은 지금까지 논급한 것처럼 여러 가지인데, 그 중심에 변증법이 도사리고 있다는 점에서는 일치하고 있다.

이러한 변증법을 사람들은 일반적으로, 이념[관념] 변증법(헤겔), 유물변증법(맑스-엥겔스), 실존변증법(키르케고르)이라고 부르는데, 이들에게 공통된 '변증법'은 어떠한 의미의 내용을 가지고 있을까? 이들의 공통점을 찾아낸다는 것은 어려우나 다음과 같이 총괄할 수도 있을 것이다.

첫째 인간의 외측과 내측의 모든 영역에 모순과 대립이 존재한다는 것을 기본적인 사실로서 인정하고, 둘째 그와 같은 모순대립의 상태로 있는 것, 가령 주관과 객관, 존재와 사유, 정신과 물질, 신과 인간, 영원과 시간, 무한과 유한, 지배와 예속, 질과 양 등의 관련방식을 통일적으로 파악하려고 시도하는 사고방식이 변증법이다. 이 테제는 적어도 헤겔 이후의 이른바 근대 변증법에 해당될 것이다. 그리고 위의 세 가지의 변증법을 종합하려는 노력을 우리는 현대의 실존철학자 사르트르의 변증법에서 볼 수 있을 것이다.

현대의 영국이나 미국의 철학계에서 지배적인 조류를 이루고 있는 넓은 의미의 분석철학은, 그 이름이 보여주는 것처럼 언어에 관한 논리분석과 지식과 학문의 구조분석을 주된 과제로 하고 있는데, 그 시점의 기초를 비(非)아리스토텔레스적인 논리학(기호논리학)과 경험론적 실증주의에 두고 전통적인 형이상학에 대하여 깊은 불신을 가지고 있다. 따라서 이 철학에 종사하는 사람들은 분석적 사고를 중요시하기 때문에 이와는 정반대의 전체주의적인 입장에 서 있는 헤겔이나 맑스의 사유방법을 특히 강렬하게 비난하고, 변증법을 사이비논리라고까지 말한다. 물론 분석철학자가 말하는 변증법은 일반적으로 헤겔이나 맑스에 한정된다.

이것은 러셀(Bertrand Russell, 1872~1970)의 『서양철학사』(*History of*

western Philosophy)나, 에이어(Alfred JulesAyer, 1910~1989), 라이헨바흐(Hans Reichenbach, 1891~1953) 등의 저서를 읽어 보면 금방 알 수 있다. 그들의 변증법에 대한 모멸은, 이에 대하여 학문적인 검토조차도 필요치 않다고 할 만큼 격렬하기 때문이다. 분석철학의 분야에서 변증법을 정면으로 비판한 논문은 거의 찾아볼 수 없을 정도이다. 겨우 헤겔이나 맑스에 대한 격렬한 비난으로 유명한 『열린사회와 그 적들』(*Open Society and Its Enemies*)[42]과 『역사주의의 빈곤』(*The Poverty of Historicism*)의 저자로 알려진 칼 포퍼(Karl Raimund Popper, 1902~1994)의 「변증법이란 무엇인가」(*What is Dialectic?*-in Conjectures and Refutation, the Growth of Scientific Knowledge)라는 논문이 주지의 것으로 알려져 있음에 불과하다.

그런 의미에서 이 논문은 귀중한 것인데, 이 속에서 포퍼는 변증법의 학문적인 유효성과 정당성을 검토한다. 그것은 『열린사회와 그 적들』 속에서 볼 수 있는데, 거기에는 감정적이라고 생각될 만큼의 격렬한 공격이 아니고 냉정한 분석적 비판을 하고 있기 때문에, 제1장에서도 논급한 것처럼 변증법이 독단적, 폐쇄적인 것이 아니고 개방된 철학에 속하는 것이라고 한다면, 모름지기 이러한 비판을 정면으로 받아들이지 않으면 안 될 것이다. 실제에 있어서 **포퍼의 비판을 견디어 내지 못할 만한 변증법의 이해를 가지고 '변증법'이라는 말을 사용한다는 것은 유해할지언정 유익하지는 않을 것이기 때문이다.**

여기서 포퍼가 변증법에 대하여 비판했던 글을 잠깐 살펴보기로 하겠

---

42) 이 책은 국내에서도 번역된 바 있다. 독자들에게 도움이 될까 해서 소개한다. 『열린사회와 그 적들』(민음사, 1982).—저자

다. 그는 방법과 논리라고 하면서 변증법을 비판의 대상으로 한다. 또한 그가 다루는 변증법은 앞에서도 이미 언급한 바 있지만 통속적으로 정식화된 피히테나 헤겔의 변증법, 즉 정(정립)·반(반정립)·합(종합)이라는 3단계에 의한 발전방식에 대한 것이다. 이 점에서 보아, 포퍼의 변증법 비판은 변증법 그 자체에 대해서 행해진 것이 아니고, 피히테나 헤겔 변증법(더구나 통속화된)이라는 일정한 형식적 틀 속에서 이루어져 있다는 것을 주의할 필요가 있다. 그리고 앞서도 논했지만 분석철학파의 변증법 비난은 언제나 항시 이와 같은 어떠한 틀 속에서 이루어지고 있다.

다음에는 '논리로서의 변증법'에 대해서 살펴보면, 첫째로 변증법에는 은유(metaphor)가 너무 많다. 또한 그것이 말 그대로 받아들여지고 있다. 가령, '정립이 반정립을 생산한다'라고 한다. 그러나 반정립을 실제로 만들어 내는 것은 인간의 정신이며, 정립이라는 관념물이 아니다. 또 정립이 종자, 반정립이 수목, 종합이 과실이라는 예를 들어서 변증법의 발전을 식물의 성장과 동일시하는 것도, 적어도 논리의 설명으로서는 조잡하며 적절하지 않다. 이러한 것은 요컨대 변증법이 엄밀성을 결여하고 있다는 것을 보여주고 있음에 지나지 않는다.

둘째로 변증법은 '모순'이라는 개념을 극히 조잡한 것으로밖에 이해하지 못하고 있다. 모순이 생산적이라고 하는데, 실은 모순 그 자체로부터는 아무것도 산출되지 않으며, 모순을 인정하지 않으려고 하는 우리의 결심이 생산적인 것이다. 즉 어떤 이론 속에 들어 있는 모순의 존재를 용인하는 데에서가 아니라, 반대로 이것을 부정하는 데서 새로운 이론이 만들어지는 것이다.

또한 논리학의 공리체계 속에서는 모순을 지닌 전체(서로 모순된 두 명제의 양립)로부터 어떤 황당무계한 결론도 도출된다. 포퍼는 이것을 엄밀하게 논리계산을 사용해서 증명한다. 이것은 모순을 인정하는 것이 학문적인 이론에 있어서는 치명적이라는 것을 의미하며, 만일 변증법이 모순을 전제로 한다면 그것만으로도 논리로서는 실격인 셈이 된다. 따라서 변증법은 '모순'이라는 개념을 논리적으로 엄밀하게 사용하고 있지 않든가, 또는 터무니없는 이론이든가의 어느 쪽이다. 이렇게 본다면 변증법은 건전한 논리가 아닐 뿐만 아니라, "아마 논리와는 전혀 거리가 먼 것일 것이다." 그러므로 변증법이라는 말을 사용하는 경우에 극도로 유의하든가 아니면 전혀 사용하지 않는 것이 좋을 것이다. 이상이 포퍼의 변증법 비판의 윤곽이다.

헤겔과 맑스에게서 보여 진 변증법의 세 가지 법칙

헤겔은 그의 저서 중의 하나인 『대논리학』과 『소논리학』에서 변증법의 법칙으로서 다음과 같이 기술하고 있다.

첫째 : 대립물의 상호침투의 법칙.
둘째 : 양(量)과 질(質)의 상호전화의 법칙.
셋째 : 부정(否定)의 부정(否定)의 법칙.

이 세 가지 법칙은 모두 헤겔에 의해서 확립된 것이다. 하지만 그는 줄곧 관념론적 입장에서 변증법을 이야기하였다. 하지만 헤겔 역시 인간이 살고 있는 현실 속에서 발견한 사실들이었다.

3. 대립물의 상호침투의 법칙

3. 대립물의 상호침투의 법칙

(1) 상대적인 독립

연관되어 있는 생활

나는 지금 책상 앞에 앉아서 컴퓨터의 자판을 두드리고 있다. 창밖은 길인데 이 길은 한강로와 연결되어 있다. 한강북로는 서쪽으로 일산이나 파주 출판단지를 갈 수 있고 남쪽으로는 국회의사당이 있는 여의도에 갈 수가 있다. 그리고 여의도에서 7호선 지하철로 경기도나 서울 어느 곳이나 갈 수 있다. 여의도에 가려면 한강다리를 건너야 한다. 옛날 사람들은 "이 다리 밑의 물은 멀리 중국의 양자강에 연결된다"고 말했다는 이야기가 전해진다. 창밖의 하늘을 바라보면 김포 공항으로 가는 비행기가 보인다. 날고 있는 여객기는 런던에서 온 것일 수도 있고, 호주에서 온 것일 수도 있다. 뿐만 아니라 이 하늘은 미국으로부터의 전파도 전해주고 몽골에서 황사도 날라 온다. 창밖의 풀과 나무는 우리가 내쉬는 탄산가스를 흡입하고 산소를 배출한다. 풀과 나무를 자라게 하는 것은 태양이다. 태양은 또한 외계의 천체와도 연관을 가진다. 우리는 눈에 보이는 연관과 눈에 보이지 않는 연관(자연적인 연관, 사회적인 연관, 정신적인 연관) 속에 살고 있다.

세계가 연관되어 있고 통일된 전체라는 것을 이해한다면 충분히 이것들을 볼 수 있다. 변증법은 형이상학에 이런 연관을 역설하는데 만약 이것만을 지나치게 강조하면 일면적인 관점이 되고 거꾸로 형이상학이 되어버린다. 한 가지만 지나치게 강조하면, 옛날부터 말하는 "바람이 불면 우산장사가 돈을 번다"는 논리가 되어버린다. 이것은 바람이 분다 → 비가 동반한다 → 옷이 젖는다 → 그럼 우산이 팔린다. 바람이 불면 우산 장사가 돈을 번다는 연관이다. 누구나 알 수 있듯이 이러한 논리에는 비약이 있다. 즉 필연적인 연관이라 할 수 없다. 예를 들면 바람이 분다고 해서 비가 온다는 보장은 없기 때문이다. 따라서 연관을 문제로 할 경우에는 연관형태를 잘 살피고 연관부분이 어떤 구조로 되어 있는지를 정확하게 이해하지 않으면 현실과 연관되어 있지 않는 것을 결부시켜 생각하거나 현실과 연관되어 있는 것을 분리시키는 등의 잘못을 범하게 된다.

상대적 독립이라는 것(연관되어 있으면서 연관되어 있지 않다.)

은으로 된 작은 공에 압력을 가하여 얇은 은박으로 만들면 부피는 변화하지 않지만 표면적은 늘어나게 된다. 물을 분해하면 산소와 수소가 된다. 모양도 변했고 부피도 달라졌지만 질량불변의 법칙에 의해서 크기와 모양은 달라졌어도 질량은 변화할 수 없다. 이처럼 변화할 수 없음에도 불구하고 어느 한편이 일정한 한계 내에서 상대편과는 무관하게 변화할 수 있는 것을 상대적인 독립 하에 존재한다고 말한다. 인체의 일부 세포는 항상 죽어서 몸에서 떨어져 나가지만 이것은 인간의 죽음을 의미하지는 않을 뿐더러 살기 위해서 필요한 것이다. 또 어떤 경우에는 세포는 태어난 채로 몸에서 분리되어 다른 곳에서 성장하기도 한다. 생식과 출산의 경우가 그러하다. 인체의 부분도 역시 상대적인 독립 하에서 존재한다.

사람은 일생 동안 변함없이 한 인간이다. 그래서 똑같은 이름으로 불려지고 이런 점에서 기본적인 인권이 문제가 된다. 그러나 사람은 시시각각으로 그 모습이 변한다. 갓난아기에서 소년으로 소년에서 청년으로 커간다. 이에 따라서 입는 옷의 크기와 디자인이 바뀌고 교통기관의 운임과 영화관의 입장료가 달라진다. 인간의 본질적인 면과 현상적인 면은 상대적인 독립 하에서 존재한다. 헤겔은 일생 동안 사람의 모습은 변해도 그 사람임에는 틀림없다는 사실을 직시하고 이를 '자기동일성'이라고 말하였다. 즉 '자기동일성'이란 본질과 현상의 주요한 부분에 해당한다.

저자가 과거 민주화운동을 하다가 교도소에 몇 번 간 경험이 있는데 어머니께서 교도소에 아들 면회를 오실 때마다 주변 사람들이 나쁜 죄를 짓고 교도소에 간 것으로 생각하여 꼬박꼬박 설명하신 경우가 많다고 하셨다. 겉으로 볼 때는 누가 보더라도 도둑이 죄를 짓고 교도소에 갇힌 것처럼 보이지만 사실은 군사정권의 박해를 받고 교도소를 간 것이다. 또 하나 예를 들자면, 물이 찬 컵에 젓가락을 넣으면 꺾여 보이는 모습이지만 실재로는 꺾여 있지 않은 것임을 누구나 알 수 있다. 이처럼 기본적으로는 동일한 상태이지만 보기에는 반대이다. 본질과 현상은 반드시 일치하지 않을 수도 있으며, 시간 · 장소 · 조건에 따라 때로는 본질과 현상이 반대의 모습으로 나타나기도 한다는 것을 알 수 있다.

책상 위에 돌아가신 선친의 사진이 있다고 가정하자. 사진은 찍히는 사람이 없으면 생길 수 없다. 이런 의미에서 이 사진은 카메라 앞에 서 있는 사람과 연관되어 있다. 그러나 사진을 찍은 후에 그 사람이 어떤 모습으로 변했는지 아직 살아 있는 지와는 관계없이 사진은 존재한다. 이런 의미에서 사진은 카메라 앞에 서 있는 사람과 연관되어 있지 않다. 사진과 사진 속의 인간은 연관되어 있으면서 연관되어 있지 않다.

어느 경우는 사진을 보고 "나는 훌륭한 선조를 두고 있다"고 스스로 만족해한다. 이 '두고 있다'는 것은 어느 곳에 가방을 두고 있다거나 지팡이를 쥐고 있다는 것과는 달리 눈에 보이는 연관은 아니다. 소위 가계(家係)로서의 연관이다. 그의 선조는 이 세상에 존재하지 않으므로 선조의 생활방식과는 무관하게 자기가 좋은 대로 생활방식과는 무관하게 자기의 취미대로 판단하고 있다. 이 점에서는 선조와는 연관되어 있지 않다. 가계로는 연관되어 있지만 생활로는 연관되어 있지 않다.

현실에 존재하는 개개의 사물을 커다란 관점에서 바라보면 어디에서나 이러한 연관형태에 마주치게 된다. 이는 이러한 연관이 보편적임을 나타낸다. 인간의 눈은 카메라와 유사한 구조를 가지고 있어서 외계의 존재들을 머릿속에 반영시킨다. 그래서 우리는 한 번 본 풍경이나 한 번 만났던 사람의 얼굴을 후에 다시 기억해 낼 수 있다. 전쟁의 참화로 사라진 건물의 모습이나 전사한 사람의 얼굴도 눈앞에 있는 것처럼 생생하게 기억해 낼 수 있다. 외부 세계와 인간의 의식의 관계도 외부에 존재하지 않는 것은 의식 속에 존재하지 않는다는 의미에서는 연관되어 있지만, 외부세계가 변화해도 의식은 변화하지 않고 의식자체가 외부세계와는 직접 관계가 없는 가공의 공상을 할 수 있다는 의미에서는 연관이 없다. 연관되어 있지만 외부세계가 변화해도 의식은 변화하지 않고 의식자체가 외부세계와는 직접 관계가 없는 가공의 공상을 할 수 있다는 의미에서는 연관이 없다. 연관되어 있으면서 연관되어 있지 않는 것이다.

그러나 이런 연관된 부분만 강조한다면 형이상학적인 반영론43)(反映論)이나 형이상학적인 모사설44)(模寫說)이 되어, 도깨비나 귀신을 인식하는 이상 외계에 도깨비나 귀신이 실재하여 있었음에 틀림없다는 식으로 관념론에 끼워 맞추어 버린다. 이는 인식의 경우에서와 마찬가지로 표현의 경우에도 적용된다. 도스토예프스키의 『죄와 벌』이나 셰익스피어의 『햄릿』 등은 우리에게도 번역되어 소개되어 있는 책이다. 그런데 이 배후의 어떤 연관을 찾아나간다면 결국 작가의 원고, 나아가 작가의 인식과 연관되어 있다. 작가의 인식은 집필한 후에는 소실되어 버리고 작가는 죽었지만 씌어진 문장은 계속 남아 있으며 계속하여 복사 번역되고 있다. 작가의 인

---

43) 반영론(Theory of reflection) ; 인식론의 한 형태. 의식이란 물질의 반영이고, 그 내용은 역사적·사회적으로 규정되며, 그 진리성은 실천에 의해 검증된다고 한다. 반영은 일반적으로 물질의 발전단계에 따라 그 각각의 현상은 다르지만 물질 사이의 상호작용에 의해 생기는 현상이다. 인간의 주관이 객관적 사물을 반영하는 경우, 인간의 실천을 매개로 하여 감각기관, 신경조직, 그리고 물질의 최고로 발달한 조직인 뇌수에 의해 객관적 사물을 반영한다. 즉 우리의 눈앞에 있는 물체의 모습은 그것이 반사하는 빛에 의해 먼저 망막에 묘사되고, 신경을 자극하여 뇌수에 도달되어 직접적인 생생한 감각으로서 반영된다.── 윤병태외 지음, 『철학대사전』(중원문화, 2023)

44) 모사설(Copy theory) ; 인식은 외부에 있는 실재의 영상이라는 학설. 모사설을 가장 철저히 따르는 것은 변증법적 유물론이다. 그것은 우선 감각은 의식과 외계와의 직접적인 연관이고, 감각에 의해 외계의 자극이 의식의 사실로 전화한다고 설명한다.— 윤병태외 지음, 『철학대사전』(중원문화, 2023)

식과 작품은 연관되어 있으면서 연관되어 있지 않다.

이러한 연관된 부분만을 강조하면 문장에서 작자의 인식을 읽어낼 수 있는 것은 인식이 머리를 빠져나와서 문장으로 들어가기 때문이라고 생각하거나 사후에도 정신은 남는다고 주장하는 관념론에 빠져버린다든지 반대로 연관되지 않은 부분만을 강조하면 문장은 부호를 나열한 것에 불과하고 그 자체로는 내용을 갖지 않는다는 형식주의에 빠져버린다.

이러한 사실에서 우리는 다음과 같은 중요한 교훈을 끌어낼 수 있다. 전체적으로는 눈에 보이지 않는 연관 속에 있지만 외견상으로는 하나의 실체로서 완전히 독립해 있는 많은 사물이 있고, 외견상으로만 파악하여 눈에 보이지 않는 연관을 인식하지 못하는 일면적인 관점, 절대적으로 독립하여 있다는 관점, 형이상학적인 관점이 생기고 그로부터 결국은 관념론에 도리어 위험이 존재한다는 교훈이다. 변증법은 연관되어 있으면서 연관되어 있지 않다는 모순으로 사물의 존재방식을 파악하고, 개개의 부분은 항상 절대적이 아니라 상대적으로 독립하여 있음을 파악할 것을 주장한다.

개별 · 특수 · 보편의 관계

지금 내가 살고 있는 건물이 집인 것처럼 대통령이 사는 저택도 집이고, 휴양지에 있는 훌륭한 별장도 집이다. 하나하나의 집들은 저마다 존재 양식이 다르다. 집이라는 점은 같지만 집의 존재양식은 다르다고 하는 정도는 상식으로 알 수 있다. 언어는 동일한 점을 파악하여 그 상태를 선과 색으로 표현한다.

좀 더 깊이 생각해보자. 집에는 사람이 사는 주택도 있지만 동물이 사는 개집이나 양계장도 있고 물건을 넣어두는 창고도 있고 차를 넣어두는 차고도 있다. 그들은 개개의 집으로 존재한다. 그렇지만 그 중의 어떤 면에서 공통된 성격을 가지고 있다. 여기서 하나하나의 개별적인 집은 각각 특수성을 지니고 천차만별이면서 동시에 집으로서의 보편성을 모두 가지고 있음을 알 수 있다. 뿐만 아니라 주택이라든가 가축의 집, 창고 등의 집으로서는 특수한 존재 양식 그 자체도 역시 주택에도 있고 창고에도 있는 하나의 보편성이라는 사실을 알 필요가 있다.

특수성은 보편성과는 다른 것으로서 보편성과 뗄 수 없는 관계에서 존재할 뿐만 아니라 특수성이 동시에 보편성이기도 하다는 또 다른 보편성에 있어서도 문제된다. 이러한 두 개의 다른 보편성을 혼동하거나 잘못 써서는 안 된다. 하나하나의 물[水]은 존재형태는 달라도 물이라는 보편적인 성질을 가지고 있다.

또 하나하나의 얼음은 존재형태는 달라도 얼음으로서의 보편적인 성질을 가지고 있다. 그러나 한층 더 연구를 진전시켜서 물과 얼음을 H_2O의 존재형태로서 파악하면 물의 보편적인 성질이나 얼음의 보편적인 성질은 특수성으로서의 보편성이 된다. 일본이나 영국과 미국은 국가의 형태는 다르지만 자본주의 국가로서는 보편적인 성질을 가지고 있다. 또한 베트남·핀란드·중국은 국가의 형태는 다르지만 사회주의 국가로서의 보편적인 성질을 지니고 있다. 그러나 국가에 대한 연구는 여기서 끝나는 것이 아니고 국가 권력이 어떤 질서를 만드는가라는 점에서 보편적인 성질도 특수성으로서의 보편성이라는 관점에서 파악하여 바로잡을 필요가 있다. 물로서의 보편성을 H_2O로서의 보편성과 혼동하거나 잘못 쓰면 안 되듯이 자본주의 국가체제라는 정치 경제적 보편성을 국가로서의 보편성과 혼동하거나 오용해서는 안 된다.

(2) 매개[대립과 모순]

모든 사물은 대립하거나 모순되어 있다는 것을 문제로 삼더라도, 그것을 고정되고 변화하지 않는 것으로 보는 것과, 발전하고 변화하는 것으로 보는 것은 서로 다르다. 전자는 형이상학적 사고방식이고 후자는 변증법적 사고방식이다.

"형이상학자는 매개가 아닌 대립으로만 모든 사물을 파악한다. ……형이상학자에게는 사물은 존재하든가, 존재하지 않든가, 그 어느 쪽이나 마찬가지로 자기자신이면서 또한 자기자신이 아닌 다른 것이다라고 일컬을 수 있는 것은 있을 수 없다. 긍정과 부정은 절대로 서로 배제한다. 원인과 결과도 역시 서로 경직된 대립을 행하고 있다."[45]

아버지로부터 자식이 생긴다든가, 원인이 있어서 결과가 생긴다든가 하는 소규모적인 발전을 따로 떼어놓고 보는 것만으로는 과학적인 연구를 진행시킬 수 없다. 사고방식을 보다 넓혀보자. 우리들의 아버지는 우리를 낳았다. 아들과 아버지는 별개로 보이지만 별개가 아니다. 또 아들이 장

---

45) 三浦つとむ 著, 『弁証法はどういう科学か』(講談社, 1960), 66쪽—저자

가를 들어서 자신이 자식을(손자를) 가짐으로써, 아들이 되기도 하고 아버지가 되기도 하는 것처럼, 한 결과는 또한 다른 결과의 원인이 되기도 하는 것이다. 여기서 '아버지와 아들은 별개의 인간이다. 같은 인간일 수가 없다'라고 경직된 대립물로서 받아들인다면, 그 아들이 결혼하여 손자가 생겨나면 손자에 대해서는 아버지가 되는 매개 관계의 발전이 초래하는 모순된 구조를 파악하지 못하는 것이다. 부자관계의 발전처럼 그렇게 단순한 것일지라도 과학자가 직접 눈으로 볼 수 없는 세계의 모순된 구조를 문제로 할 때에는 매개를 무시하는 경향이 있는 것이다.

전 세계의 법칙적인 연관

세계의 연관형태에 대하여 헤겔은 다음과 같이 주장했었다.

"매개하면서 동시에 직접성[무매개성]을 포함하지 않는 것은 **하늘**이나 **자연**, **정신세계**, 그 어느 곳에도 존재하지 않는다."46)

이에 대하여 유물론자들로부터 비판이 이루어졌다.

① **하늘**, **자연**, **정신**에서 **하늘**을 버려라!

② 모든 것은 매개된다. → 매개되고, 결합되고 이행(移行)에 의해서 결합되어 있다. **하늘**을 버려라! → 전 세계(과정)의 합법칙적 연결."47)

---

46) 앞의 책, 66쪽.— 저자

47) 윤병태외 지음, 『철학대사전』(중원문화, 2023), 매개항 참조.— 저자

여기서 유물론자들이 '하늘을 버려라'라고 한 것은 '하늘'은 곧 신(God)을 의미하기 때문이고, 다른 한편 하늘은 '모든 존재는 매개된다'는 것에서 멀어지기 때문이다. 변증법은 전 세계를 연관된 것으로 보기를 주장할 뿐만 아니라 그 연관이 법칙적인 구조를 가진다고 주장한다. 변증법은 그 법칙성의 존재를 추구하고, 그 다음에 법칙성을 찾아내어, 그 법칙성을 구체적인 제사물의 구조를 연구하는 경우의 지침으로 삼는 것이다. '상대적인 독립'을 이해하는 것, 특수성과 보편성은 결부되어 있다는 것을 이해하는 것은 모두 현실의 법칙성을 파악하는 것에 지나지 않는다.

상식적으로, 매개라든가 무매개이라든가 하는 말은 옆의 그림과 같은 관계를 의미하는 것이다. A군은 결혼 상대를 찾아보았지만 좋은 상대를 찾지 못했기 때문에, 결혼상담소의 B씨를 통해서 C양과 연관을 갖고, C양과 직접 만나 대화를 하여, 결혼 약속이 성립되었다. 중매소라든가 중매인이란 말은 모두 매개의 의식을 포함하고 있다. 이런 경우도 마찬가지이다. A씨는 C고관에게 직접 만나서 진정하려고 생각했지만, 면회를 거부당했기 때문에 할 수 없이 비서에게 말하여 C고관에게 말을 전달하는 데 성공하였다. 전달이란 매개의 존재형태의 하나이다. A군은 C군과 싸움을 했기 때문에 전하고 싶은 말이 있었지만, 직접 말을 하게 되면 오해를 살 위험이 있었다. 그래서 공통의 친구인 B군에게 부탁해서 B군을 통하여 C군에게 말을 전하게 했다. A시로부터 C시로 직통하는 철

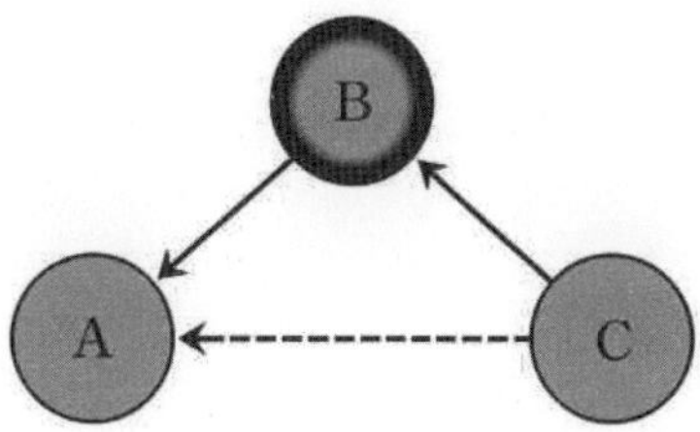

도가 사고 때문에 불통이어서 부득이 B시를 통해서 C시로 도달하는 버스를 이용하여 목적을 달성했다 등등……. 이와 같은 종류의 이른바 돌아가는 길은 논리적으로 매개로서 파악할 수 있다. 이러한 연관관계를 보면 A와 C의 관계는 매개관계이지만, A와 B는 A와 C는 각각 직접적으로 연관이 있는 바, 매개관계는 그 가운데에 직접적인 연관을 포함하고 있다는 헤겔의 주장이 옳다는 것을 이해할 수 있다.

예술의 경우를 예로 들면 초상화를 그릴 때 모델 A는 그것을 바라보는 화가의 인식 B를 만들어내고, 화가는 B에 의해서 화면 C를 묘사하는 관계가 성립하는 것이다. A와 C의 사이에 직접적인 관계는 없다. 영화도 이와 같다. 예를 들면 어떤 장면 A가 카메라의 파인더(finder)를 들여다보는 카메라맨의 인식 B를 만들어 내고 카메라맨은 B에 의해서 필름의 화면 C를 촬영하게 되는 것이다.

그러나 영화는 회화와 달라서, A로부터 나온 빛이 카메라맨의 렌즈를 통해서 필름상에 영상을 투영시키기 때문에 광학적으로는 A로부터 직접 C로 결부되는 것이 된다. 그 때문에 이 광학적인 A→C의 연관에 집착한 사람들이 A→B→C의 예술로서의 연관을 무시하고 영화는 A→C의 직접적인 관계로서 성립하는 지금까지와는 전혀 다른 예술이라든가, 기계가 자기 스스로 예술을 창조한다라는 주장도 있었다.

예술을 감상할 때는 이미 C의 상태로 우리 눈에 보이는 것으로부터 그 배후에 있었던 B와 A를 이해해 가게 된다. 직접 B를 파악하는 것은 불가능하다. 이것은 일상의 대화에서도 마찬가지이다. "사상의 직접적인 현실성은 언어이다" 우리들이 직접 듣고 있는 것은 상대의 입으로부터 나오는 공기의 진동이다. 여기에서 말하는 직접적이란 것은 물리적이라는 것과 마찬가지이다.

이번에는 톱니바퀴의 그림을 보자. A를 돌리면 B로부터 C의 순서로 회전이 전해져 간다. A와 B, B와 C는 각각 회전의 방향이 반대이다. 결국, A의 회전을 C의 형태로 바꾸기 위해서 B를 매개로 했던 것이다. 이러한 의미에서의 매개는 앞 그림의 매개와 동일하다. 그런데 A의 회전이란 A의 형태의 특수한 경우의 하나이고, A자신에게서 분리할 수 없는 것이지만, 톱니바퀴와 회전은 다른 것이기 때문에, 더욱더 구별할 필요가 있다. 이러한 의미에서 A는 직접 스스로 회전하면서 그것을 B의 회전에 매개할 수 있다. 상식적인 직접성과 달리, 변증법에서는 모순의 존재형태에서 '직접성'이란 말을 사용하기 때문에 혼동하지 않도록 주의하길 바란다. 톱니바퀴와 그 회전처럼 자기 자신이 동시에 다른 성질을 가질 때의 분리할 수 없는 연관성, 이 모순의 존재형태를 '직접성'이라고 부르는 것이다. 생산은 또한 직접적으로 소비이기도 하다. ……생산은 생산수단의 소비이고 생산수단은 사용되고 소모되어서(예를 들면 연료와 같은 경우) 일반적인 여러 원소로 다시 분해된다. 생산을 교환의 경우에 볼 수 있는, 자기의 노동생산물을 양도하고 타인의 그것들을 양도받는 것 사이의 직접적 동일성 등의 '직접성'은 이러한 의미이다. 앞에서 언급했던 보편성과 특수성의 관계로 말한다면, 보편성을 규정하는 면은 매개관계이고, 그와 동시에 특수성 자체가 보편성으로도 된다고 하

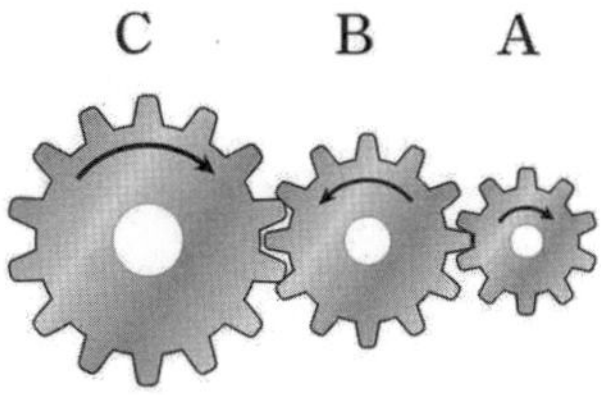

는 면에서는, 여기에 직접적인 동일성이 존재한다고 말하는 것이 된다.

대립물의 동일성

변증법에서 말하는 '대립물의 동일성'이라고 할 때의 '동일성'이란 차별의 반대로서의 동일을 지칭하는 것이 아니라, 대립물의 '직접적 동일성'을 지칭한다. 사람들은 이것을 이해하지 못했다. 사람들은 모순론에서 동일성을 통일성이나 상호침투 따위와 같은 의미로 확대해석했던 것이다. 이것은 그들의 변증법에 있어서 원칙적인 오류의 하나이다. 대립물의 통일에는 직접적인 통일(동일성)과 매개적인 통일 양자가 있는데 이 양자는 불가분성(不可分性)의 통일이라 한다.

인과관계의 구조 및 대립물의 상호침투(1)

과학은 원인과 결과의 연관성, 소위 인과성에 해당하는 것을 문제로 삼는다. 연못에 돌을 던지면 파문이 인다. 파문이 일면 연꽃이 흔들린다.—이것이 인과관계이다. 돌이 원인이고 파문이 결과이며 원인이 결과를 매개한다. 이것이 상식이다. 그러나 원인의 연관성을 생각해보면, 파문이라는 결과는 또한 연꽃을 흔들리게 하는 원인도 되는 것이므로, 이 점에서 결과와 원인의 직접적 통일이 존재한다. 다시 깊게 파고 들어가 생각해보면, 물의 파문이 돌의 결과라고 일방적으로 단정지어 버리는 것은 바람직하지 않다. 만약 물이 얼음이었다면 파문은 일어나지 않았을 것이다. 물 자체가 돌에 의해서 파문을 일으킬 성질을 가지고 있었던 것이 결국 파문의 원인의 하나라고 생각하지 않으면 안 된다. 외부의 원인이 결과를 매개할 뿐만 아니라 결과로서 생긴 현상의 내부에도 또한 원인이 존재하는 것으로 생각하지 않으면 안 된다. 국민이 보수적인 정부의 좋지 않은 정치로 고통받고 있다고 한다면 이러한 정치의 원인이 정부에게 있다는 것은 확실하지만 그 정부의 존재를 용납하는 국민에게도 역시 원인이 있기 때문에 정부만을 비난해서는 문제가 해결될 수 없다. 한편 돌도 파문을 일으키는 것에 의해 자기 자신의 존재형태에 변화가 생기며 이 또한 파문의 결과로 볼 수 있다. 좋지 않은 정치는 국민을 고생시키는 결과가 될 뿐만 아니라, 정부 자신을 몰락하게 하는 결과로도 되는 것이다. 원인과 결과는 이와 같이 상호작용으로서 보아야지 일방적인 매개의 작용만으로 판단해서는 안 된다.

예를 들어 보기로 하자. 인간은 대화하는 것에 의해 정신적으로 성장한다. A군과 B양이 결혼했다. 이제 두 사람의 결합이 성립되어 새로운 매개관계가 생긴 것이다. 자기는 자기 자신이고 타인은 타인이라고 보는 사고방식으로부터, 나아가서 자기도 상대에게는 타인이기 때문에 자기는 또한 타인으로도 존재하는 직접적인 연관관계로 볼 필요가 있다. 자기가 상대의 입장에 서서 자신을 타인으로서 객관적으로 파악하지 않는다면 상대방의 감정도 이해할 수 없다. 그리하여, 두 사람이 대화하게 되면 A군의 사상에 B양이 영향을 받고, 그 B양의 사상에 A군이 영향을 받는 형식으로 서로 상대의 사상을 자기 것으로 해서 B양이 A화(化)하고, A군이 B화하는 가운데 사상의 발전이 이루어지는 것이다. 이와 같이 대립물이 매개관계로 존재하면서, 또한 각자가 직접적으로 상대방의 성질을 받게 되는 구조를 가지고, 이러한 연관성이 심화되는 형태로서 발전이 이루어져

가는 것을 변증법에서는 대립물의 상호침투라고 부른다. 대립물이 단순히 연관되어 있다고 볼 뿐만 아니라 직접적인 면이 발전하고 침투해간다는 것을 지적하여 그 양면을 올바르게 구별하는 것이 요구되는 것이다.

이자는 어디서부터 생기는 것인가

A군은 불시에 닥쳐올 일에 대비해서 지금까지 Q은행에 수중의 돈을 저금해왔다. 금일 통장을 가지고 은행에 가보았더니, 이자가 500만 원 남짓 되었다. 은행이 이만한 돈을 A군에게 지불하는 것이다. 왜 그럴까? 이 돈은 어디에서부터 오는 것일까? A군이 이자 지불을 요청한다면 금고에 보관되어 있는 지폐다발에서 꺼내줄 것이다. 이 화폐는 다른 예금자가 저금한 것인지도 모르고 혹은 한국은행에서 새로 찍어낸 것을 가져온 것인지도 모르지만 그러한 개개의 지폐의 성질에 관계없이 일정한 금액이 지불된다. 어쨌든 이 경우 지폐가 어느 곳으로부터 오는가 하는 것은 우연적인 문제로 A군에게 이자를 지불해야 하는 필연성을 설명할 수 없는 것이다. 저금할 당시 Q은행과 A군 사이에는 이자를 지불한다는 약속이 맺어져 있기 때문에 그에게 직접 이자를 지불하는 것은 은행이지만 은행의 금고 속에서 지폐가 저절로 불어나는 것은 아니기 때문에 대체 어디에서 증식이 이루어지는가, 어디와 매개되어 있는 것인가라는 은행의 배후에 숨겨져 있는 관계를 찾아내지 않는다면 진짜 이자의 원천은 파악할 수 없는 것이다.

은행은 어쨌든 사회봉사를 위해서 있는 것이 아니라 돈을 모으기 위해 자본가가 경영하는 것이다. 이것이 금융자본가이다. 은행에는 대부계가 있어서 돈을 빌리려고 오는 고객의 용무를 맡아서 본다. 금융자본가는 A군을 비롯한 많은 사람들로부터 모은 돈을 산업자본가에게 대출한다. 돈을 대출한 이상 당연히 이자를 요구하고, 그 이자율은 A군 등에게 지불할 이자보다는 훨씬 높아 예금자에게 이자를 지불하고도 충분히 남는다. 여기에서 금융자본가의 이윤이 생기는 것이다. 설사 이윤율은 낮다 하여도 금액이 크기 때문에 그 이윤은 매우 큰 것이다. 산업자본가는 은행으로부터 돈을 빌리면 그 빌린 순간부터 이자를 지불하지 않으면 안 되지만 아직 이 시기에는 산업자본가는 돈을 자기의 자본으로서 사용하고 있지는 않다. 이 돈을 빌려준 금융자본가의 입장에서는 자본이지만 빌린 산업자본가의 입장에서는 아직 자본이 아닌 것이다. 우선 이 (산업)자본가는 그것을 자본으로 전화시켜야 한다. 그러나 그것(전화시킨다는 것)은 빌려준 자와 빌린 자 사이에 이루어지는 거래의 훨씬 다른 저편에 있는 것이다. 빌려준 자와 빌린 자 사이의 거래에 있어서는 해당 매개관계는 소멸되어 볼 수 없지만, 그러나 직접적으로 그 속에 포함되어 있다. 결국 산업자본가는 아무런 계획도 없이 돈을 빌린 것이 아니라, 자기가 그것을 자본으로 전화하여 은행에 지불해야 할 것 이상의 이윤을 올려야 한다는 그야말로 당연한 식견을 가지고 아직 이윤이 생기지 않은 상태에서 자기 나름대로의 계산에 의해 이자를 지불하는 것이다. 그 계획의 실현은 미래의 일이지만 그것 없이는 돈을 빌리지 않았으리라는 의미에서 이미 매개관계는 전제되어 있는 것이다. 그렇게 되면 결국 산업자본가에게 고용되어 매일 생산을 하는 노동자의 노동의 결정(結晶)이 노동자에게 지불되는 가치 이상으로 생산되어 산업자본가의 손에 굴러들어가는 잉여가치[48]가 A

군의 진정한 이자의 원천이라고 말할 수 있다. A군이 노동자라고 한다면 자기들의 저축이 자신들의 잉여가치를 흡수하는 도구로 사용되어, 그 중 극히 일부가 자신들의 수중에 떨어진다는 것을, 마치 돈이 돈을 낳는 것으로 생각하고 즐거워하는 기묘한 관계가 존재하는 것이다. 이러한 순환이 괴로운 현실인 것이다. 자식들이 학교에서 저금을 하고 이자가 불어나는 것 따위로 즐거워한다 해도 실제로는 부모들이 이루어 놓은 피와 땀의 결정(結晶)의 극히 일부분을 받고 있음에 지나지 않는 것이다. 이것은 즐거워해야 할 것인가? 학교의 선생님은 이것을 어떻게 설명할 수 있을 것인지 궁금하다.

A군은 어쨌든 단지 이자를 받는 것만을 목적으로 은행에 돈을 가지고 가는 것은 아니다. 장롱에 숨겨두는 것만으로 도둑맞을 위험이 있기도 하고, 화재에 타버리게 되면 또한 곤란하다. 안전하게 보관하고 싶은 것이 첫째 목적이다. '안전한 보관소로서는 누가 뭐라 해도 은행이 제일이다.' —이것이 많은 예금자의 감정일 것이다.

확실히 은행은 편리하다. 그러나 저금을 하면 아무리 소액일지라도 자본의 일부로 공급되고 아무리 소액일지라도 이자를 받는 이상, 예금자 또한 자본가로서의 성격을 가지는 것은 부정할 수 없다. 여기에 자본가의 맹아가 있다. 노동자가 저금을 하는 경우에는 그가 그것 때문에 노동자가 되지 않을 수는 없지만 또한 자본가로서의 일면을 가지는 것도 부정할 수 없다. 이것이 자본주의 사회에 있어서 노동자의 자본가화, 즉 상호침투의 한 형태이다. 이 침투는 노동자의 수중에 있는 화폐도 자본가의 손

48) 이에 대해서는 167쪽 (6)에 설명되어 있다.—저자

을 거쳐서 자본을 강화·발전시키는 것을 의미한다. 더 나아가서 노동자와 퇴직금을 은행에 저금시키고 그 이자로 생활을 영위하는 경우는 이미 맹아가 아니라 확실한 기생생활이다. 자본가와 하나가 되어 노동자가 창출한 가치를 취하여 자본가가 취하는 부분의 일부를 얻어 생활하는 인간이다. 자신은 아무리 하고 싶은 생각이 없다 해도 외관상 아무리 아니라고 해도, 그 저금에 의해 자본가의 역할을 행하고 있는 인간이다.

한편, 자본가도 자신의 사업계획을 세워 그것을 실행하지 않으면 안 된다. 그는 '작업의 명령자'로서 생산과정에 있어서 하나의 능동적인 역할을 연출한다. 그는 그러한 의미에서 결국 일하지 않으면 안 된다. 그와 같은 직능이 자본제 생산의 특수형태로부터 생기는 한, ……취득과 관련되는 형태의, 또한 사용인에게 맡길 수 있는 그러한 노동은 바로 임금 근로자의 일과 같이 생산물의 가치 속에 들어가는 것으로서, 이것은 노예제도에 있어서 노예감시인의 노동이 바로 노동자의 노동처럼 지불되지 않으면 안 되는 것과 완전히 같은 것이다. 자본가가 비난을 받으면 입을 모아서 '나도 고생하고 노력해서 경영하기 때문에 그 노력에 대한 보수를 받는 것은 당연하다'고 답하겠지만 거기에는 일면 진리가 내포되어 있으면서도 부당한 과장이 있다. 그 노동이 모두 생산물의 가치를 창출한 것이 아니며, 노동자의 임금을 적게 주기 위해 고생하고 노력하는 따위의 무가치한 노동도 큰 부분을 점유하고 있으므로, 이 부분에 대하여 보수를 요구할 수 있다는 주장은 난센스일 것이다. 또한 가치를 창출하는 노동이라 해도 사람을 고용하여 그에게 맡기고 자기는 아무것도 안 하고 놀 수도 있는 것이다. 그러면 그 사용인에게 임금으로 지불한 부분을 빼고 나서도 남게 되는 자본가의 수입은 도대체 무엇인가라는 문제에 답해야만 할 것이다. 그러나 그것은 그렇다 치고 자본주의 생산의 진보, 대기업 경영으로의 발전은 당연히 노동의 명령자로서의 노동을 비약적으로 발전시켰다. 그 때문에 자본가는 복잡하게 팽배해 가고 있는 경영과 관리의 노동을 능력이 출중한 많은 사용인에게 맡기지 않을 수 없게 된다. 이 또한 하나의 침투형태이다.

대립물의 상호침투(2)

헤겔은 그의 『대논리학』에서 "첫째 양(量)에서 질(質)로의 전화 및 질에서 양으로의 전화 법칙, 둘째 대립물의 상호침투의 법칙, 셋째 부정의 부정의 법칙" 등 세 가지 법칙이 있음을 앞에서 기술한 바 있다.

이 세 법칙은 모두 헤겔에 의해서 확립된 것으로 관념론적 사유형태를 지니고 있다. 첫째의 법칙은 『논리학』의 제1부 「존재론」에서 전개되었고, 둘째의 법칙은 역시 『논리학』의 제2부 「본질론」으로 '본질론' 전체를 차지하고 있으며, 마지막으로 셋째의 법칙49)은 전 세계에 대한 근본법칙으로서 역할을 하고 있다. 이에 대하여 현재의 변증법 교과서는 모든 사물이 연관되어 있고 서로 의존하고 서로 제약하고 있다는 것을 주장하는

49) 여기서 말하는 셋째의 법칙은 헤겔이 그의 『논리학』 제3부 「개념론」 중 제일 마지막 장에서 언급하고 있다. 그러나 이 부정의 부정의 법칙은 그의 『정신현상학』(임석진 역), 58쪽 '서문'에서도 언급하고 있는데, 예컨대 "꽃봉오리가 활짝 피어나면 그것은 반드시 소멸되게 마련이거니와 이때 그 봉오리는 새로 피어난 꽃에 의해서 부정된다고 할 수 있다. 이렇듯 만개한 꽃은 오히려 그 자신이 거두어들인 열매로 인해서 식물의 거짓된 현존재(falshes Dasein)임이 밝혀지면서 마침내 그 열매는 꽃봉오리를 대신해서 식물의 진리로서 등장한다"이다.— 저자

데 그치거나 혹은 대립물이 통일된다고 하는 것을 역설하는 것일 뿐 그 연관성의 구조에 대해, 매개적 통일과 직접적인 통일과의 통일된 구조에 대해, 상호침투의 구조에 대해 구체적으로 설명하고 있는 것은 없다. 자기 스스로 변증법을 과학적인 연구에 활용하려고 한다면 조만간에 '상호침투의 법칙'을 받아들이는 것이 얼마나 중요한가를 깨달아야 할 것이다. 변증법을 연구에 적용하려 하지 않고 지도자가 남긴 말만을 성서처럼 믿는다면 상호침투의 중요성을 무시하는 것이 된다. 왜냐하면 수많은 사람들이 변증법에 대해서 논했다 해도 상호침투를 받아들이지 않았고 많은 사람들이 상호침투를 동일성으로 해석하고 이해하였기 때문이다.

"'대립으로부터 상호침투'로 '상호침투로부터 상호전화'로 '부정의 부정'으로"라고 하는 발전의 이론 구조를 이해하는 것이 얼마나 중요한가, 이 이론을 이해함으로써 각 학파에 따라서 어떠한 성과를 올렸다던가, 우리들의 연구에 어떻게 기여를 하는가, 이러한 이해가 결핍되면 어떠한 실패를 초래할 것인가 등에 대해서 이제부터 상술하고자 한다.

(3) 인식론과 변증법 ①

영원한 진리

"김대중 전 대통령은 남자이다." "1945년 8월 15일 우리나라가 해방되었다." "5.18 민주화운동은 1980년 5월 19일 광주에서 일어났다." 당신은 이러한 사실들을 인정하는가? 만약 이러한 사실들이 틀렸다든가 믿을 수 없다고 주장하지 않고 옳다고 인정한다면, 당신은 이러한 사실들이 진리라고 인정한다는 뜻이다. 이러한 사실들이 점차 변경된다고 생각하지 않고 언제까지나 진리로서의 자격을 잃어버리지 않는다고 생각한다면 당신은 이러한 사실들을 영원한 진리로 인정하는 것이다. 진리는 사람의 머릿속에서 외부세계를 반영하여 성립되는 것이기 때문에 진리도 발생하고 소멸하는 존재임에는 틀림없으나, 그렇다고 해서 진리로서의 성격이 부정되는 것은 아니며 틀렸다고도 할 수 없으므로 이러한 사실들은 영원한 진리라고 할 수 있기에 절대적 진리라고 말한다.

관념론자의 모사설 비판

진리는 누구나 쉽게 생각할 수 있고 미치지 않는 한 당연히 진리임을 의심하지 않겠지만 이를 의심하는 학자가 있기 때문에 문제이다. 인간의 인식이 객관적인 외부세계의 영상이라는 사고방식은 과거부터 모사설(模寫說)로 알려져 왔다. 유물론자는 인식을 모사라고 주장하고 관념론자는 이를 부정하는 철학자 간의 논쟁이 그리스 이래 오늘날까지 계속되고 있다. 모사설은 인식은 외부에 있는 실재의 영상이라는 학설을 말한다. 이미 플라톤은 외부의 사물에서 미립자가 날아와서 인간 속에 그 사물의 영상을 만든다고 했다. 또한 플라톤의 인식론은 원래 상기설(想起說)로 이것은 한편으로 인식은 이데아의 영상임을 나타내면서도 다른 한편으로는 '본유관념적' 요소도 포함하고 있다. 중세의 스콜라 철학은 사물의 인식은 신의 빛을 받은 사물의 영상이 인간 안에서 결합된다는 모사설을 내세우고 있지만, 신에 대한 인식은 일반적으로 신앙과 일치한다고 하기 때문에 동시에 모사설을 부정하는 측면을 지닌다.

근세의 경험론은 경험(인식)은 마음에 외계가 인상(印象)된다는 점에서 모사설이다. 그러나 로크는 반성의 경우에는 외계에 없는 마음 자체의 활동을 인식한다는 점에서 모사설에 일정한 제한을 둘 것을 주장한다. 프랑스의 유물론도 로크의 학설을 이어받아, 한편으로 이성은 자연의 빛이고 자연의 자손인 인간에게 본유적인 것이라 하여 선천주의(先天主義)에 양보하고 주관주의적인 직관주의의 길을 걷는다.

모사설을 가장 철저히 따르는 것은 변증법적 유물론이다. 그것은 우선 감각은 의식과 외계와의 직접적인 연관이고, 감각에 의해 외계의 자극이 의식의 사실로 전화한다고 설명한다. 다음에 사고는 다양한, 서로 모순되는 감각을 개념·판단·추리로써 정리하고, 통일적인 영상을 만든다. 외계로부터 감각에로의, 감각으로부터 사고에로의 이행은 외계에 대한 인간의 실천과정에서 일어나는 것이다. 그리하여 이 실천과정에서 상술한 통일적인 영상이 검증됨으로써 그 영상의 정확성이 명확하게 드러난다. 실천이 생산활동을 기초로 하는 역사적인 과정이기 때문에, 인식(외계의 모사) 또한 역사적으로 탐구한다. 그리하여, 진리는, 상대적인 것으로부터 절대적인 것을 향해 나아간다고 말한다.[50] 그럼 관념론자의 말을 들어보자.

"사람은 어떤 생각의 옳고 그름을 판단하는 기준으로 무엇을 채택하는가? ……우리가 마음속으로 생각하는 바(표상)와 외부세계의 실물(실재)이 완전히 일치하면 옳음, 그렇지 않으면 틀림, 환언하면 시각, 청각, 촉각 등을 통하여 얻는 외부세계의

---

50) 윤병태외 지음, 『철학대사전』(중원문화, 2023), 매개항 참조.— 저자

사실을 모사하고 실재와 일치하고 있는지의 여부를 기준으로 하여 어떤 사고방식이 옳은지 그른지를 판단한다. 이러한 판단기준을 가진 사고방법을 우리는 모사설 혹은 모사적 진리관이라 부른다.

그러나 모든 진리를 단순히 이들 양자의 일치라든가 모사관계로 결정할 수 있을까? 물론 지금도 이러한 모사설을 주장하는 학자는 거의 없고 과거에도 거의 없었다고 해도 좋다. 그러나 이러한 사고방식은 일반인들의 상식 속에 깊이 자리 잡고 있어서 항상 어디선가에서 머리를 들이댄다. 그러므로 우리는 이러한 사고방식, 아니 이러한 소박한 사고방식을 먼저 비판해야 한다."51)

여기서 말하는 모사설이란 '완전히 일치하거나' '실재 그 자체와 일치하는' 묘사를 주장하는 이론이라는 점을 주의할 필요가 있다. 그런데 벌거숭이 임금님에 대하여 어린이의 상식적이고 소박한 사고방식을 정직하게 말했음에도 그 임금님은 이렇게 부정했을 것이다.

"동일한 이에 의해 자극되는 감각기관이 다르게 반응하여 다른 감각을 일으킨다. 예를 들면 외부에서 전기적 자극을 가하면 눈은 빛으로 느끼고 피부는 아픔으로 느낀다. 이런 경우 전기가 빛이라든가 아픔이라고 하지만 실제로는 그것이 전기 자체의 성질은 아니라는 사실을 인정할 수 있을 것이다. 감각적 지각이 외부세계 사물의 모사가 아님을 이를 통하여 명백히 알 수 있다. 이처럼 가장 모사적으로 보이기 쉬운 간단한 지각의 경우에서조차 그렇다면 다른 복잡한 지식에 대하여 이러한 모사적 기준이 적용되기 어렵다는 것은 당연하다. 실재의 모사라고 생각할 수 없는 지식이 많이 있다. 예를 들면 역사 등에서 볼 수 있듯이 역사적 지식은 과거의 사건을 그대로 복사한다고 생각하기 쉬워도 실은 그대로 복사하는 것이 아니고 선택

---

51) 일본 서적, 『哲學事典』(平凡社, 1975), 모사설 항목 참조.—저자

하는 원리나 통일하는 원리가 있기 때문에 다양한 역사적 사실을 취사선택하여 역사적인 인과관계에 따라서 배치·통합한다. 따라서 역사는 과거의 인류가 각 시대에 경험한 그대로의 재현은 아니다. 기타 일반적으로 기술적(記述的)인 자연과학(동물학, 식물학 등)의 경우도 마찬가지이다.

그렇지만, 우리는 이처럼 실재가 그대로 모사되지 않은 지식에도 진리가 존재함을 인정한다. 왜 그럴까.

우리는 외적인 실재 그대로의 모사뿐만 아니라 이러한 모사적 관계가 전혀 성립할 수 없는 경우에도 진리인 지식이 존재한다는 사실을 인정한다. 원형인 실재, 소위 외적세계가 전혀 없는 것과 마찬가지인 경우(예를 들면 수학, 물리학 등)에서 볼 수 있는 진리이다. 점이라든가 선, 혹은 원자는 결코 눈과 귀로는 경험할 수 없는 초감각적인 것이 아닐까. 특히 수학에서의 $\sqrt{-1}$ 과 같은 허수(虛數)에 관한 지식은 어떠한가? 그래도 사람은 예부터 수학을 가장 확실한 학문으로 생각하지 않았던가. …… 좌우간 모사설의 소위 실재라는 사고방식이나 모사한다는 사고방식은 정정을 요한다."[52]

벌거숭이 임금님이 이렇게 대답하면 어린 아이는 알아들을 수도 또 귀담아 듣지도 않을 것이다. 하지만 이리하여 결국 사실이라는 실재가 부정되어 버린 것이다. "김대중 전 대통령은 남자이다." "1945년 8월 15일 우리나라가 일제로부터 해방되었다"는 사실도, 대통령과 일제로부터의 해방에 관한 것은 '경험한 그대로를 재현'한 것이 아니므로, 즉 '실재가 모사되지 않은 지식'임에도 불구하고 진리로 취급된다. 따라서 모사설은 틀렸고 실재를 승인하는 것도 잘못이다. 우리는 부모에 관하여 우리가 철이

---

52) 三浦つとむ 著, 『弁証法はどういう科学か』(講談社, 1960), 82~83쪽.— 저자

든 후의 것밖에 알지 못하고 부모에 관한 지식은 실재와 일치하는 모사가 아니므로 부모가 자기를 낳았다든가 부모가 실재한다는 사실은 의심스럽다고 하는 것과 마찬가지이다. 사진은 실물과 크기도 다르고 평면이고 색도 없기 때문에 실물의 모사라고 할 수 없다고 하는 것과 마찬가지이다.

'완전히 일치한' 모사설이 성립할 수 없는 이상, 모사나 실재를 부정해야 한다는 지식인들의 주장은 이미 19세기 중반에 독일의 노동철학자에 의해 올바르게 반박되었다.

"우리는 어떻게 해서든지 모든 객체를 인식하려고 하지만 모든 객체를 다 인식하고 다 알아내고 다 파악해낼 수는 없다. 환언하면 객체는 인식 속으로 소멸하는 것은 아니다. 두뇌 속에는 사물의 무한한 다양성과 풍부한 성질을 집어넣을 여지가 없다."

"완전한 인식은 일정한 한계 내에서만 가능하다. 완전한 진리란 항상 자기의 불완전을 인식하고 있는 진리이다."53)

현실세계는 시간적·공간적으로 무한하여 셀 수 없을 정도의 많은 사물로 구성되어 있다. 그러나 인간의 인식에는 한계가 있다. 따라서 있는 그대로의 완전한 모사는 일정한 한계 내에서만 가능하며 이러한 한계가 있다고 해서 그것은 모사가 아니라든가 실재가 의심스럽다는 등의 결론을 내리는 것은 잘못이다. 이것이 앞에서 언급된 디츠겐의 반박이다. 이러한 인식은

53) 앞의 책, 84쪽. — 저자

완전한 모사인 동시에 불완전한 모사라고 하는 것이 실은 올바른 모사설인 것이다.

절대적 진리와 상대적 진리

아래 내용은 초등학생이 배우는 수학으로, 아무도 진리임을 의심하지 않는다. 현실이 이들의 옳음을 증명한다.

"1에 1을 더하면 2가 된다."

"9÷2=4.5"

한 사람의 학생이 있는데 또 한 사람이 더 오면 확실히 두 사람이 된다. 9kg의 쌀을 이등분하면 확실히 4.5kg이 된다. 그래서 이러한 산수는 모든 경우에 진리이고 '절대적 진리'라고 생각해도 좋은가? 만약 솥에 쌀을 1ℓ 넣고 물을 1ℓ 넣는다면 2ℓ가 되는가, 9명의 학생을 두 조로 나누면 한 조는 4.5명으로 되는가? 그렇게 되지 않는다.

바로 이승만 정권 시절, 헌법상 대통령이 3선을 할 수 없는 제한을 철폐하기 위해 당시의 집권당인 자유당(自由黨)이 사사오입의 논리를 적용시켜 정족수 미달의 헌법개정안을 불법 통과시킨 제2차 헌법 개정이 일어났는데, 바로 사람은 반(半) 명이 있을 수 없기에 3선 개헌안을 통과시킨다는 것이었다. 요컨대 이러한 수학은 많은 경우에서 옳기 때문에 그 범위 내에서는 절대적 진리라고 할 수 있지만 이러한 셈이 꼭 들어맞지 않고, 억지로 맞추려 하면 오류가 되는 경우도 있기 때문에 절대적 진리라고 할 수는 없다. 이것은 '상대적 진리'라고 부른다. 따라서 과학이라고 불리는 이론체계는 '상대적 진리'이다.

진리와 오류의 상호전화

'김대중 전 대통령은 남자이다'라든가 '우리나라의 해방은 8월 15일이었다'는 등의 진리를 우리는 일상생활 속에서 하나씩 받아들여 유용하게 사용한다. 1에 1을 더하면 2가 된다는 공식도 역시 받아들여 때로는 꼭 들어맞지 않는 경우에 적용하기도 하는 실수를 하면서도 대부분의 경우에는 유용하게 사용하고 있다. 이러한 경험으로부터 진리는 영원하고 절대적이라는 사고방식이 고정화되고 나아가 이러한 진리가 사회와 경제와 도덕 등의 분야에도 당연히 존재한다고 생각하게 된다. 이들 분야에서 과학이 상대적 진리로서의 성격을 표면화하면 이번에는 이들이 과학이라는 것을 의심한다든지 '불완전'한 과학적 진리 이외에, 과학이 받아들일 수 없는 사물의 인식이 있고 '절대자'에 관한 인식인 '종교적 진리라는 것이 있지 않을까'라고까지 생각하게 된다. 관념론 철학자가 한 말이 옳은 것처럼 생각되는 것이다. 변증법적으로 다시 생각해 보면 이와 같은 전락(轉落)은 막을 수 있다. 변증법이 진리와 오류의 올바른 관계를 가르쳐 주기 때문이다.

"사물의 상태에 대한 인간의 인식이 그 사물과 일치하고 있는 것을 참(=진리)이라고 한다. 이것에 대해서 일치하고 있지 않을 때는 거짓(=오류)이라고 한다. 그런데 일치라고 하는 것에 대한 이해에 유물론적 입장과 관념론적 입장이 대립된다. 유물론에서는 사물은 인간이 인식하느냐 안 하느냐에 관계없이 그 자체로서 실재하고 있고 이것을 인간의 의식이 반영할 때, 그 반영인 관념이 객관적인 실재에 일치하고 있다고 한다. 관념론에서는 인간이 관념으로서 가지는 사물이, 인식하는 의식 그 자체가 본래 가지고 있어야 하는 것에 일치하고 있는가 어떤가가 문제이며, 이것에는 객관적 관념론과 주관적 관념론에서 생각하는 방식의 차이가 있다."[54]

"진리와 오류는 양극적인 대립을 이루며 운동하는 모든 사유규정과 마찬가지로 극히 한정된 영역에서만 타당성을 가진다. ……진리와 오류의 대립은 상대적이 되고 따라서 정확하고 과학적인 표현방식으로 유익하게 사용할 수 있다. 그러나 만약 우리가 이 대립을 절대적으로 타당한 것으로 보고, 다른 영역에서 적용하려 하면 그야말로 파탄에 빠져 버리게 된다. 대립물의 양극은 그의 반대물로 전화하고 진리는 오류가 되어 오류는 진리가 된다."[55]

절대적이라든가 상대적이라고 하는 것은 오류와의 대립이 절대적이라든가 상대적이라는 의미에서이다. 과학을 상대적 진리라고 하는 것은 많은 경우 옳지만 약간의 경우에는 꼭 들어맞지 않고 억지로 끼워 맞추려 하면 오류가 되어버리는 경우도 있다는 의미이다. 과거 미·소 논쟁에서 미국이 정의의 전쟁과 불의의 전쟁으로 구별하는 것은 모든 경우에서 다 맞다고 주장하는데 이는 변증법을 벗어난 주장이다. 이러한 구별도 많은 경우에서는 옳겠지만 인류 전체가 멸망할 수도 없는 상대적 진리이다. 따라서 이러한 구별을 핵전쟁에 적용하면 지금까지의 진리는 오류가 되고, 정의의 전쟁조차 부정하는 절대평화주의자의 오류가 진리로 전화한다.

54) 윤병태외 지음, 『철학대사전』(중원문화, 2023).— 저자

55) 三浦つとむ 著, 『弁証法はどういう科学か』(講談社, 1960), 86쪽 — 저자

상대적 오류

변증법은 상대론을 포함하고 있지만 모든 것은 상대적이어서 절대적인 것은 결코 인정하지 않는 상대주의는 아니다. 진리는 상대적이라고 주장하지만 매우 한정된 범위에서는 절대적인 것을 부인하지는 않는다. 오류에 관해서도 마찬가지이다. "김대중 전 대통령은 여자이다"라고 하는 것처럼 누가 생각하더라도 틀린 인식에 있어서도 김대중이라는 인간의 존재를 인정한다는 진리가 포함되어 있다. 이를 상대적 오류라고 한다. 이에 대하여 형이상학적으로 상대적이라면 절대적인 것을 배재하는 사고방식을 가진 철학자는 진리가 상대적이라는 것을 지나치게 강조하여 현실세계에 살고 있는 인간의 인식이 외부세계의 영상이라는 것조차 부인하게 된다. 이러한 철학을 믿고 깊이 생각해 보면 일상생활에서 얻은 진리가 모두 의심스럽게 되어, 모든 것이 불가해(不可解)하게 되고 혼돈의 경지로 빠져들어 버리게 된다.

'저것인가, 이것인가'와 '저것도 이것도'
'철수는 남자인가, 여자인가.' → '남자이다.'
"이 핸드백은 가죽입니까, 비닐입니까." → "비닐입니다."

우리들은 일상생활 속에서 부딪히는 많은 문제를 이런 식으로 제기하고 이런 식으로 대답한다. 이렇게 하여 진리를 파악한다. 그래서 이러한 문제 제기방식과 대답방식이 몸에 배어 무슨 일이든지 이런 식으로 묻고 대답해 버리려고 한다. 예를 들면 편지는 "길게 쓰는 것이 좋은가 짧게 쓰는 것이 좋은가"라고 물으면 어느 한 쪽으로 결정지어 버리려 한다. 그러나 바른 대답은 조건과 경우에 따라 길게 쓸 수도 있고 짧게 쓸 수도 있는 것이다.

김대중 전 대통령의 성별은 일생 동안 변하지 않았으며 고인이 되셨어도 그 성별은 고정된 것이다. 완성된 핸드백의 재질도 변하지 않는다. 이처럼 성질이 변화하지 않는 것, 고정된 것을 다룰 때에는 '저것인가 이것인가'라는 질문을 하고 '이것' 혹은 '저것'으로 대답할 수 있다. 그러나 이런 방식으로 다룰 수 있는 범위는 한정되어 있다. 변화·운동하는 것은 이런 식으로 다룰 수 없다. 절대적으로 이것 혹은 저것이라고 결정해 버리지 않고 조건에 따라 저것도 이것도라고 인정하는 것이 옳다. 디츠겐의 『인간 두뇌작용의 본질』을 참조해 보겠다.

"진리는 어떤 일정한 조건하에서만 진리이고 어떤 조건하에서는 오류가 전화되어 진리로 된다. 태양이 빛난다는 사실은 진리이지만 하늘에 구름이 끼지 않았다는 것을 전제로 한다. 곧은 막대기도 물속에 담그면 휘어 보이는 것도 시각적 진리로 한정해서 보면 마찬가지로 진리이다……(중략)……오류가 진리와 다른 점은, 오류는 일정한 사실에 대하여 감각적 경험이 알고 있는 이상으로 보다 크고 보다 넓고 보다 일반적인 사실을 지나치게 인식하는 데 있다. 오류의 본질은 일탈이다. 유리로 된 옥구슬은 진짜 옥구슬인 것처럼 가장할 때 가짜가 된다."[56]

"새로운 정치적(그러나 정치적만이 아닌) 이념을 믿지 않거나 그를 해치는 가장 확실한 방법은, 그것을 옹호한다는 명목으로 거꾸로 뒤집어 놓는 것이다. 왜냐하면, 모든 진리는 만일 그것이 지나치게 되면, 디츠겐이 말했던 것처럼 그것을 과장하면 즉 실제로 적용될 수 있는 한계보다 더 확대하여 적용하면 오류가 되어버리기 때문

56) 앞의 책, 88쪽 재인용 — 저자

이다."[57]

"어떤 현상이라도 주위의 조건과의 연관을 무시하고 조건들로부터 단절시켜서 생각하게 되면 난센스로 된다……(중략)……모든 것은 조건과 연관되어 있다."[58]

이것이 변증법이다. 진리는 진리, 오류는 오류로 고정되어 변화하지 않는다는 사고방식은 형이상학이다. 진리도 일정한 조건하에서는 오류로 전화한다는 매개관계를 인정하는 것이 변증법이다. 즉 변증법은 어떤 인식은 어떤 사물에 대해서는 진리인 동시에 다른 어떤 사물에 대해서는 오류라는 대립물의 직접적 동일성을 인정하고 이것인가 저것인가가 아니라 이것도 되고 저것도 되는 것을 인정한다.

현실세계는 시간적·공간적으로 무한하며 또 무수히 많은 사물로 구성되어 있다. 인간은 이 무한한 세계를 항상 유한하게밖에 인식할 수 없다는 것은 모순이지만, 바로 이런 모순이 있기 때문에 모든 인식은 일정한 한계 내에서만 완전하며 대상 전체에 대해서는 불완전하다는 완전과 불완전의 통일이 생기고 무지로부터 지식이 생기는 인식의 운동, 발전이 일어난다. 진리가 오류로 되는 인식의 운동도 현실세계의 질적인 다양성과 객관적으로 존재하는 여러 가지 한계에 기초하고 있다. 일정한 한계 내에서 올바른 인식을 한계 이상으로 지나치게 확장할 때 오류가 생긴다. 그러므로 인간의 인식이 모순 위에 서 있는 이상, 오류는 인간의 인식에 있어서 기본적인 것이어서 어떤 사람이라도 오류를 범하지 않을 수는 없다.

---

57) 앞의 책, 89쪽 재인용—저자

58) 앞의 책, 89쪽 재인용—저자

아무리 이상적인 사회가 오더라도 오류가 소멸되는 것은 아니다. 진리에 대해서 형이상학적으로 생각하고 오류는 인식에 있어서 우연적, 예외적인 것이라고 생각하는 사람들은, 현명한 사람은 결코 오류를 범하지 않는다고 생각하고 실제로 이런 사람이 존재한다는 공상을 품는다. 헤겔이나 맑스, 키르케고르, 사르트르,59) 루카치60) 등은 인간이기 때문에 오류를 범할 수도 있다. 반(反)맑스주의자들은 그러한 작은 오류를 확대하여 맑스주의는 틀렸다고 이론 전체를 부정한다. 이에 대하여 맑스학파 중에는 이론을 지지한 나머지 이들 지도자들의 인식 및 행동을 지나치게 과장하여 완전히 오류가 없는 한계가 전혀 없다고 신봉하는 사람도 있다. 오류를 범하지 않는 사람이 현명한 것은 아니다. 사실 그런 사람은 없다. 그다지 중대하지 않은 오류를 범하거나 범한 오류를 쉽게 고칠 수 있는 사람이 현명한 사람이다.

인식은 비슷한 것이다

변증법은 세계의 무한한 다양성과 인간 의식의 유한성의 모순이 어떠한 형태를 취하며 발전해 왔는가를 연구하고 이러한 모순이 인식의 내부에 어떠한 모순을 낳는가를 연구하여 올바른 모사설을 세울 필요가 있다.

인식은 외부세계의 가까운 것의 모사이다. 그러나 이 말의 배후에는 진리의 성격에 관한 올바른 이해가 포함되어 있어야 한다. 따라서 이 말만을 성경 구절처럼 암기하고 있어도 이는 인식의 본질을 올바로 이해한

59) 사르트르(Jean Paul Sartre, 1905~1980) ; 프랑스 현대 실존 철학자.— 저자
60) 루카치(György Lukács, 1885~1971) ; 헝가리의 철학자 및 문학가.— 저자

것은 아니다. 인식이 가지고 있는 구조를 알고 그 모순과 운동이 비슷한 성질을 갖는 다는 이유를 확실하게 이해해야 한다.

(4) 인식론과 변증법 ②

인식은 발전한다

자연과학의 발전은 인간의 인식에 대해서 많은 점을 가르쳐 주었다. 모르는 것으로부터 아는 것이 생긴다는 것, 불충분한 지식으로부터 정확한 지식으로 나아가는 것, 처음에는 자연으로 존재했던 것이 인간의 손에 의해 개발되어 발전한다는 것을 가르쳐 주었다. 예를 들면 1927년에 영국의 플레밍(Alexander Fleming, 1881~1955)은 푸른곰팡이의 일종이 세균을 사멸시키는 물질을 만들어 내는 것을 발견하고 그것을 페니실린이라고 이름 붙였다. 화학자들은 이 물질의 구조를 연구하여 왜 그렇게 되는가를 검토하여 1944년에 이르러서는 살균력이 있는 페니실린의 합성에 성공했다. 플레밍의 발견 이전에는 인간은 페니실린의 존재를 알 수 없었지만, 그것은 페니실린이 실제로 존재하지 않았다는 것을 의미하는 것은 아니다. 페니실린이 존재한다는 것과 우리들이 그것에 대해서 알고 있다는 것과는 다르다. 인간의 인식으로부터 독립하여 모든 사물이 존재한다는 것을 인정하고 그 모든 사물에 대한 인식이 생겼을 때 모든 사물에 대한 영상이 주어질 때, 그것을 발견이라고 부르는 것—이것이 유물론적 사고방식이다. 처음에는 어떤 종류의 물질이 존재한다고 하는 감각적인 발견이라 해도 인간은 그게 계속해서 직접 눈으로 볼 수 없는 내부의 구조로 깊이 파고 들어간다. 지금까지의 화학의 지식을 기초로 해서 페니실린의 구조에 대한 예측을 하고 그 예측이 현실과 일치하는가, 아닌가를 실험에 의해서 확인한다. 합성이 성공하면 그것은 예측이 올바른 것임을 증명한다. 이것은 불충분한 지식으로부터 정확한 지식으로의 발전이다.

과거의 유물론이 인식을 모사(模寫)라고 생각했던 것이나 거울과 같이 외계를 모사하는 데 그친다고 생각했던 것들이 결국 틀린 것은 아니었지만 다만 그 사고방식이 일면적, 형이상학적이었기 때문에 관념론의 입장에서 가한 비판을 충분히 극복하지 못했던 것이다. 거울은 수동적으로 외계를 모사하는 데 그칠 뿐이기 때문에 잠겨 있는 문 저편에 누군가 방문객이 와도 그것을 모사할 수는 없다. 그러나 인간의 두뇌는 스스로 능동적으로 그에 상응하는 이미지를 창조한다. 그래서 문 저편의 연인의 아름다운 얼굴을 알아챈다든가, 권총을 가진 강도의 모습을 알아채는 것이다. 관념론자는 이와 같은 능동성에 관심을 가지고 그것은 외계와 관련이 없는 다른 경우로부터 생긴다고 관념론적으로 해석해 버렸다. 하지만 과거의 유물론은 인식이 외계로부터 상대적으로 독립해 있다는 것이나, 어떤 범위에서 독자적인 운동을 하고 있다는 것이나 그것이 가지각색의 모순을 가지고 있고 변증법적인 모순을 가지고 있다는 것을 올바르게 포착하여 외계와 인식 사이에 전개되는 다이내믹한 과정을 명백히 하는 능력을 가지지 못하였다. 그래서 관념론자가 인식의 능동성을 관념적으로 해석했던 때에도 그것을 부정하기만 할 뿐 올바른 이론을 제시하지 못하였다. 그때의 변증법은 과거의 유물론이나 관념론과 같이 인식이 객체로부터 상대적으로 독립해있다는 것을 지적하지만 더 나아가서 인식은 단지 수동적인 반영으로 그치는 것이 아니라 '능동적인 면을 가지고 있으며' '상상하고 예측한다'고 하는 형태로서 역으로 객체에 대해서 의문을 제기하고 있음을 올바르게 해명하고 있다.

가설과 과학

자연과학이나 사회과학에서도 상상하고 예측하는 형태의 이론 이른바 가설을 만든다. '금년의 프로축구는 어떤 팀이 이길까'라든가 '크리스마스 선물로는 무엇이 올 것인가'와 같이 개별적인 존재형태를 상상하고 예측하는 것이 아니라, '이러한 종류의 화합물은 이러한 성질을 가질 것이다'와 같이 보편적인 법칙성을 이론으로서 예측하는 것이 가설이다. 축구나 선물의 예측에서도 빗나갈지도 모른다고 생각하고 있으므로 예측이 절대로 올바르다고는 생각할 수 없다. 가장 먼저 도착할 것으로 예상했던 것이 두 번째로 도착하게 되었다든가, 위스키로 예상했던 것이 브랜디였다고 한다면 맞지 않았다고 말할 수 있어도 크게 틀리지는 않았다고 말하게 된다. 과학의 가설도 마찬가지로 절대적으로 바른 것은 생각할 수 없고, 따라서 어느 정도 정정해야만 하지 않을까, 또는 요점에서 빗나가지 않았을까, 아니면 처음부터 빗나간 것은 아닌가 등을 고려해야만 한다. 실험이나 실천의 결과, 또는 사실에 의해서 그 올바름이 증명된다면 그 부분은 가설로부터 과학으로 이행한다. 요점에서 빗나간 것으로 증명된다면 또 다른 가설을 생각하는 것이다.

과학의 성격은 대상의 차이나 단체의 차이로 변화한다. 자연과학과 사회과학은 다른 성격을 가지고 있으며 특수성으로서의 보편성의 인식과 그것을 초월한 보편성의 경우에 있어서는 이론으로서의 대상영역이 다르다. 그것들은 또한 가설의 성격차이에도 반영된다. 같은 인간도 자연과학으로 포착해 보면 1,000년 전과 변함이 없다고 말할 수 있지만, 사회과학으로 포착해 보면 100년 전과는 크게 다른 사회적인 여러 관계 속에 있다고 보지 않으면 안 된다. 자연과학은 '정밀'한 이론을 제출할 수 있지만 사회과학은 많은 조건 때문에 대상이 각양각색으로 규정되어 크게 변화할 뿐이며, 상당히 좁은 한계 가운데서조차 보편성의 인식이 성립하지 않아서 많은 조건이 결부된 이론을 제시할 수밖에 없다. 그렇기 때문에 영구적인 절대적인 진리를 동경하여 자연과학과 같은 '정밀'한 이론이야말로 진정한 과학이라고 생각하는 사람들은 똑같은 것을 사회과학에서 구하려고 하며, 그것이 만족되지 않는 것을 알게 되면 사회과학을 과학으로 인정하는 것조차 거부한다. 사회과학의 이론은 자연과학의 이론과 같은 보편타당성을 가지지 않는 것이 당연하다고는 생각하지 않는데 어디에서든 진리라고는 말할 수 없다는 것을 알게 되면 '그것은 과학이 아니고 가설이다'라고 주장한다. 사회과학을 현실에 적용한다 해도, 어느 정도까지 정정하지 않으면 안 된다거나 또한 요점에서 벗어났다거나 하는 것이 경험으로 볼 때 지금까지는 가설과 같은 것이다. 가설에 지나지 않는다고 결론짓는 것이다. 변증법은 과학이 아닌 모조과학이라고 하는 실용주의자들의 주장도 여기에 연관되어 있다.

불명료한 사물에 관한 이론

19세기 초에 출현한 위대한 공상적 사회주의자 중의 한 사람인 샤를르 푸리에[61]는 정규 학교교육을 받지 않고 독학으로 공부한 사상가이다. 하지만 그 비판은 대단히 예리한 것이었다. 푸리에는 동시대인 헤겔에게도 뒤지지 않는 수완으로 변증법을 구사하고 있다. 그것은 결코 이유 없는 것은 아니다. 그가 만년에 저술한 저서인 『산업적이며 사회적인 새 사회』 가운데에는 다음과 같은 비판이 있다.

"근래의 학자들이 자연에 관한 연구에 있어서 항시 실패하는 이유는 예외 또는 과도적(過渡的)인 것, 불명료한 것이 존재하기 때문이다."

TV에서 아이들을 즐겁게 하는 만화영화도 종이나 플라스틱 위에 그려진 회화를 한 장면으로 촬영한 것으로, 회화이면서 영화이기도 한 불명료한 존재이다. 이와 같은 존재를 올바로 해명할 수 있는 국가론이나 예술이야말로 비로소 과학의 이름에 어울린다고 말할 수 있을 것이다.

우리들이 매일 입에 담고 있는 말도 생각해보면 불명료한 존재라는 기분이 든다. "원숭이도 나무에서 떨어질 때가 있다."고 말할 때는 경험을 근거로 구체적인 사실의 형태로 말하는 것이다. 하지만 사전(辭典)에서 이를 설명할 때는 곱씹어 해석해도 제대로 이해되지 않는다. 이것은 "그 방면의 베테랑도 때로는 실패할 수 있다."라고 가르치는 것이다. 결국 겉으로 드러난 의미와 속에 감춰진 의미, 사실의 파악과 법칙성의 파악이라

61) 푸리에(Charles Fourier, 1772~1837) ; 프랑스의 공상적 사회주의자. 푸리에에 대하여 더 알고 싶은 분은 러시아아카데미연구소 발행 『세계철학사』(청사, 2017) 제4권을 참조하기 바란다.— 저자

는 이중의 의미를 지니고 있는 말이다. 동해바다의 해태가 물에 빠져 떠내려간다는 것도 이면의 의미는 그것과 같지만 해태는 공상적인 동물이기 때문에 겉으로 드러난 의미는 과학적으로 아무것도 아니며 공상에서밖에 존재하지 않는다. 겉으로 드러난 의미는 공상이면서 이면의 의미는 진리라는 것도 불명료한 표현이다. 앞에서도 설명한 바와 같이 말은 상식과 과학의 중간에 위치하는 존재로서 경험을 근거로 구체적인 법칙성을 이면의 의미로서 가르치고 있기에 과학과 가깝다고 하는 과도적인 위치를 접하고 있다.

인식의 거울과 물질의 거울

인식이 거울로서의 성격을 가지고 있다는 것은 그리스 시대부터 논의되어 왔지만 인식뿐만 아니라 물질도 또한 거울로서의 성격을 가진다는 것, 인식의 거울로서의 발전과 함께 물질의 거울로서의 성격도 발전한다고 하는 상호침투의 존재를 상정한 것은 맑스주의자였다. 이 점은 지금의 교과서에는 잊혀져 있기 때문에 조금 상세히 서술해 보기로 하자.

여러분은 자기의 얼굴을 바라본 적이 있는가. 거울이 있다면 "매일같이 거울을 바라본다"고 대답하는 사람도 있을 것이다. 그러나 바라보는 것은 얼굴이 아니다. 그것은 얼굴의 영상이다. 자기의 얼굴을 직접 바라보는 것은 아니다. 얼굴 → 거울 → 눈 이라는 과정을 거치지 않으면 안 된다. 물질적인 거울로 매개되어서 비로소 얼굴을 바라볼 수 있게 된 것이다. 거울에 비친 얼굴은 실물과 매우 유사하지만, 실은 실물과 달리 좌우가 바뀌어져 있다. 이것도 역시 유사한 영상이다. 하지만 얼굴에 묻은 게 없나 찾아보거나 면도를 할 때에는 이 영상만으로 충분하다. 거울의 면이 휘어져 있다면 상이 휘어져서 비치기 때문에 미녀가 괴물처럼 보일 수도 있지만 휘어져 있지 않는 한 믿어도 차질이 없다. 더욱이 특별한 요구에 따라 처음부터 휘어진 거울을 만드는 경우도 있다. 자동차의 바깥쪽에 부착되어 있는 백미러는 영상이 실물에 충실한 것보다도 넓은 범위를 비추어 줄 수 있는 편이 중요하기 때문에 충실도를 희생해서라도 휘어진 면을 골라서 사용한다.

거울이라면 누구나 빛을 반사하는 유리거울을 생각하지만 보다 넓게 생각해서 직접 볼 수 없는 것을 보기 위한 중개물을 거울이라고 부르기도 한다. 예부터 훌륭한 인간을 '타인의 귀감'이라고 부르고 있다. 인식론은 이와 같은 물질적인 거울과 인간의 인식과의 관계를 명확히 하지 않으면 안 된다. 우리들은 자신이 어떻게 태어났는가를 스스로 직접 알지 못하지만 매개적으로 아는 방법이 있다. 그것은 타인이 태어나는 것을 보는 방법이다. 타인이 태어나는 모습으로부터 자신도 필시 그와 같이 태어났으리라고 상상할 수 있다. 자신이 태어났던 형태에 대한 가설은 타인의 실천에 의해서 증명되는 것이다. 자신의 사후에 대해서도 똑같이 말할 수 있다. 자신이 죽은 후의 일을 자신이 직접 아는 것은 불가능하지만 타인이 죽은 후의 모습을 매개로 해서 자신도 그렇게 되리라고 상상할 수 있다. 이러한 경우 타인은 자신의 거울이다. '인간은 우선 타인이라고 하는 거울에 자신을 비추어본다'는 것이다. 타인이 모습에서 자신의 모습을 보기 때문에 서양에서는 "다른 사람이 흔들리는 것을 보고 나의 흔들림을 고친다"는 속담이 생겨났는데, 이 소박한 대중의 인식론은 지금의 철학

교과서보다도 앞질러 있다. 육안으로 볼 수 없는 세계를 볼 수 있게 해 주는 광학적인 매개물로는 현미경이나 망원경이 있다. 전파의 반사를 이용하여 영상을 만들어 내는 레이더나 영상을 전파에 의해 방송하는 텔레비전이나 그 전파를 매개로 하는 거울로서의 인공위성 등 과학은 거울의 역할을 하는 새로운 도구를 차례차례 창조하고 있다. 눈으로 볼 수 없는 원자나 전자, 방사능을 포착하는 가이거(독, Geiger) 계수관[62]을 사용하는 측정기도, 예사로 보아서는 아무런 변화도 없는 빛 가운데 특수한 선을 발견하여 원소의 소재를 확인하는 스펙트럼(spectrum) 분광기도, 결국 거울의 하나로서 생각할 수 있을 것이다. 모든 물질은 다른 동일한 종류의 물질의 거울로 사용될 가능성이 있으며 실험실 내에서의 실험의 성공은 공업화의 가능성을 보여주는 거울로서의 성격을 가지고 있다.

화학자가 어떤 훌륭한 이론을 만들어 낸다 해도 그것을 다른 사람이 바로 받아들이는 것은 아니다. 그것을 언어로 표현해서, 대화하거나 저술하지 않으면 머릿속의 인식을 다른 사람이 받아들일 수가 없다. 언어가 없이 문화를 건설하는 따위는 상상할 수도 없다. 언어는 인식을 음성이나 문자 등의 물질적인 형태로 투영하는 것이다. 회화(繪畫), 조각, 무용, 음악, 문학, 연극, 영화 등의 모든 예술도 작가의 정신적인 창조를 물질적 형태의 창조로써 투영하여 감상자가 그것으로부터 작가의 정신적인 세계로 접근해 들어가서 즐기는 존재이다. 그리하여 이들은 인간의 정신을 반영하는 물질적인 거울로서 창조될 수 있게 된다. 이런 것들을 표현(表現)이라고 부른다. 우리들이 생활에 필요한 물품을 만들 때는 특별히 인식을

62) 방사선 검출기의 하나.— 저자

다른 사람에게 전하려는 의도는 아니라 해도, 물품을 설계하거나 디자인하는 것 자체가 결국 인식의 일종이기 때문에 완성된 물품에서 그 인식이 물질적으로 투영되는 것이다. 의복이 단지 추위를 막을 뿐만 아니라 그 형태나 색이나 무늬의 아름다움으로 눈을 즐겁게 해 주는 것은 말할 것까지도 없고 버무린 과자나 케이크도 형태나 색의 아름다움이 매력으로 나타난다. 의식주의 일단을 돌이켜 보기만 해도 우리들이 얼마나 다종다양한 거울에 둘러싸여, 의식하지 못한 채 그것을 통하여 많은 사람들의 개성적인 인식에 함께 섞여서 영향을 받으며 생활하는가가 이해될 수 있으며, 이른바 전통이 어떠한 형태로 우리를 에워싸고 우리들에게 침투해 들어왔는지도 이해하게 될 것이다.

거울은 단독으로만 존재하는 것이 아니라 이중 삼중으로 사용된다. 여성도 거울을 이중으로 사용하여 자기의 뒷모습을 스스로 바라본다. 다른 사람에게서 들은 말을 또 다른 사람에게 다시 말하고 듣고 전한다고 하는 행동양식은 거울에서 거울로, 이중으로 삼중으로 매개가 행해지기 때문에 도중에서 왜곡된다면 그것이 자기 다음의 거울에 투영되어서 최후가 최초와 크게 다르게 되는 것도 드물지 않다.

이상에서 언급한 바와 같은 물질 상호 간, 그리고 물질과 정신 간의 거울로서의 관계가 인간의 실천활동을 통하여 그물같이 서로 얽히고 확대되어간다는 사실을 올바르게 파악하고, 인식으로 불리는 거울의 발전은 또한 동시에 물질적인 거울의 새로운 형태를 창출하여 발전시킨다고 하는 상호침투를 구체적으로 지적함으로써 변증법의 입장에선 새로운 인식론이 성립한다.

과거의 인식론은 인식 그 자체의 존재형태를 문제로 삼는 데 불과했으나 변증법적 인식론에서는 세계 전체가 인식과의 사이에 상호 거울로서의 관계를 형성하는 구조를 창출하게 된다.

이론과 실천의 관계

우리들은 실천을 통하여 진리를 발견하고, 또 실천을 통하여 진리의 올바름을 입증하는데 거기에는 직접적인 형태로서 자기의 실천에 의해서 자신이 진리를 발견하고 자기가 발견했던 진리에 기초하여 자기의 실천을 진행하는 존재양식도 있다. 그러나 인간은 사회적인 활동을 하고 있으며 실천 역시 사회적인 장(場)에서 행해지기 때문에 타인의 실천과 자기의 실천 사이에 매개관계가 생길 수 있다. 타인의 실천으로부터 자신이 진리를 발견할 수도 있으며, 또 타인이 발견했던 진리를 빌어 받아서 자기의 실천으로 확립할 수도 있다. 초등학교 아이들의 교육 한 가지만을 돌이켜 보아도 이러한 매개관계가 복잡하게 교차하고 있음을 알 수 있다. 나아가 과학자들은 타인의 실험보고를 읽고 타인이 수립한 이론으로부터 열심히 배워야 할 필요가 있다. 이 매개관계를 명확하게 하고서야, 비로소 인식의 사회적인 성격을 올바르게 파악했다고 말할 수 있다. 어떤 사람이 스스로 세운 계획을 실천할 때는 그것을 실천했던 사람의 인식의 옳고 그름을 명백해야 그에게 진리를 일깨워 줄 뿐만 아니라, 이 실천을 연구하는 다른 사람의 인식에서 영향을 미쳐서 그들에게 진리를 일깨워 준다는 것을 잊어서는 안 된다. 실천한 사람 자신은 자신의 실패나 성공을 바르게 평가할 수도 또 올바른 태도를 지녔는지 어떤지 자신도 없고 능력도 없다

해도, 그것을 연구한 사람들은 그것을 바르게 평가하여 그로부터 바르게 배움으로써 많은 귀중한 진리를 발견했었던 예도 결코 드물지 않다.

과학은 첫째 다른 여러 나라의 경험을 평가할 것을 요구한다.—특히 기타 비슷한 자본주의적인 여러 나라가 아주 유사한 경험을 체험하고 있든가 그렇지 않으면 최근에 체험했던 경우에는 더욱 그러하다.

경험이 미숙한 나라에서 시작하고 있는 운동은 타국의 경험을 활용해야 비로소 성공할 수 있다. ……그러므로 이와 같이 활용하기 위해서는 단지 그러한 경험에 통달하거나, 또는 단지 최근의 결과를 모사하는 것만으로는 충분치 못하고 그러한 경험에 비판적인 태도를 가지고 임하여 자주적으로 이것을 검토해 보는 것이 필요하다.

하나의 실천은 다른 실천과 전혀 관계없이 고립해 있는 존재는 아니다. 개개의 실천은 각각 다른 조건하에서 행해지고 각양각색의 특수성을 가지고 있지만 그것을 일관하는 보편적인 성격이 있다.

다른 사람들이 실행했던 실천으로부터 배우는 것도 중요하지만 그것은 미국이나 영국에서 성공했던 방법이기 때문에 한국으로 그대로 가지고 들어오는 것이 가능하다라든가, UN 81개국의 정당이 토의하여 만들어낸 결의나 생명이기 때문에 그야말로 틀림없다고 생각해서는 안 된다. 그 토의 내용이나 의결의 내용을 우리 실정에 맞게 비판적인 태도로써 검토하는 것이 필요한 것이다.

또한 민주주의 국가의 지도자나 정당에서도 자신들의 성공이나 실패를 바로 발견하여 공개적으로 하는 것이 의무이며 실패를 숨겨서는 안 된다. 왜냐하면 현재의 실천의 성공과 실패는 과거의 실천의 올바른 이해와 평가에 근거하며 또한 미래의 실천의 성공과 실패를 예언하기 때문이다.

실천이야말로 중요한 것이고 이론은 실천을 통해서만 생긴다고 하는 것을 일면적으로 이해해서, 어쨌든 스스로 뛰어다니지 않으면 안 된다고 생각하고, 스스로 체험했던 것이 없는 사람이 주장하는 것은 탁상공론이라고 치부해버리는 결정도 잘못이다.

의사는 스스로 병을 체험하지 않고도 질병에 대한 바른 이론을 만들어서 환자에게 바른 요양법을 가르칠 수가 있다. 참모본부의 장교는 비와 같이 쏟아지는 탄환 가운데서 백병전을 해보지 않고도 전쟁에 대한 바른 전망을 세우고 바른 전술을 만들어 낼 수가 있다. 왜 그런가? 의사는 환자를 연구하고 타인의 실천을 이해하기 때문이다. 참모본부의 장교는 과거의 전쟁을 연구하고 전쟁에 관한 타인의 실천을 이해한 때문이다. 실천을 중시하지 않으면 안 된다는 것은 분주히 뛰어다니는 것이 최선이라는 의미가 아니라 '실천과 그 실천의 이해'가 중요하다는 것을 의미하는 것이다. 사회과학에 있어서도 의사가 필요하고 '참모본부의 장교'가 있지 않으면 안 된다는 것은 말할 나위도 없다. 이와 같은 전문가를 육성해내는 데에는 어쨌든 과거의 다양한 '질병'을 상세히 알지 않으면 안 된다. 이러한 전문가를 길러내기 위해서는 아무래도 과거의 여러 가지 '질병'을 상세하게 알아야 하고 과거의 '전쟁의 실패와 성공'을 연구할 수 있도록 배려하여야 한다. 과거 군사독재시절의 '독재'에 분석의 메스를 가하고 과거의 지도자의 실패를 연구하는 것은 군부에 대한 부당한 비방이라고 생각하여 입을 봉해 버리는 태도는 스스로의 목을 조르는 행위이다.

이론과 실천의 통일이라는 것은 전혀 이질의 개별적인 것이 결부되는 것은 아니다. 인식 가운데 실천이 포함된다는 것은 외부로부터 인식이 옳은가 그른가의 기준을 제시하는 것으로서 결부됨에 지나지 않는다. 인식은 바로 만들지 않으면 안 된다. 여기에서도 대립물은 상호침투란 형태로 존재한다. 다리나 터널이나 자동차 등의 설계를 할 때에, 기술자는 우선 머릿속에서 그것들을 창조한다. 그것은 단지 감각적이고 외면적인 이미지의 창조에 그치지 않고 자재의 생산이라든가, 운반이라든가, 연료의 공급이라든가, 그들은 실제로 창조하는 경우에 일어나게 되는 문제를 생각하고 이론적인 해결에 이르러서, 그 위에 세부적이고 구체적인 모습을 생각하는 것이다. 만약 해결이 틀렸다면 실제로 창조했을 때, 다리는 넘어지고, 터널은 무너지고, 자동차는 움직이지 않게 되고야 말 것이다. 실제의 창조에 선행하는 관념적인 창조활동으로서 이론적인 실천의 중요성이 지적되어야 한다. 한편 실천활동 및 실천의 산물은 그것이 거울도 된다는 의미에서 이론과 동일한 면을 가지고 있다. 남산타워의 아름다움은 보는 사람들에게 그것을 만들었던 사람들의 미적 감각을 전해주고, 터널의 성공은 다른 해저 터널 공사의 모범이 되며 시범적으로 만든 자동차가 대량생산의 모형으로 사용되는 것과 같이 여러 가지로 매개되어 거울로서의 성격을 발전시켜 간다. 사회과학의 지도자의 직무에 관해서도 마찬가지로 말할 수 있다.

(5) 인식론과 변증법 ③

인식의 중단과 상상의 역할

밤에 잘 때 우리의 인식활동은 정지하고 아침에 잠에서 깨어남과 동시에 다시 인식활동이 시작된다. 따라서 얼마 동안 인식활동이 중지된다. 이는 인식만의 중단이지 현실세계 그 자체가 중단되어 불연속적으로 전개됨을 의미하는 것은 아니다. 인식이 중단되어 있는 동안에도 현실세계는 여전히 존재하며 활동하고 있다. 잠을 자고 있는 동안에 발생한 사건은 조간신문이나 텔레비전, 트위터, 인터넷, 라디오 등을 통하여 알 수 있다. 아침에 일어나서 보니 실내가 어지럽혀져 있고 귀중품이 분실되었다면 어떤 관념론 철학자일지라도 '이것은 분명히 자고 있는 동안에 도둑이 들어왔음에 틀림없다!'라고 놀랄 것이다. 만약 그렇게 생각한다면 그의 의식으로부터 독립한 도둑이라는 객관적인 실재(實在)를 인정한다는 것이나 다름없다. 즉 정신이 앞서 존재를 승인하는 것과 다름없다.

아침에 아버지가 출근한다. 그의 모습은 현관에서 나와 길 저편으로 사라진다. 아버지는 소멸한 걸까? 물론 그렇지 않다. 가족의 시야를 벗어났을 뿐이다. 가족들이 아버지에 대해 인식하는 것은 여기서 중단된다. 하지만 가족들은 아버지가 저녁에 돌아올 것을 예상하고 저녁식사를 준비하거나 비가 오면 우산을 들고 역으로 마중 나간다. 저녁에 아버지가 현관에 들어서더라도 무(無)에서 존재가 얻어진 것은 아니다. 시야 밖에서 시야로 들어왔을 뿐이다. 그는 아침에 출근한 사람과 동일한 사람이다. 가족들은 아침부터 저녁까지 그가 무엇을 하였는지를 구체적으로 알 수는 없지만 굳이 그 모든 것을 알 이유도 없다. 아버지가 가방에서 장난감을 꺼내어 아이들에게 주었다. ○○마트의 포장지로 싸여 있었다. 이것으로 아버지가 회사에서 돌아오는 길에 그 마트에 들러 장난감을 샀다는 것을 알 수 있다.

우리가 직접 눈으로 보고 귀로 듣는 현실은 현실세계의 일면이고 단편이다. 그 단편은 또한 직접 알 수 없는 다른 일면을 엿보기 위한 거울의 역할을 해준다. 마트의 포장지로 마트의 매장에 있는 아버지의 모습을 상상할 수 있다. 이 거울을 통하여 우리는 상상을 하고 인식이 중단되었던 부분을 보충하거나 전개시켜 나가는데, 여기에도 한계가 있어서 어느 정도 이상은 나아갈 수 없다. 다른 사람의 인식을 말이나 기타의 표현을 통하여 받아들이고 자신의 인식과 연결해 보지만 역시 현실세계의 일면적 인식임에는 변함이 없다. 디츠겐이 말했던 것처럼 완전히 인식하거나 완전할 수는 없다. 어디까지나 비슷할 뿐이다.

우리는 이처럼 무한히 관련되어 있는 현실을 언제나 일정한 한계 내에서밖에 인식할 수 없으므로 인식이 현실의 존재양식에 충실하려면 일정한 한계 내에서 알고 있는 인식을 머릿속에 기억시켜 두어야 한다. 표현에 있어서도 마찬가지로 말할 수 있는데, 카메라에서 하나의 단편적인 필름을 취했거나 하나의 단어를 알고서 한 편의 영화나 하나의 문장으로 차례차례 서로 연관시켜 나갈 필요가 있다. 따라서 영화 구성법이나 문법은 직접적으로 영화나 단어를 연관시키는 법칙임에도 불구하고 그 배후에는 인식의 구조 나아가 현실의 구조가 숨어 있고 이들에 의해 제약을 받는다.

현실세계와 관념적 세계

우리들은 묘목을 보면서 미래에 어느 정도까지 자랄 거라는 상상을 한다. 미래의 모습을 우리의 머릿속에서 그 모습을 '보고' 있다. '보고' 있기 위해서는 당연히 보는 눈이 있어야 한다. 즉 보는 눈을 가진 사람이 있어야 한다. 그러므로 잘 생각해 보면 현실세계에서 묘목을 보고 있는 현실의 우리와 상상의 세계에서 나무를 보고 있는 상상의 세계의 우리가 있다. 즉 우리가 이중으로 존재한다. 이처럼 상상을 하는 것은 현실세계 이외의 관념적인 세계를 창출하여 세계를 이중화하는데 뿐만 아니라 동시에 현실세계에서의 자신 이외의 관념적인 세계에서 그에 대하여 관념적인 자신을 창출하는 자신의 이중화를 의미한다. 과거의 회상일 수도 있고 과학적인 상상일 수도 있으며 비현실적인 공상일 수도 있는 이중화의 기점은 알 수는 없다. 하지만 우리는 현실 세계와 상상의 세계를 가질 수는 있다. 그런데 이 관념적인 자신은 반드시 현실세계에서의 자신과 유사한 존재인 상상의 세계는 우리나 인간 이외의 다른 존재나 신(God)도 될 수 있다. 더욱이 그것은 현실세계에서 자신과 완전히 무관한 것은 아니다. 그 성격은 현실세계에서의 자신의 모습이나 사물의 모습이나 그 형태가 상상의 세계에서 바뀐 것에 불과하다.

문학소설이나 만화를 그리는 작가는 관념적으로 주인공이 되어 활동한다. 그것도 현실세계에 있는 자신이 아니라 작가가 생각하는 상상의 세계이다. 현실세계에서는 작가는 역시 인간이고 공상의 세계를 만화로 그리고 있지만, 공상세계에서는 그는 주인공이 되기도 하고, 고양이가 되기도 한다. 더구나 경험과 생각을 근거로 생활기록을 그려 나간다. 현실세계에서는 작품의 등장인물은 모두 작가가 창조하여 관계 지어 주고 움직여 나가는 것에 불과하지만 공상세계에서는 이들은 모두 객관적으로 실재하는 객관적 세계의 일부로서 작가 앞에 나타난다. 작가는 우선 현실세계의 인간으로서 등장인물을 창조하여 사건의 구성을 생각한 후 자신이 창조한 공상세계에 들어가 체험을 집필하고 다시 현실세계의 인간으로 돌아와 창조를 전개하는 형태로 현실세계와 공상의 세계를 왕래하면서 점점 더 풍부한 상상을 하게 된다. 이러한 왕래를 반복하며 나선상으로 발전해 나가는 존재양식을 '**부정의 부정의 법칙**'이라고 한다. 그네처럼 왔다 갔다 하는 것이 아니고 차차 복잡화되고 발전해 가는 과정이다. 부정의 부정에 관해서는 뒤에 상세하게 설명하겠다.

이제 우리가 묘목을 보고 미래에 대한 상상을 언어로 바꾸어 보면 묘목은 '큰 나무가 된다'라고 표현되고 상상의 세계에서의 우리의 판단은 "……겠지"로 표현되었지만 우리가 현실세계의 자신으로 돌아와 그때까지의 생각을 미래에 대한 예상임을 "……일 것이다"라고 표현한다. 보통 "……일 것이다"라고 하면 미래의 표현인 것처럼 생각되지만 이 자체는 현실세계의 자기 자신으로 표현하는 것이다. 그 이후의 세계가 미래임을 나타내는 데 불과하다. "……겠지"와 "……일 것이다" 사이에는 상상세계의 자신으로부터 현실세계의 자신으로 입장이 옮겨지고 비약이 있으므로 이 두 단어는 질적으로 다른 말로 취급되어야 한다. 이러한 것을 그림으로 그릴 때는 이중화 혹은 삼중화하려면 간단하게 표현할 수 있는 장점이 있지만 언뜻 보아서는 현실적인지 이중화인지 구별할 수 없는 단점도 있다.

'일어서!'라는 명령은 일어서 있지 앉아 있는 사람에게 내려진다. 명령하는 사람은 상대가 일어서 있지 않음을 알고 명령을 내리기 때문에 일어서 있지 않는 상대를 보고 있는 현재 말하는 사람의 입장과 일어서 있을 미래의 상대를 보고 있는 상상 세계에서 말하는 사람의 입장이 이중으로 되어 있다. 우리 모두의 경우에는 자기 자신이 미래세계에서 현재로 돌아왔지만 명령의 경우에는 역으로 현실세계 그 자체가 머릿속의 미래세계와 일치하기 위해 이행을 요구받는다. 미래세계의 존재양식은 현실세계를 부분적이고 근소하게 변화시키는 데 그치고, 그 부분을 개념으로 관련짓더라도 변화된 결과에 대해 명확하나 감각적 형태가 없으므로 세계가 이중적이고 자신의 입장이 이중적이라는 사실을 자각하기 힘들다. 게다가 입장의 표현이 생략되기 때문에 매우 단순하게 보이는 한 문장의 배후에 복잡하고 모순되는 인식구조가 숨어 있다는 것을 잘 알아야 한다.

언어로 표현하는 경우 자신의 입장이라는 것은 있는 그대로의 현실적 자신으로부터 상당히 벗어나게 되고 나아가 현재에서 과거로 혹은 미래로 언제나 커다란 비약이 있다. 하나하나의 단어는 어떤 의미에서 세계를 틀을 가지고서 조망하는 것으로, 단어와 단어를 서로 연결시키면 입장이 변화하거나 다른 입장으로 비약하는 것이라는 인식의 존재양식을 정확하게 파악할 수 없다면 언어학과 문법학은 과학이 될 수 없다. 언어는 완성된 인식을 표현하고 판단이 개재된다는 것은 사실이다. 영어의 “is”와 한국어의 “이다” “있다” 등은 판단을 직접적으로 표현하는 단어이다. 그래서 언어의 구조와 형식논리학을 결부시키고 언어에서 볼 수 있는 인식의 존재양식을 형식논리학으로부터 설명하고 문법구조와 형식논리학의 연관을 추구하려는 경향이 언어학자들 가운데서 생겨나게 되었다. 그러나 형식논리학은 형이상학적 관점에 기초하고 있다는 사실을 잊어서는 안 된다. 그것은 극히 좁은 범주의 인식형태를 설명할 뿐이라는 한계를 간과해서는 안 된다. 거기서는 대립물의 통일에 관해서도 정지되고 고정된 것으로 파악할 뿐인데 이는 매개가 결여되어 있기 때문이다. 인식운동의 이행과 커다란 비약, 거기서 전개되는 여러 가지 모순 등이 언어의 문법을 규정하고 있음에도 불구하고 형식논리학을 연결시켜 보면 형식논리학과 맞아떨어지지 않는 문법구조가 계속 나온다. 이래서는 형식논리학으로 언어상의 인식을 다룰 수 있을는지 의문스럽다. 때문에 "대립이 결합하는 곳에서 통일이 성립된다는 형식논리학 및 인구어[63](印歐語 ; Indo-European)적 통일 관념에서 벗어나야 한다"고 주장하여 언어의 과정적 구조를 적극적으로 다루는 국어학자가 나오게 되고 언어 구조를 변증법적으로 파악하여 언어학의 원형적인 파악에 있어서 획기적인 성과를 올릴 수 있었던 것이다.

현실세계와 상상의 세계로 세계가 이중화할 때 현실세계의 자신과 상상세계의 자신으로 이중화한다는 사실은 이미 독일의 고전 철학에서 취급되었다. 실존주의도 이 사실을 취급하고 있다. 더욱이 관념론은 정신의 존재양식으로부터 물질의 존재양식을 설명하는 거꾸로 선 세계관이기 때문에 현실세계에서 상상의 세계로 세계가 이중화된다는 사실도 뒤집어져 상상의 세계로부터 현실 세계가 이중화되는 것처럼 해석한다. 예를 들면

---

63) 인구어족(印歐語族) ; 인도게르만어족이라고도 한다. 유럽에서 사용되고 있는 언어는 대부분 인도유럽 어족에 속하고, 비(非)인도유럽 어족에 속하는 언어로는 헝가리어 · 핀란드어 · 에스토니아어(우랄-알타이 어족), 바스크어(바스크 어족), 몰타어(셈 어족) 등이 있다. — 저자

하이데거(M. Heidegger, 1889~1976)는 '통속적 시간'에 대해 '본질적 시간'을 구별하고 베르그송(H. Bergson, 1859~1941)은 역시 '분량의 시간'에 대해 '진실의 시간'을 구별하고 있다. 그리하여 어떤 철학자든지 시계로 나누어지는 '통속적인 분량'의 시간보다도 본질적인 '진실'의 시간세계, 훌륭하고 순수한 것을 찬미한다. 이것은 세계의 이중화에 의해 관념적인 상상세계를 창출해 낼 때 그 세계도 현실세계와 동일하게 시간적으로나 공간적으로 존재한다고 인식하기 때문에 현실의 시간과 상상의 시간으로 시간이 이중화되었다는 것을 상상의 세계가 실제로 존재한다는 식으로 해석하고 있다.

실제로는 그들의 주장과는 반대로 현실적으로 시계로 나누어지는 분량의 시간이 본질적으로 진실의 시간인데, 이러한 관념론적인 해석이 널리 유포되었다는 것은 자신들이 옳다고 생각하는 체험이 있기 때문이다. 즉 예술작품을 감상할 때 작가의 정신적인 창조를 좇아가서 체험하게 된다. 이렇게 좇아가서 체험하는 것은 작가에 이끌리어 상상의 세계를 관념적인 자기 자신으로서 체험한다. 특히 뛰어난 작품을 감상할 때에는 관념적인 자신의 체험으로 상상의 세계에서 보내는 시간도 훌륭하고 충실한 것으로 된다. 현실세계에서 보내는 시간보다 훨씬 더 가치가 있다고 생각한다. 이러한 특수한 상상세계에서의 시간의 형태를 잘못 확대 해석하게 되면 현실세계에서의 시간보다도 상상세계에서의 시간이 본질적으로 진실의 시간인 것처럼 생각하게 된다. 요즘 컴퓨터게임에 중독된 사람들이 현실세계와 사이버상의 세계를 구분할 모르는 현상이 일어나는 경우가 있다.

마찬가지로 뒤집혀진 해석은 자기 자신의 이중화에서도 보인다. 관념론자는 현실세계와 상상세계가 분리되어 있다고 생각하지 않고 처음부터 분리하여 다른 존재로 생각하거나 혹은 상상세계로부터 현실세계가 생겼다고 거꾸로 생각한다. 상상세계에서의 자신이야말로 본원적인 자신이고 인간으로 자각시키는 '순수한' 자신이며 현실의 자기 자신을 창조하는 '나'(Ich)라는 등으로 설명했다. 왜 이렇게 생각하게 되었는가 하면 관념론에서는 실재를 부정하거나 모사(模寫)를 부인하기 때문에 현실세계의 인식과 상상을 구분하는 기준이 없다. 꿈과 현실이 동일하게 된다. "우리는 무엇을 근거로 하나의 사실을 다른 사실에 대하여 현실이라고 부르고 다른 사실을 환상이라고 깎아 내리는 걸까? ……이러한 경우를 환상이라고 하는 것은 실제적 견지에서는 의미가 있지만 과학적 견지에서는 아무런 의미도 없다. ……아무리 황당무계한 꿈도 다른 것과 마찬가지로 사실이다."64) 여기서 현실적 시간과 꿈속에서의 시간을 혼동하고 현실의 자신과 꿈에서의 자신을 혼동하게 된다. 하지만 차별이 있다는 것도 부정할 수 없으므로 정신적인 것에 근원을 두는 관념론적 입장이 생겨나고, 꿈의 세계에서의 시간과 자신을 근원적이고 본질적이라고 하게 된다. 따라서 과학적으로 생각하는 사람들에게서 당연히 다음과 같은 질문이 나온다. "현재 살고 있는 인간이 아직 이 지구상에 존재하지 않았을 때 '근원적인' 나는 도대체 어디에 존재하고 있었던가?" 철학자는 "미래의 개인적 환경에 대하여 잠재적 중심항"65)으로 존재하고 있었다고 대답한다. 이것

---

64) 아베나리우스(Richard Heinrich Ludwig Avenarius, 1843~1896), 『심리학적 대상의 개념으로서의 기요(紀要)』, 三浦つとむ 著, 『弁証法はどういう科学か』(講談社, 1960) 109쪽에서 재인용.— 저자

은 죽었던 어머니를 꿈에서 보았기 때문에 어머니가 여전히 현실세계에 잠재하고 있다고 생각하는 미개인의 미신과 공통되는 바가 있다. 그 차이는 미개인종에서는 사람이 죽으면 도깨비가 되는 데 반하여 관념론자에게는 자신이 태어나기 이전에 도깨비였으며, 나아가 이를 '과학적 입장'으로 생각하고 있다는 점이다.

유물론적 입장에서 보면 종교에서 실재한다고 주장하는 천국이나 지옥은 실제로는 머릿속에서 만들어낸 공상의 세계에 불과하다. 여기에 공상에 기초한 세계의 이중화가 존재한다. 종교를 비판했던 "포이어바흐는…… 종교적으로 표상(表象)된 세계와 현실 세계로서의 세계의 이중화라는 사실에서 출발하고 있다"고 지적한 유물론자들은 여기서 한 걸음 더 나아가 "독일관념론이 거꾸로 서서 이지적으로 자신을 이중화한다"는 사실을 들어 어떻게 이중화가 발생하는가에 대해 현실적 근거를 명확하게 했다. "인간은 자신을 비춰보는 거울을 가지고 태어나는 것도 아니기 때문에 인간은 먼저 타인이라는 거울을 통하여 자기 자신을 비추어 본다"고 주장했다. 이처럼 날카롭게 피히테를 비판하면서 관념적인 자신, 이중화한 자신이 현실의 자기 자신 이전부터 존재하고 있었던 것은 아니며 인간이 현실을 거울로 함으로써 발생한다고 지적했다.

우선 유리거울을 생각해보자. 거울에 얼굴을 가까이 가져가면 얼굴이 이동한다. 이것은 영상이지 거울 속에 얼굴 그 자체가 있는 것은 아니다.

---

65) 아베나리우스(Richard Heinrich Ludwig Avenarius, 1843~1896), 『심리학적 대상의 개념으로서의 기요(紀要)』, 三浦つとむ 著, 『弁証法はどういう科学か』(講談社, 1960) 109~110쪽에서 재인용.—저자

하지만 우리는 거기에 얼굴이 있고, 자기 자신이 얼굴이 있다고 생각할 수 있다. 누구나 일상적으로 '다른 사람의 눈에 어떻게 보일까' 등을 걱정하면서 거울을 본다. 즉 거울을 통하여 다른 사람의 눈의 위치에서 자신을 바라볼 수 있다. 거울 속의 자신과 거울 밖의 자신을 관념적으로 뒤집어서 거울 속에 현실의 자기 자신이 있고 거울 밖에 그것을 보는 다른 자기 자신이 있다고 생각할 수 있다. 이때 의식상으로는 거울이 없어지게 된다. 거울 속은 거울이 아니라 자기가 살고 있는 세계인 것이다. 거울 밖에 현실적인 자기 자신이 존재한다고 생각하면 거울 밖의 자기 자신(A)이야말로 현실적인 자기 자신이라는 사실은 틀림없지만, 거울 속에 현실적인 자기 자신이 존재한다고 상상하는 입장에서 본다면 그것을 보고 있는 위치의 자신(A)은 자신이 아닌 다른 인간이고 관념적인 자신이다. 따라서 거울 밖에 있는 현실적인 자기 자신은 동시에 관념적인 자기 자신이기도 하다는 것으로 되고 자기 자신이 이중화된다. 거울을 보고 있는 것은 현실의 자신인 동시에 관념적으로는 타인이다.

거울 속에 현실적인 자신이 있다고 상상하든 말든 눈에 반영되는 형태 자체에는 아무런 변화도 없다. 그러므로 상상하는 순간에 자신이 이중화되면서 그것을 자각하기는 힘들다. 인식에 관하여 연구하는 철학자나 심리학자도 매일 거울을 보면서 자신이 이중화되지만 이를 이해하지 못한다는 것은 감각적인 변화를 동반하지 않는 데 커다란 원인이 있다. 자신이 관념적으로 애인이 되어 거울 속의 자신을 바라보면 거울 속의 자신은 현실의 자신과 거울의 거리만큼 반대쪽에 위치하여 이쪽을 쳐다보고 있다.

이와 같이 인간은 생활 속에서는 거울의 영상을 하나의 세계로 취급하기 때문에 『이상한 나라의 엘리스』와 같이 거울 속의 세계로 들어가는 동화도 나올 수 있다.

이와 같이 거울을 바라봄으로써 자신을 이중화하여 현실의 자신으로부터 관념적인 자신이 분열한다는 사실은 모든 거울에 적용된다. 과연 거울로 관념적인 자기자신을 만들어 내고 이렇게 함으로써 현실을 보다 올바르고 정확하게 파악할 수 있는 계기가 되는 것이다. 자연과학자가 인간이 태어나기 이전의 지구의 모습을 상상하여 그리거나 3,000mm짜리 망원경으로 수억 광년의 거리에 있는 성운을 관찰하는 것은 관념적으로 자신의 위치를 인간이 태어나기 이전의 지구나 관념적으로 비행하여 몇백 광년 거리에 있는 공간으로 옮겨 놓았다는 것을 의미한다. 그러나 거울에 매개된 자신의 관념적인 모습을 직접 현실세계의 자신의 모습으로 생각할 위험이 있어서 관념론에 빠질 수 있는 계기가 있으므로 주의하여야 한다.

친구에게 아기가 태어났다. 친구는 그 아기의 모습에서 과거의 자신의 모습을 상상하게 된다. 눈앞의 아기는 현실적으로 타인이지만 관념적으로는 자신이다. 그렇다면 아기를 보고 있는 자신은 자기 이외의 인간, 즉 타인이 된다. 자신은 현실적으로는 자신이지만 관념적으로는 타인이 되어 눈앞에 자신의 모습을 보고 있는 것이다. 자신이 이중화되고 있다는 것을 자각하지 못하더라도 시간적으로 자신이 태어난 때까지 역행하여 타인의 입장에서 자신을 바라보고 있는 것이다. 유리거울은 공간적으로 떨어진 위치에서 자신을 보고 있지만 인간거울은 시간적으로 떨어진 위치에서 자신을 보게 된다.

표현에 있어서의 인간의 이중화

표현은 작자의 정신을 반영하는 물질적 거울이다. TV 앞에 앉아 브라운관에 나타나는 TV 드라마를 보자. 그것은 작가들의 작품이자 영화와 마찬가지로 각본작가, 연출가, 카메라맨, 탤런트 등의 협동작품이다. 때로는 형사가 나타나서 범인을 잡으러 달려가고 때로는 무사가 악당에게 잡혀가는 여자를 구해낸다. 이것은 모두 탤런트의 연기이다. 그렇지만 우리는 그들을 배우로서가 아니라 '형사'나 '무사'로서 보고 있다. TV 화면도 역시 TV 화면이 아니라 수사본부나 산속의 황폐한 절이 나오기도 하는 화면은 화면이 아니라 무한한 넓이를 가지는 현실세계를 벗어나는 '창'을 의미한다. 이와 같이 TV 화면의 영상을 관념적으로 하나의 세계로 취급할 때 이를 바라보는 우리도 관념적으로는 그 세계 속의 인간 '형사'나 '무사'와 함께 여러 장소로 우리의 위치를 변화시키고 있다. 그 세계에서는 작가도 없고, 가족이나 텔레비전, 텔레비전이 놓여 있는 집, 현재 자신이 생활하는 공간과 시간도 존재하지 않게 된다. 형사의 얼굴이 크게 될 때도 그것은 카메라가 배우 가까이 가서 브라운관의 영상이 크게 되는 것이 아니라 우리가 형사 옆으로 가까이 가서 보는 것으로 된다. …… 브라운관의 영상이 파도처럼 흔들리고 폭음이 들린다. "쳇, 또 자동차가 지나가는군! 좋은 장면에서 방해를 놓는군!" 하면서 우리는 현실적인 자신으로 돌아와 TV의 존재를 의식한다. 우리는 마음대로 TV 화면 속의 세계의 인간이 되고 혹은 거기서 나와 연기나 연출을 비평한다. TV 화면 속의 세계에 관념적으로 들어가거나 TV 앞에 누워 있는 자신이 존재하지 않는 것은 아니다. 관념적으로 브라운관 속의 세계의 존재하는 자신과 현재 TV 앞에 누워 있는 자신으로 자신을 이중화한 것이다.

개그맨이나 개그우먼은 아무런 분장이나 꾸밈없이 있는 그대로의 상태에서 노인이나 어린이, 아버지나 어머니로 될 수 있고 공상세계의 인물을 흉내 낼 수 있다. 배우는 나아가 자신이 출연하는 공상세계에서의 자신에게 어울리는 분장을 한다. 마당극에 나오는 남자배우가 아가씨로 되고 여자가 왕자처럼 분장하여 등장도 한다. 남자이면서 여자의 복장을 하고 여자의 가발을 쓰거나 여자이면서 남자의 복장을 하고 남자처럼 말하기도 한다. 분명히 인간이 이중화되어 관념적인 자신의 존재양식이 역으로 현실적인 자신의 존재양식에까지 침투하고 있는 것이다. 이러한 사실은 누구나 알고 있지만 알고 있을 뿐이어서 모든 상상에서 항상 현실세계의 자신과 상상세계의 자신으로 자기자신이 이중화하고 있다는 사실을 이해하는 사람은 없다. 그림은 사물의 순간적인 상태를 묘사하지만 때로는 시간적인 경과를 하나의 화면에 압축하여 표현하기도 한다. 만화에서 연속되는 그림이 있을 때 같은 모습을 여러 차례 그려 달린다던지 움직인다던지 형식을 취하여 움직임을 잘 나타난다. 바로 그림으로 움직임을 표시하여 우리가 상상하게 만든다.

언어도 역시 말하는 사람의 인식을 반영한다. 다른 사람의 말을 들을 때도 이해하는 한 듣는 사람은 언어를 반영하여 자기를 이중화하고 말하는 사람의 세계로 관념적으로 들어가는 것은 텔레비전의 경우와 마찬가지이다. 『춘향전』을 읽은 사람은 조선시대까지 시간적으로 역행하고, 미키마우스 만화영화를 보는 사람은 자기도 관념적으로 쥐가 되어 각각의 작품세계로 들어간다. 일상적인 회화에서도 말하는 사람의 세계로 들어가

듣는다. 때문에 말하는 사람의 말을 부정하는 것은 말하는 사람의 세계에서 빠져나와 그 세계를 부정하는 것을 의미한다.

(6) 인간과 자연

생활과 생산

인간은 소위 자연과 대립한 존재로서 얼핏 자연과 구별되는 것처럼 보인다. 그러나 인간은 자연에 의해서 태어났으므로 커다란 안목으로 본다면 역시 자연의 일부에 불과하다. 인간은 자연과 관계하며 생활한다. 결국 대립물 사이의 다이내믹한 매개관계가 발전하고 있다. 생물은 외부세계로부터 생활에 필요한 물질을 공급받지 못하면 생명을 유지할 수 없다. 사람도 의식주가 해결되어야 살아갈 수 있다. 동물은 필요한 생활자료를 자연으로부터 얻고 자연에 수동적으로 순응하며 살아가지만, 인간은 능동적으로 자연에 노동을 가하여 자연을 가공하고 개조하여 필요한 생활자료를 생산한다.

기업에서 생산에 종사하는 노동자는 에어컨이나 승용차 등을 생산하지만 스스로는 이것을 사용하지 못한다. 이는 이른바 일방적인 생산이지만 이 물건들도 결국은 누군가에 의해서 사용되므로 인간 전체로 본다면 인간의 생산물이 인간에게로 돌아오는 과정의 한 모습이라고 할 수 있다. 또한 다른 한편에서는 유아, 노인, 병자처럼 노동할 수 없어서 스스로는 생활자료를 생산하지 못하고 주위 사람들이 만든 것을 사용하는 이른바 일방적인 사용과 소비도 있다. 이들이 사용하는 것도 역시 누군가 다른 사람이 생산했으므로 인간 전체로 본다면 인간의 생산물이 인간에게로 돌아오는 과정의 한 형태이다. 생산물은 사용 및 소비에 의해서 소멸되지만 동시에 인간이 노동함으로써 잃은 에너지를 보충해 주고 생명을 유지하고 육체적, 정신적으로 키우는 역할을 하는 적극적인 측면을 무시해서는 안 된다. 우리가 상식적으로 사용하는 '생산'이라는 말은 원료 및 재료를 가공하여 새로운 상품을 만드는 것을 의미하지만, 인간은 원료나 재료를 가지고 가공하여 만들 수 없으므로 상식적으로는 '인간의 생산'이라는 말을 쓰지 않는다. 그렇지만 인간이 노동을 투하하여 대상화한다는 관점에서 보면 생활자료의 생산이 노동의 대상화임은 물론이고 생활자료를 사용하고 소비하는 것도 거기에 대상화된 노동을 다시 인간 자신에게 대상화하는 것을 의미한다. 생산을 노동을 투하하여 대상화한 것이라고 이해한다면, 인간이 직접 자연을 가공하는 경우의 노동의 대상화나 그로부터 매개적으로 인간 자신에게 노동을 대상화하는 것도 모두 생산이라고 해도 별로 무리가 없을 것이다. 그리고 생활자료의 생산과 그에 의한 인간의 생산을 과정상 통일하여 생활의 생산이라고 불렀다.

인간과 자연 간에 성립하는 생활의 생산에는 우선 생활자료가 생산된 후에 소비된다는 매개관계만이 아니라 생활자료의 생산이 원료의 소비이고 생활자료의 소비가 인간의 생산이라는 직접적 동일성이 존재한다. 한편으로는 사람은 사람에서 태어난다. 남편과 아내가 있고 거기서 자식이 태어나 부모와 자식의 관계로 발전한다. 태어난 채로 자식을 놓아두면 죽게 된다. 부모나 그 밖의 다른 사람들이 아이들에게 생활자료를 주고 이를 사용하고 소비하여 아이들의 생활을 생산하여야 한다. 대체로 생활의 생산, 즉 노동함으로써 자신의 생활을 생산하고 생식함으로써 타인의 생활을 생산하는 것은 그 자체가 이중(二重)의 관계가 되어서(한편으로는 자연적인 관계로서, 다른 한편으로는 사회적인 관계로서) 나타난다. 여기서 사회적이라고 하는 것은 어떤 조건하에 있든 어떤 양식을 취하든 그리고 어떤 목적을 위한 것이든 상관하지 않고 단지 다수 개인의 협동을 의미하는 데 지나지 않는다. 소위 사회는 생활의 생산을 위하여 다양한 협동으로 결합되어 있는 집단이다. 한 사람의 남자와 한 사람의 여자로 구성된 부부는 "생산을 위한 사회적 결합의 간단하고 원초적인 형태인 가족을 형성한다"는 것이다. 부부의 분업과 협동으로 자식들이 살아간다는 의미에서도 사회로부터 단절된 개인은 있을 수 없고 따라서 모든 인간은 태어나면서부터 사회적이라고 할 수 있다.

어머니가 옷감을 짜서 아이에게 입힌다든지 종이를 접어서 학을 만들어 아이에게 보여줌으로써 아이가 주위로부터 체온을 유지하거나 아이의 눈을 즐겁게 하여 자연적인 관계가 성립된다. 그러나 이는 동시에 어머니가 원료 및 재료에 스스로의 노동을 투하했음을 의미한다. 이러한 생활수단은 어머니의 노동의 결정(結晶)이다. 이들이 아이들에게 주어진 것은 어머니의 노동의 결정이 아이들에게 융합한 것을 의미한다. 의복은 육체적인 면에서의 협동이고 장난감은 정신적인 면에서의 협동이다. 따라서 어머니의 활동으로 아이가 길러진다는 사회적인 생활의 생산관계가 성립한다. 현재 우리의 생활을 보면 면화는 인도와 미국에서, 양모는 오스트레일리아에서, 펄프는 캐나다에서, 석유는 중동에서, 쌀은 미국과 중국에서 오는 것처럼 세계 각국의 노동자와 농민의 노동의 '결정'이 원료로서 혹은 그를 운반하는 철도 및 선박, 트랙터로 우리에게 연결되고 우리의 생활을 생산하고 있다는 생각이 든다. 갓 태어난 아기도 그 몸에 입혀진 털옷과 방을 따뜻하게 하는 석유스토브를 통하여 세계의 노동자들과 눈에 보이지 않는 관계를 맺고 있다. 인간의 본질은 그 현실에 있어서는 사회적 관계의 앙상블이다. 생산을 할 때 인간은 자연에 작용을 가할 뿐만 아니라 상호 간에 작용을 가한다. 그들은 단지 어떤 일정한 방법으로 협동하고 그러한 활동을 상호 간에 교환함으로써만 생산한다. 다양한 개인은 확실히 육체적으로나 정신적으로 상호 간에 서로를 만들어 내지 결코 스스로 자기자신을 생산할 수 없다는 것이다.

무인도의 로빈슨 크루소나 산중에 은거하는 선인(仙人) 등과 같이 완전히 사회와 관계없는 생활을 하고 있는 것처럼 보이는 사람들도 모두 관계되어 있다. 이런 사람이 몇 명 모여서 "협동생활을 하지 않겠습니까?" "좋지요." 이렇게 약속을 하여서 하나의 사회가 성립한다고 생각할 수도 있다. 이처럼 특수하게 보이는 존재 형태를 일반화한다면 사회 이전에 개인이 있었고 사회는 개인의 약속에 기초하여 생긴다고 주장하는 이론이 나오게 된다. 이 주장은 로빈슨 크루소나 선인을 완성되고 고정된 존재형태로 파악하는 형이상학적인 태도의 소산이다. 그들이 어디서 태어났으며 그러한 능력은 어떻게 만들어졌는가를 생각하지 않고 그들이 이미 사회적 산물임을 자각하지 못하는 점에 이러한 주장의 잘못이 있다.

인간의 자연화와 자연의 인간화

여기서 다시 한 번 처음으로 되돌아가서 인간이 자연과 교섭하며 살고 있다는 사실을 조금 더 깊이 생각해 보자. 인간의 생활에는 정신적인 면과 육체적인 면이 있고, 정신적인 면에서나 육체적인 면에서 모두 자연과 교섭하고 있다. 동물과 식물, 돌과 공기, 빛 등이 일부는 자연과학의 대상으로서 일부는 예술의 대상으로서 이론적으로 인간의식의 일부를 구성하듯이 실천적으로도 인간생활과 인간 활동의 일부를 구성하고 있다는 것은 명확하다. 인간의 자연에 대한 지식은 생활이 발전함에 따라 풍부해진다. 자연과학은 자연의 신비를 차례차례 파헤쳐 내고 있다.

인간정신은 자연의 내부로 깊이 들어가서 자연의 내부가 인간의 정신적인 거울에 보다 명료하게 반영되어 나오게 되고 자연과 정신의 연관은 더욱 더 발전하여 간다. 그와 더불어 육체적인 인간생활에도 변화가 일어나고 있다. 산업이 자연과학을 발전시키고 자연과학이 산업을 발전시킨다. 철, 알루미늄 기타 다양한 금속이 발견되어 이용되고 조명, 통신, 동력 등 다양한 전기의 이용법이 고안되고, 비료, 일용품, 약제 등에 다양한 화학적 합성물이 사용되는 등, 몇 개의 분야만 들어 보아도 물질적인 자연과 인간의 연관의 발전은 놀랄 만하다. 이처럼 정신적으로나 육체적으로 지금까지는 인간과 관계를 갖지 않았던 자연의 부분이 인간과 가까워지고 관계를 갖게 되어 인간생활 속으로 깊숙이 들어오게 되었다. 이것은 인간의 자연화이다.

지금 목수가 집을 짓는다고 하자. 그는 실제로 집을 짓기 전에 집을 설계해야 한다. 머리로 우선 관념적으로 집을 지어 보아야 한다. 이 관념적인 집이 돌과 목재, 금속 등을 사용하여 현실세계로 옮겨져서 실제로 집이 완성된다. 이 집에는 그의 육체적인 노동능력이 투하되어 있고 따라서 그의 노동의 '결정'이라는 의미에서 이 집은 그의 육체적인 분신에 지나지 않는다. 또한 구조와 형태가 그의 관념적인 창조를 원형으로 한 모사라는 의미에서 정신적인 분신이기도 하다. 옛날의 통나무집과 목조건물은 지금은 수십 가지의 철과 알루미늄, 콘크리트를 사용하는 마천루로 발전하였다. 방풍림, 과수원, 대농장, 운하와 댐, 매립지, 항구가 나타났다. 이렇게 인간의 목적적인 활동으로 창조된 것은 육체적 정신적인 인간의 분신이고, 행동적이고 현실적인 인간의 이중화이다. 인간이 자연에 작용을 가하여 많은 것을 창조해내는 것은 바꾸어 말하면 자연의 인간화가 발전하여 가는 것이다. 우리는 자연의 인간화를 발전시킴으로써 인간의 자연화도 발전시키고 있는 것이다.

자연과 인간의 관계는 우선 한편에 자연이 있고 다른 한편에 인간이 있어서 고립해 있던 '존재'끼리 결합하는 그러한 것은 아니다. 인간은 시초부터 자연의 일부이고 자연으로서의 동일성도 가지고 있다. 그런데 인간의 실천이 양자를 매개함으로써 한편으로는 자연의 인간화가 행해지고 다른 한편으로는 인간의 자연화가 진행된다. 이러한 상호침투는 또한 인간들끼리의 상호침투와 연관되어 있고 그에 의해 제약된다. 인간들은 상호 간에 작용을 가하고, 정신적 · 육체적인 노동을 서로 교환하고 서로를 창조해 내는 상호침투과정 중에 생산을 하고 생활을 영위한다. 그러나 그 과정에서 우선 가족이라는 작은 사회에서 자연발생적인 분업이 나타나고 경제가 발전함에 따라 노예가족과 노예를 소유하는 가족이라는 적대적 성격의 분업이 성립하게 되어서 사회 전체가 대립하는 계급으로 분열한다. 이러한 착취당하는 계급과 착취하는 계급의 사회관계는 자연과 인간의 매개관계를 제약하게 된다. 계급투쟁이 함께 망함으로 끝날 때에는 자연의 인간화도 소멸되어 버릴 것이다. 때문에 포이어바흐가 살던 시대에는 방적기와 수직기밖에 볼 수 없었던 맨체스터에서 오늘날에는 공장과 기계만 보이고, 혹은 아우구스투스 시대에는 로마의 자본가 소유의 몇몇 포도밭과 별장 외에는 아무것도 볼 수 없었던 로마의 평원에서 들판과 연못만 보게 되었던 것이다.

상호침투의 논리와 노동가치설

인간이 활동을 서로 교환하고 서로를 창조해 낸다는 상호침투를 자각하는 것은 사회구조를 분석하는 데 중요한 의의를 지닌다. 그래서 이 논리는 당시의 경제학이 당면하고 있었던 벽을 뛰어넘기 위한 무기로 사용되었다.

앞에서 이야기했던 인간화된 자연, 즉 현실의 노동, 살아 있는 노동으로 만들어 낸 생활자료나 기계기구는 경제학에서는 노동이 '결정'되어 있다는 의미에서 축적된 노동, 대상화된 노동이라고 부른다. 상품의 가치가 많고 적음은 일반적 인간노동이 얼마나 투하되었는가, 추상적·인간적 노동이 얼마나 대상화되었는가에 따라 정한다. 평균적으로 보아 수고가 많이 드는 물건은 가치가 크게 된다. 현재의 자본주의적 생산양식을 보면 노동자는 자본에 고용되고 지배받고 있으므로 노동의 지배가 자본이라는 것이다. 자본과 노동의 대립과 투쟁은 형태가 다른 두 노동의 대립과 투쟁에 불과하다. 자본의 지배는 인간이 스스로 만들어낸 노동에 의해 지배받는 것에 불과하다. 축적된 과거의 대상화된 노동을 자신의 재산으로 소유함으로써 노동자의 살아 있는 노동을 지배하는 인간이 자본가이다.

임금은 노동자의 노동에 대한 지불처럼 보인다. 바꿔 말하면 자본가는 임금이라는 형태를 취하는 대상화된 노동과 공장에서의 살아 있는 노동자의 노동을 교환하는 것처럼 보인다. 그런데 살아 있는 노동이 대상화하여 만들어낸 생산물의 가치는 살아 있는 노동과 교환되는 임금의 가치보다 훨씬 더 크다. 이 기묘한 차이를 도대체 어떻게 설명하면 좋을까. 이는 노동에 의해 가치가 생겨나고 가치가 측정된다는 학설을 뒤집어엎는 것은 아닌가. 리카도(David Ricardo, 1772~1823)의 노동가치설은 결국 이 문제를 해명하지 못하여 이 학파는 붕괴돼 버렸다.

맑스는 이 문제를 일격에 해결하였다. 노동자가 가진 노동능력(경제학에서는 노동력이라고 한다.)은 자기 스스로 만들어 내는 것이 아니라 다른 노동자의 활동을 받아들여 만들어 내는 것이다. 노동자가 대상화한 노동을 생활자료의 형태로 받아들여 사용하거나 소비함으로써 자신에게 대상화하기 때문에 결국 자신이 가진 노동력은 대상화된 노동인 셈이다. 이 노동력을 지출하는 것이 살아 있는 노동이다. 그러므로 노동자는 대상화된 노동인 동시에 살아 있는 노동도 하는 대립물의 통일로 이해하여야 한다. 노동력(대상화된 노동)과 노동(살아 있는 노동)을 올바르게 구별하는 것이 문제해결의 열쇠이다.

노동자는 대상화된 노동이라는 면에서는 가치를 가지지만 살아 있는 노동을 수행한다는 면에서는 가치를 갖지 않는다. 맑스의 노동가치설은 실제로 노동 그 자체(현실의 살아 있는 노동)는 가치를 가지지 않고, 임금의 가치에 대하여 같은 가치를 가지는 것으로서 교환되는 것은 노동이 아니라, 노동력(대상화된 노동)이라고 주장하고 증명했던 점에서 이전의 노동가치설과 구별된다. 인간 노동의 두 면은 상대적으로 독립하여 있으므로 일정한 한계 내에서는 그의 가치와 무관하게 노동을 강화할 수 있다.

경제학자 리카도는 인간의 노동이 가지고 있는 이러한 모순(대상화된 노동과 살아 있는 노동의 이러한 직접적인 연관)을 파악하지 못하고 두 면을 혼동하고 대상화된 노동이 가지는 가치를 살아 있는 노동의 면으로 가져가 버렸기 때문에 도저히 해결할 수 없었다. 이 두 면을 구별하여 생각해 보면 설령 노동자의 능력만큼의 임금이 지불되고 '정당한' 교환이 이뤄진다 할지라도 노동자를 노동시킴으로써 그에게 지불한 이상의 가치를 만들어 내게 하는 것을 알 수 있다. 이 차이가 즉 잉여가치이다. 이렇게 하여 잉여가치의 성립이 이론적으로 명백해졌다. 맑스는 착취는 노동력을 가치 이하로 사지 않고 등가로 교환하여도 가능함을 증명하고, 자본주의의 해악은 개개의 자본가가 하기에 따라서 생기는 것이 아니라, 기본적인 생산양식에 기인함을 주장하였다.

노동자가 개인적으로 가지고 있는 노동력은 노동과정의 성질에 의해 잘못된 형태로 지출된다. 기관수로서 아무리 전문적인 능력을 가지고 있어도 어학에 능통하여 10개 국어를 구사할 수 있거나 아무리 많은 스펙을 쌓았다 하여도 도로 공사장에서 인부로 일할 때는 아무 소용이 없다. 자본주의적 생산 아래에서는 노동자가 자본가에게 노동력을 판다는 것은 개인의 능력과는 관계없이 그 노동과정에 필요한 능력과 그 능력을 생산하고 재생산하는 데 필요한 가치로만 행해진다. 이런 의미에서 아무리 '정당한' 교환이 행해진다 할지라도 인격이나 교양과 같이 직접 생산에 불필요한 것에 대해서는 가치를 인정하지 않고 또한 생산의 발전이 개인의 특수한 숙련을 필요로 하지 않기 때문에 노동자들이 이 제도가 비인간적이며 '부당하다'고 소리 높여 주장하고 개혁을 요구하게 된다. 이러한 문제는 노동자뿐만 아니라 가족생활과 어린이의 존재양식에까지 영향을 미친다. 생활자료의 생산양식이 변함에 따라서 부부가 모두 일해야만 굶지 않거나 어린이를 갖고 싶어 하지만 임신하면 생활할 수 없거나, 어린이를 상급학교에 보낼 수 없어서 비록 낮은 임금이지만 일하러 보낸다거나, 그 때문에 어른들의 직장이 줄어드는 등의 현상이 나타날 수 있다. '자본'은 '노동력의 생산'(자본에 의해 착취당해야 할 인간대중의 생산)을 자신의 이익의 필요에 따라 규제한다.

생활의 생산양식

생산이라는 것을 상식적으로 해석하여 생활수단을 만들어 내는 것이라고 생각하면 된다. 자본주의적 생산양식도 생활자료의 자본주의적인 생산방법이라고 해석할 수 있다. 자본주의적 생산양식은 전 과정에 있어서 인간의 생산을 포함한 생활의 생산양식, 즉 "물질적 생활의 생산양식"(The way material life is produced)으로 이해해야 한다. 다시 말해 자본주의의 필연적인 생산물이라는 구조를 정확하게 파악하여야 한다.

공장에서 일하는 노동자는 주변에 있는 여러 가지 생산수단, 즉 노동수단 및 노동대상과 관계를 맺는다. 자신의 노동력은 이미 팔았으므로 자신의 것이 아니다. 주인의 의사에 따라 대상화된 노동인 자본과 결합되어 가능한 한 많은 잉여노동을 창출해야 한다. 노동자의 노동이 갖는 사회적 성질을 말하자면 노동이 자본화되어 그들에게 대립하는 과정은 당연히 자연력 및 과학에 관해서도 마찬가지로 발생한다. 즉 그런 것들을 노동자에 대하여 자본의 힘으로써 대립하는 것이다. 자연과학 · 자연력 그리고 자연과학자들이 설계하고 노동자들이 만들어 낸 노동생산물의 대규모적인 응용은 사회적 노동에 입각하여 나타나는데, 사실상 그것은 다만 노동의 착취수단이나 잉여가치를 점유하는 수단이다. 따라서 자본에 종속하는 힘으로서 노동자에게는 일자리를 잃게 만든다. 이러한 조건하에서는 자연력도 자본의 생산력으로 전화된다. 또한 개개의 노동자는 공장에 조직적으로 배치되어 분업과 협업 조직의 한 부분으로 됨으로써 개개 능력의 합계 이상의 사회적인 생산력을 발휘하고 이러한 협동양식 자체가 일종의 생산력이라는 것은 명백하다. 따라서 자연력과 대상화된 노동이 생산과정에서 생산력으로 작용하고 생산관계를 매개할 뿐만 아니라 생산관계 그 자체가 이미 생산력이라는 동일성을 이해하여야 한다.

노동대상 혹은 원료의 존재형태는 노동수단 혹은 기계의 존재형태를 규정한다. 정어리를 잡는 어망과 방어를 잡는 어망은 다르며 종이를 자르는 절단기와 통나무를 자르는 절단기는 다르다. 아무리 훌륭한 기계라도 조건에 어울리게 사용되어야 비로소 위력을 발휘할 수 있다. 기계 그 자체가 생산력이 아니라 생산과정에서 그 기능을 발휘할 때 생산력의 일부를 구성하게 된다.

(7) 사회와 변증법

인간은 역사를 만든다

인간은 그가 품은 꿈을 실현하기 위해 의지라는 실천적·능동적인 인식으로 외부세계에 작용을 가한다. 개인과 개인 사이에는 협력관계도 생기지만 적대관계도 생기므로 공통의 의지로 강력한 공작을 행하거나 적대적으로 서로 방해하고 억제하는 경우도 생기는데 이들은 복잡하게 뒤얽혀서 사회의 역사가 만들어져가는 것이다. 인간의 외부세계에 대한 작용을 직접 결정하는 의지는 감정이나 이성 등을 포함한 전 정신활동에 연관되어 있으며 나아가 외부세계의 여러 존재와 연관되어 있다. 어떤 물건이 탐나서 손에 넣으려고 한다든가, 이 상태는 참을 수 없으므로 변화시키려 한다는 둥, 외부세계의 존재로부터 규정되는 의지도 여러 가지 있겠으나 그 외에도 현실의 생활로부터 상대적으로 독립된 정신활동의 독자적인 형태로부터 규정되는 의지도 존재한다. 광신적인 신흥종교의 신자가 가족의 생활 등은 생각하지 않게 되는 예도 있지만 개인적인 기분으로 외국여행을 하는 예도 있고, 혹은 고집쟁이라고 불리면서 겨울에 수영을 하거나 여름에 겨울코트를 입고 화로를 안는 등 보통사람이 하지 않는 일을 하는 것을 낙으로 삼는 예도 있다. 따라서 역사를 생각하는 경우에는 당연히 역사에 인간의 의지가 작용하고 있다고 생각해야 하지만, 무엇이 그 의지를 규정하여 왔는가를 더듬어 생각해야 하며, 그것도 특히 특정한 인간이 일생에 몇 번이라든가 1년에 몇 번 규정된다는 특수한(더구나 오래 살지도 못하는 존재로서는) 개인의 역사는 사회 전체에 있어서 결정적인 것은 아니므로 예외적 부차적인 것으로 치부해야 한다. 다만 사회의 압도적인 대다수의 인간을 끊임없이 지속적으로 광범위하게 움직이는 결정적인 역할을 담당하고 있는 존재는 과연 무엇인가를 지적하여야만 한다.

역사의 근본적인 원동력

현실사회를 보면 압도적인 대다수의 인간을 광범위하게 움직이며 사회의 형태를 변화시키는 것은 국가이다. 정부가 동계올림픽이나 하계올림픽, 또는 월드컵 준비를 위하여 도로를 만들기로 결정하면 많은 도로가 생기고 교통의 형태가 일변해 버린다. 뿐만 아니라 MB(이명박)정권 시절 4대강 개발을 시작하자 하루아침에 산천이 변해버렸다. 쌀값이나 버스요금을 인상하게 되면 즉시 우리의 호주머니에 영향이 미쳐 우리 생활에 커다란 변화가 일어난다. 외국과 국교를 단절하고 선전포고라도 하게 되면 그야말로 역사의 커다란 전환점이 되게 된다. 6.25전쟁이 우리 사회를 어떻게 변화시켰는가는 말할 필요도 없다. 이러한 사실로 미루어 보아 역사를 움직이는 결정적인 요소는 국가이며 국가가 사회의 형태를 결정한다는 주장이 생긴 것도 납득이 가는 것이다.

그러나 국가가 법률을 제정하고 정책을 결정하여 사회를 움직인다고 해도 그 법률을 제정하고 정책을 결정하는 것은 사람이다. 즉 바로 우리 자신들이다. 그 사람들은 왜 일반 대중들의 아파트를 짓지 않고 도로를 만들었는가, 왜 물가를 내려 서민들의 생계를 편하게 하지 않고 회사와 주주에 대한 세금을 내리려 하는가라는, 즉 그들이 정한 법률과 정책의 내용 때문에 문제가 된다. 개인이 외부세계에 작용을 가한 때의 의지를 그 배후에서 규정하고 있는 것이 무엇인지 더듬어 생각하여야만 한다. 표면상으로는 국민의 의지를 대표하고 국민의 행복을 추구하고 있다고 해도 실제로는 어떠한가를 생각해 보아야 한다.

민족의 이상이나 민주주의 정신 혹은 종교가 법률과 정책을 결정하는 것이라는 학자도 있다. 옛날부터 민족의 이상이나 종교를 내세워 전쟁을 시작했던 예도 적지 않았으므로 이들이 국가의 법률과 정책을 규정하여 역사의 원동력의 하나가 되는 것은 사실이다. 그러나 역사를 비교하여 보면 정치를 담당하는 인간은 모두 그러한 정신적인 것으로부터 출발하여 법률과 정책을 결정한다든가, 사회의 압도적인 대다수의 인간도 그들에 의해 끊임없이 지속적으로 광범위하게 영향 받고 있다라든가 하는 설명은 의심스러워진다. 왜냐하면 정치가는 이해관계에 민감하여 돈에 인색한 인간이 많다든가 사회의 압도적인 대다수의 사람은 물질적인 생활이 조금이라도 좋아지는 것을 바라고 있다는 것이 오히려 상식으로 되어 있기 때문이다.

국가가 역사의 궁극적인 원동력으로서 사회를 움직인다든가, 혹은 민족의 이상이나 종교가 역사의 궁극적인 원동력으로서 법률과 정책의 형태를 띠고 나타난다는 사고방식은 정신적인 생활의 측면이 물질적인 생활보다도 기초이고 우위에 있다고 주장하는 관념론적인 역사관이다. 이와 대조적으로 맑스 학파의 역사에 대한 견해는 유물론에 기초해 있다. 자연에서 정신보다도 물질이 우위에 있는 것처럼 사회에서도 정신적인 생활보다 물질적인 생활이 우위에 위치한다고 주장한다.

유물론적인 견해에 의하면 역사에 있어서 궁극의 결정적 계기는 직접적 생활의 생산 및 재생산(The production and reproduction of the immediate cash life)이다. 물론 생활의 생산 및 재생산은 생활자료의 생산과 인간 자신의 생산 두 과정을 포함하여 두 종류로 나누어 생각되고 있다. 법률이라든가 국가도 신이나 그에 유사한 것으로부터 도출된 것이 아니라(물질적이며), 서기도 하고 걷기도 하며 먹고 마시고 입고 하는 모든 사람이 예를 제공하고 있는 경험적 실증적인 행위로부터 출발하여 설명하는 것이 유물론의 입장에 선 사회관, 역사관이다.

이 역사관의 근원은 현실의 생활과정을 '직접적인 생활의 물질적인 생산'에서 출발하여 전개하며 생활양식과 연관하여 그로부터 산출된 교통형태, 즉 각 단계에 있어서의 시민사회를 역사 전체의 기초로 파악하고 시민사회를 국가로서의 활동으로 서술하며 의식의 여러 가지 이론적인 산출물과 형태의 합인 종교, 철학, 도덕 등을 시민사회로부터 설명하고 이들의 성립 과정을 시민사회의 여러 단계에 따라 밟아 나가는 것이다. 이 생활의 물질적인 소득을 살펴보면 한편으로는 매일 잔업까지 하며 일해도 자가용을 손에 넣을 수 없는 대다수의 사람들과 다른 한편으로는 수천만 원에서 수억 원이라는 막대한 소득이 있는 소수의 사람들이 존재한다. 이러한 생활형태가 계급이라고 불리는 인간의 사회적인 관계로부터 규정되어 있으며 그 형태에 불만을 가지고 반항하는 움직임과 그 형태에 만족하여 반항을 억누르는 움직임과의 사이에 싸움이 반복되고 있는 것도 부정할 수 없는 사실이다.

앞에서 '교통'이라는 것은 우리가 상식적으로 말하는 교통과는 조금 다르다. 여기서는 인간의 협동 형태라는 커다란 관점에서 '대상화된 노동의 장소의 변경'으로 파악할 수 있다. 생산하기 위해서는 원료와 재료, 기계기구, 자연력과 노동자 등이 장소를 이동하여 공장으로 가야 하며 생산된 생활자료가 소비되기 위해서도 사람들의 주변에까지 이동되어야 한다. 노동자가 통근하거나 상품을 운반하거나 세일즈맨이 전국을 순회하거나, 혹은 휴일에 산이나 바다로 놀러가거나 하는 형태의 교통도 모두 역사적인 형태로서 파악할 필요가 있고 상품의 배달, 전기, 가스, 수도의 공급이나 친구들로부터 여행선물을 받는 것도 모두 교통에 포함되는 것이다. 생활자료의 생산 혹은 인간의 생산이라는 생활의 생산의 직접적인 면뿐 아니라 그들을 매개하는 교통관계도 넓은 의미에서 생활의 생산관계이고 사회관계이다. 이러한 "물질적인 생활의 모든 관계의 총체"를 헤겔은 18세기의 영국인과 프랑스인의 선례에 따라 '시민사회'라고 명칭하여 총괄하고 있는 것이지만 이것이야말로 역사 전체의 기초이고 '사회의 현실적인 토대'를 이루는 것이다. 이에 대하여 사회에 있어서 정신적인 생활의 면을 '상부구조'라고 부른다. 토대라든가 상부라는 것은 사회의 존재양식을 건축의 존재양식에 비유한 것으로서, 관념론적인 역사관은 정신적인 생활이 기초이자 토대라고 주장하는 데 반해 유물론적 역사관(유물사관)은 물질적인 생활이 기초이자 토대라고 주장하여 상하관계를 전도시키기 때문에 이 같은 비유가 사용되는 것이다.[66]

생산관계와 소유관계

사회관계에 들어간다든가 생산관계를 맺는다라고 하면 고립해 있던 인간이 손을 잡는다라든지 고용자가 사용자와 고용관계를 맺어 생활자료를 생산하기 시작하는 것같이 생각하여 언제라도 맺거나 끊을 수 있는 관계

66) 칼 맑스 지음, 김호균 옮김, 『정치경제학비판을 위하여』(중원문화, 2016), 9쪽.

로 생각하기 쉽지만 그것은 그렇지 않다. 침투라는 형태의 직접적인 연결, 분리할 수 없는 관계가 인간에 있어서도 생산물에 있어서도 포함되어 있다는 것을 간과해서는 안 된다. 미국에서 면화를 재배하여 한국의 방적공장으로 보내는 것은 자연이 인간화된 것의 이동, 노동자 분신의 교통이다. 이것이 한국에서 실로 되어 짜여지고, 재단되고, 바느질되어 옷이 될 때 여기에 또 다른 노동자의 살아 있는 노동이 투하되어 점차로 노동자의 분신으로서의 성격을 갖게 된다. 이 관계에서 비록 의식하지 못하더라도 미국 노동자와 한국 노동자는 객관적인 협동관계에 있고 생산물상으로 연결되어 있다. 이것도 하나의 생산관계이다. 현실의 인간이 서로 활동을 교환하고 함께 창조하며 상호침투할 때 거기에서 생겨나는 생활자료, 즉 행동적, 현실적으로 이중화된 인간도 또한 서로 결합, 제약, 침투하게 되는 것을 간과해서는 안 된다.

TV와 라디오의 수신기를 분해해 보면 수십, 수백의 부품으로 조립되어 있다. 그중 하나의 작은 부품일지라도 수십 수백 명의 노동의 산물이고 자연의 인간화이다. 그 노동 중에 자본가적인 노동도 들어가 있는 것은 말할 필요도 없다. 부품상으로 많은 인간이 결합하고 나아가 그들 부품이 기계로서 결합되어 수천수만 인간의 힘을 합할 때 비로소 이것이 움직이고 있음을 이해하여야 한다. 생산 모든 관계의 총체, 혹은 사회의 경제적 구조가 사회의 토대라고 하는 경우에는 인간이 직접 힘을 합하여 노동할 때의 집단으로서의 관계와 노동자와 자본가가 맺은 고용관계만을 지칭하는 것은 아니다. 생산물상으로 결합되어 있는 인간의 상호관계, 생산물로서 나타나는 인간 상호관계도 모두 생산관계에 포함된다.

생활의 생산관계를 잘 살펴보면 생활자료의 생산이나 인간의 생산에서도 인간과 사물의 결합은 법률에서 '소유'라고 불려지는 관계를 취하고 있다. 우리의 가재도구는 우리의 소유물이고 공장의 건물과 기계, 원료, 금고 속의 지폐는 자본가의 소유물이다. 우리가 정원에서 채소를 키울 때는 원료도 노동수단도 노동하는 인간의 소유이기 때문에 생산된 채소는 당연히 노동한 인간의 소유로 귀속된다. 그렇지만 공장에 고용되어 있는 노동자는 노동력을 임금과 교환하여 자본가가 소유하게 되므로 자신의 신체이면서 자신의 신체가 아니게 되어 생산물에 대하여 아무런 권리도 갖지 못한다. 원료, 노동수단, 노동력은 모두 자본가의 소유이고 생산된 상품도 또한 자본가의 소유로 귀속된다. 자본주의적 생산관계라고 할 때에는 이러한 생산에 있어서의 특수한 관계를 가리키며 이것이 곧 자본주의적 소유관계이다. 공장과 기계를 가지고 있으면서 생산을 하지 않으면 그것은 소유관계이지만 자본주의적 생산관계라고 일컬을 수는 없다.

의지의 관념적인 대상화

우리가 시장에서 채소를 살 때 그 생산물은 생산한 생산자, 나아가 또 무와 배추를 생산한 사람과 비료를 생산한 사람 등과의 연결을 갖고 있으나 그러한 관계는 구체적으로 연구할 수도 없고 또 연구할 필요도 없다. 품질에 관계없으면 어느 토지에서 생산됐는가에 관심을 갖지 않는다. 자본가에게 있어서도 마찬가지이다. 그가 노동력을 살 때 무엇을 먹고 무엇을 마시고 무엇을 입고서 노동력을 만들어 내는지 등은 문제가 되지 않는다. 노동력의 질에 관계없으면 어디에서 출생했으며 어디에서 성장했는지조차 관심을 갖지 않는 것이 보통이다. 관심의 초점은 노동력을 자신의 소유로 하는 것, 그에 대해 자신이 소유하고 있는 화폐를 얼마나 지불해야 하는가에 있다. 노동력을 파는 사람은 가능한 한 비싸게 파는 방법을 생각해낼 것이고 사는 쪽은 가능한 한 싸게 사는 것이 유익하기 때문에 양자의 이해는 대립하고 있다. 여기서 흥정이 생기고 경쟁이 일어난다. 사는 사람보다 파는 사람이 많으면 경쟁적으로 팔려고 하기 때문에 가격이 낮아지고 파는 사람보다 사는 사람이 많으면 서로 사려고 하기 때문에 가격이 높아지는 현상은 채소나 노동력에 있어서도 마찬가지이다.

설령 양심적인 자본가가 노동자를 그렇게 값싸게 일시키는 것은 불쌍하다고 생각한다 할지라도 높은 임금을 지불하면 상품의 원가가 높아지기 때문에 낮은 임금을 지불하여 값싼 상품을 생산하는 경쟁 상대인 자본가에게 압도되어 기업이 망해버리기 때문에 경영을 계속하려고 한다면 노동력의 가격을 맞추어 싼 값으로 사야만 한다. 바로 이처럼 자본가 스스로 지킬 수 있는 조그만 양심조차도 짓밟아 버리는 데에 자본주의의 비인간적인 공포가 있는 것이다.

노동력을 사면 고용관계가 성립하는데 이것은 '계약'이라는 형태를 취한다. 이것도 다른 상품과 똑같은 것이다. "월급 100만 원이면 고용한다" "그것으로 족하다"라고 사는 사람과 파는 사람 양자의 의지가 일치하면 그 외에 무엇을 생각하고 무엇을 바라고 있는가와는 상관없이 이 점에서는 공통의 의지가 성립한다. 의지는 각각의 당사자의 머릿속에서 주관적으로 생기는 것이어서 머리에서 빠져나가 외부에 존재할 수 없는 것이다. 그러나 이때의 당사자는 공통의 의지를 개인적으로 편리하게 변화시켜서는 안 되는 것으로 고정화하고 다시 관념적으로 당사자의 외부에 있고 당사자를 구속하는 의지의 형태로 객관화하여 그 의지에 따르도록 하는 것이다. 이것을 '의지의 객관적인 대상화'라고 부른다. 우리들의 일상생활에서 "내일 3시에 여느 때와 같은 곳에서 만납시다." "예, 좋습니다"라고 '약속'하는 것도 결국 의지의 관념적인 대상화이다. 상품을 판매할 때에는 이해 문제가 크게 얽혀 있는 만큼 공통의 의지가 성립한 경우 머릿속에서 관념적으로 객관화할 뿐만 아니라 다시 계약서라는 형태로 문서 위에 표현하여 객관화하여 두기도 한다. 이렇게 하여 두면 제3자에게도 공통의 의지의 존재가 명확하게 되고 만일의 경우에는 이것이 '사실을 증명'하게 된다. 인간은 정신적인 존재를 만들어 낼 뿐만 아니라 그에 의해 자신의 정신활동을 제약하거나 행동을 제약하기도 한다는 것을 계약이라는 형식이 보여주고 있다. 계약은 "그 속에 경제적 관계가 반영되어 있는 하나의 의지관계"이다.

권력과 의지

자본주의 생산의 목적과 추진력은 무엇인가 하면 말할 필요도 없이 벌고 벌어서 어떻게든 가능한 한 많은 이윤을 손에 넣으려는 욕망이다. 그를 위해서는 작업을 합리화하여 커다란 집단력을 창조하고 원료와 기계의 낭비를 막고 노동자의 반항을 누르는 것이 필요하다. 노동자는 임금 때문에 노동력을 팔고 있는 월급쟁이이므로 이에 대한 자본가의 통제도 전제적(despotisch)이어서 자신들의 공동작업도 자신들의 의지로는 결정할 수 없고 주인의 의지에 의거하여 결정된다. 그 때문에 노동자는 "자신들이 창출해 낸 노동의 연관에 의해 자신들이 지배 착취당하게 된다." 그들의 모든 노동의 연관은 "관념적으로는 주인의 계획으로서 실천적으로는 자본가의 권위로서 그들의 행위를 자기의 목적에 종속시키는 타인의 의지의 권력으로서 그들에게 대립한다." 역사를 움직이는 토대인 물질적인 생활을 구체적으로 사회의 경제적 구조로서 조망하여 보면 의식주의 생활자료를 생산하는 기업도 교통 운수를 취급하는 기업에도 백화점과 호텔 영화관 등의 기업에도 이러한 '경제 권력'이 존재하고 있다. 직접적으로는 자신들이 창출해낸 노동의 연관에 의해 생산관계에 있어서 적대적인 대립에 놓여 있지만 그 배후에는 자본가의 의지가 있어서 그 지배하에 놓여 있는 것이다. 토대를 구성하고 있는 각각의 권력에는 각기 특수한 상부구조가 성립하고 있어서 물질적인 생활과 정신적인 생활을 이것저것이라는 형태로 구별할 수는 없다.

"여러 가지 소유의 형태, 즉 사회적 생존관계 위에 여러 가지의 독특하게 형성된 감정, 환상, 사고방식 및 인생관이라는 모든 상부구조가 이루어진다. 모든 계급은 자기의 물질적인 토대 및 그에 상응하는 사회관계로부터 이러한 것들을 창출하고 형성한다."67) 토대가 변화하면 상부구조도 움직이지 않을 수 없는 것은 건축에서도 사회에서도 마찬가지이다. 과학기술의 발전으로 현실적인 생활의 생산의 존재양식이 변하게 되면 생활자료의 생산에 필요한 노동자의 존재양식도 변하지 않을 수 없다. 고용계약이 성립하여 일하게 되면 그 구체화로서의 노동조건에 의해 구속되지만 계약을 파기하여 해고시키지 않는다 하더라도 노동조건은 노동자에

67) 윤병태외 지음, 『철학대사전』(중원문화, 2023).— 저자

게 불리하게 되어 간다. 그리고 노동자 개인도 이러한 물질적 정신적 생활의 변화에 의해 그 감정과 환상과 인생관과 사회관에 변화를 일으키게 된다. 정신적인 생활의 존재양식은 이렇게 끊임없이 변화하고 있지만 때로는 국가권력이 혁명에 의해 다른 계급으로 넘어가거나 생산양식이 자본주의로부터 사회주의로 변하는 커다란 변혁이 일어나기도 한다. 상부구조는 토대로부터 창출되었지만 상부구조의 종류에 따라 그 창출된 토대와의 결합은 각각 다르고 또 이로부터 토대의 변혁이 상부구조에 미치는 영향도 서서히 혹은 급속하게(langsamer order rascher) 이루어진다.

"토대는 상부구조를 만들어내고 이 상부구조가 또 토대에 작용을 미칠 뿐 아니라 양자의 상호침투가 존재한다."68) 각각의 경제권력을 각각의 자본가의 의지로 지배하여 질서를 유지하고 있을 뿐 아니라, 그 위에 전 사회적인 규모로 경제권력을 통제하여 그 의지 아래에 두려고 하는 상부구조적 성격이 강한 경제 단체 연합회와 같은 조직이 출현한다. 그리고 한편으로는 법에 의해 질서를 유지하기 위한 국가 권력이 기업을 소유하여 일반 자본가가 지불하는 것과 똑같은 임금으로 노동자를 노동시키는 경제적 측면도 발전시키고 있다.

물질적인 원동력과 정신적인 원동력

역사의 근본적인 원동력은 무엇인가라는 문제에 유물사관은 물질적인 생활의 생산 및 재생산이라고 대답한다. 이것은 결코 '정신적 생활이 가지는 능동성을 부정하는 것이 아니다.' 관념론적 역사관은 정신적인 존재,

---

68) 앞의 책,— 저자

예를 들면 법률과 이상과 종교 등이 가지는 원동력으로서의 역할을 비정상적으로 문제삼아 제2의적인 것을 근본적인 것으로 규정지어 버리는 데 있는 것이다. '정신적인 생활이 가지는 원동력으로서의 역할은 물질적인 생활의 역할과 정확히 구별하여 정확히 평가해야만 한다.' 이러한 각종 변혁을 고찰할 때에는 사람은 항상 경제적인 생산 여러 조건의 경우처럼 물질적인 자연과학적으로 정밀히 확인될 수 있는 변혁과 이러한 변혁에서 사람이 이 충돌을 의식하고 또 그것을 싸워 이겨낸 종교적, 예술적 혹은 철학적인, 간단히 말하자면 이데올로기적인 여러 형태를 구별하지 않으면 안 된다는 것이다. 예술작품은 그것 자체로서는 종이 위의 잉크의 점 혹은 공기의 진동이고 역사를 움직이는 원동력으로 볼 수 없다. 그렇지만 감상자는 예술작품을 매개로 하여 작자의 정신을 자신의 머릿속에 재생산한다.

예를 들면 스토우 부인의 『엉클 톰스 캐빈』을 읽었던 미국의 청년은 그로부터 노예 해방 사상을 얻어 내지만 군국주의를 미화하는 무용담을 들었던 일본의 대중은 그로부터 침략사상을 얻게 된다. 이 정신은 남북전쟁, 태평양전쟁에 각각이 참가한 행동을 규정하고 있고 역사를 움직이는 원동력의 일부를 구성하고 있다고 할 수 있는 것이다. 유물론은 정신력을 부정하는 것이라고 생각하는 사람도 있지만 그것은 일부의 평범한 논자들의 이야기이다. 맑스의 유물사관은 정신력의 역할을 정확히 인정하는 유물론적 역사관이다.

언제나 맛없는 것만 먹고 사는 일용 노동자와 맛있는 것만 먹는 사장과는 똑같은 식사를 대해도 다른 감정을 갖는다. 똑같은 인간이 음식을 보아도 배고플 때와 부를 때, 건강할 때와 그렇지 못할 때는 욕구가 다르다. 물질적인 생활의 생산의 존재양식은 상부구조를 제약한다. 때에 따라서는 계급적인 입장이 그대로 인식에 드러나는 경우도 있다. 영화에서 수소폭탄의 실험을 볼 때 전쟁이 일어나면 군대에 동원될 청년은 "저런 무서운 것을 퍼부을 것인가?"라고 전율하고, 우라늄 광산의 소유자는 "굉장하구나. 벌이가 되겠군!" 하고 가슴이 뛰게 되는 것 같은 차이가 생기게도 된다.

이데올로기의 성립

인간은 외부세계로부터 매개되어 생겨난 인식을 그 자체로서 취급할 뿐 아니라, 나아가 이들을 머릿속에서 서로 연관시켜 세계를 보다 넓게 보다 깊이 파악하여 행동의 지침으로 삼아야 한다. 인식에는 자신이 직접 파악한 것도 있고 혹은 표현이라는 물질적인 거울을 매개로 하여 타인으로부터 주어진 것도 있지만 이러한 인식이 서로 연관되어 통일될 때 비로소 인식의 내부에서 상대적으로 독립하여 일정한 한계 속에서 외부세계나 인식의 다른 부분으로부터도 독립하여 독자적으로 발전한다.

과학은 개개의 과학자의 인식이 차곡차곡 누적되어 체계화된 것이다. 누가 무엇을 발견했는가 하는 것은 과학을 알고 싶어 하는 사람에게는 문제가 되지만 과학을 이용하는 사람에게는 아무래도 좋은 것이다. 과학에는 객관적인 하나의 이론이 체계적으로 존재하며 이는 사회적인 공동재산으로 취급된다. 종교는 비과학적이지만 신이라든지 부처를 중심으로 한 세계에 관한 체계적인 이론으로 발전하여 왔다. 고대 인도의 불교가 일련의 사상과 일본이나 중국, 한국 등의 가치론으로 구체화되어 오늘날의 체계로 발전하여 왔다. 속담이나 격언은 말은 간단해도 깊은 진리를 담고 있다. 그들은 민중 가운데에서 생겨난 것도 있고 성서나 위인의 말의 단편도 있지만, 어떻게 생겨났는가는 문제되지 않으며 인생관과 사회관과 세계관을 가르쳐 온 사회적인 공동재산으로 다루어진다. 그리고 과학도 종교도 속담도 금언도 우리들 개인의 머릿속에서 개인의 생활에서 얻어진 인식과는 상대적으로 독립하여 존재할 수 있다.

연구실에서는 과학자로서 유물론의 입장에서 연구하지만 집에 돌아가면 기독교의 신자로서 관념론의 입장에서 주문을 외는 사람도 있다. 또 학교에서는 민주주의에 관해서 강의하지만 집에 돌아가면 부인과 자식에 대해 절대 복종을 요구하는 자칭 민주주의자도 있다. 더욱이 의지의 관념적인 대상화인 계약과 법률도, 예술에 표현되는 작자의 공상의 세계도, 누구나 누가 채권자이며 언제 국회에서 누가 제안했으며 누가 언제 창작했는지 어쨌든 간에, 하나의 독립된 존재로서 채권을 제3자에게 양도하거나 법률의 내용과 역할을 논하거나 예술을 감상할 수도 있는 것이다. 인간이 사회적으로 창조했던 상대적으로 독립한 정신적인 존재를 이데올로기라고 부르고 있다.

가족과 가족제도

가족은 말하자면 사회의 '세포'에 해당하는 작은 사회이다. 가족의 생활, 즉 가정생활에도 물질적인 생활과 정신적인 생활 나름대로의 토대와 상부구조가 존재한다. 토대가 아니라면 이것은 상부구조라는 의미이므로 가족은 상부구조에 포함하게 된다. 그러나 가족의 물질적인 생활 가운데에서 중요한 역할을 수행하고 있는 것은 재산을 둘러싼 소유관계이고 정신적 생활 중에서 중요한 역할을 담당하고 있는 것은 법률에 의해 규정되고 있는 가족제도와 그에 기초한 가족 사이의 규율이다.

국가가 성립됐던 고대 이래로부터 권력을 장악하고 있는 황제의 가족 사이에는 재산과 지위의 계승을 둘러싸고 음모와 투쟁이 끊이지 않았으며 그것이 역사를 변화시키는 하나의 힘이었던 사실은 동양이나 유럽이나 마찬가지였다. 가족의 역할을 무시하고서는 역사를 논할 수 없다.

18세기에 이르러 가족제도의 개념이 철학자들에 의해 해체되었던 것은 현 가족제도가 문명의 최첨단을 걷는 사이에 이미 해체되어 가고 있었기 때문이다. 그 즈음에 해체되었던 것은 가족제도의 내적인 결함, 즉 가족제도 개념의 구성 요소인 개개의 부분, 예를 들면 복종관념, 효도와 순종의 사고, 부부간의 성실성 등이다. 그러나 가족제도의 현실적인 골격인 재산관계, 다른 가족들에 대한 배타적인 관계, 강제적인 공동생활, 이미 어린이들의 존재나 현대의 제도시의 자본의 형성 등에 의해 주어졌던 모든 관계는 비록 여러 가지 협작물에 의해 방해되고 있지만 변함없이 계속하여 존재한다. 왜냐하면 가족제도의 존재는 시민사회의 의지로부터 독립한 '생산양식과의 스스로의 관련에 의해 필요한 것으로 되고 있기' 때문이다. 못된 상인은 투기 파산 등을 통해 타인으로부터 재산을 강탈함으로써 재산제도를 빠져나간다. 미숙한 자들은 자신의 가족으로부터 독립하려고 하며 가능하면 자기의 이해를 위해 실제로 그것을 해체시켜 버린다. 그렇지만 부부관계, 재산제도, 가족제도는 '이론적으로는 손가락 하나도 대지 않고 존속되어진다'라는 사실 바로 그러한 것이야말로 방탕한 자들이 자기의 지배를 수립하는 경우에 기반으로 삼아야 했던 모든 기초이기 때문이다.

질서와 규범

사회생활에 있어서는 여러 집단이나 여러 행동의 장에서 질서를 유지해야만 한다. 가족, 학교, 공장, 사회단체, 정당, 집회 등등이 모두 질서를 필요로 한다. 질서에는 만인의 이익이 관련된 것도 있고 일부의 특수한 사람들에게는 이익이지만 다른 대다수 사람들에게는 해악밖에 되지 않는 것도 있다. 질서를 유지하는 방식은 공통적이다. 하나의 집단이나 장소에 참가하는 사람들은 '이렇게 한다' '이렇게 하면 안 된다'라는 그 행동에 관한 의지의 관념적인 대상화가 행해지고 그것이 도덕이라든가 규칙, 규약으로 불리어 이 객관적인 의지에 참가하는 개인의 의지를 종속시키는 형태를 취한다. 이 객관적인 의지를 '규범'(Norm)이라고 부른다. 이것을 위반한 경우에는 힘으로 제재를 가하거나 집단으로부터 추방하거나 한다. 가족의 생활질서를 어지럽힌 아이는 어머니에게 엉덩이를 맞거나 교실의 질서를 어지럽힌 학생은 칠판에 '나는 나쁜 짓을 했습니다'라고 100번 쓰게 하거나, 회사원은 시말서를 쓰거나 노동조합의 규율을 어지럽힌 조합원은 권리를 정지시키기도 하고 전차 안에서 술에 취해 승객을 괴롭힌 사람은 경찰에게 잡혀가기도 한다.

규범은 각각 독립해 있는 동시에 서로 연결되어 있다. 열차와 버스의 시간표는 운행에 관한 규범이고 요금표는 요금에 대한 규범이지만 KTX요금을 지불했어도 열차가 2시간 이상 늦어질 때에는 또 다른 규범이 있어서 그 요금을 환불하도록 규정되어 있다. KTX회사는 이 규범에 위반하여 환불을 거절할 수는 없다. 고용계약을 무시하여 회사가 임금을 지불하지 않거나 매매계약을 무시하여 파는 자가 상품을 양도하지 않거나 하면 법의 제재를 받게 된다. 국영철도의 요금표를 변경하여 요금을 인상하기 위해서는 국무회의의 승인이 필요하다. 최고의 규범은 국가가 제정하는 규범이고 이것이 다른 규범을 뒷받침하여 전체의 질서를 유지하게 된다.

국가 의지와 국가 권력

국민은 경범죄라고 하여 끌려가며 교통법규를 위반했다 하여 벌금을 내게 하고 어려운 생활을 하고 있는데도 무거운 세금을 내게 되어 있다. 이에 항변하면 공무원들은 "개인적으로는 동정하지만 법률로 정해져 있는 이상 할 수 없다"고 딱 잘라 말한다. 공무원들은 그들 개인의 의지로 활동하는 것이 아니고 법률에 따라 활동하는 사람들이다. 그들 관계도 또 법률에 기초하여 형성된다. 공무원은 법률적 인간이다. 육법전서를 보면 줄줄이 "……해야 한다." "……해서는 안 된다"라는 명령문이다.

도대체 누가 명령하는 것인가? 국가이다. 국가는 개인은 아니지만 의지를 갖고 있고 법률이라는 형태로 명령한다. 18세기에 프랑스의 어떤 임금은 "짐은 국가이다!"라고 말했다는 이야기가 있다. 이것은 정말 명언이다. 그러나 결코 문자 그대로 군주 그 자체가 국가라는 의미는 아니며 군주의 의지만이 국가의 의지가 된다는 것도 아니다. 군주의 옆에는 대신들이 있어서 "이렇게 하십시오." 하고 진언한다. 그 가운데에는 대신들 개인의 이익에서 나오는 것도 있지만 지주나 상인의 의지를 대변하거나 노동자들의 불만이 높아져 그들의 요구를 전혀 들어주지 않는다면 소동이 일어날 위험이 있다는 판단에 의한 것도 있다. 이러한 특수한 이해에 근거한 의지뿐만 아니라 재해라든가 외국의 침략에 대항해야 하는 국민 공통의 이해에 기초한 의지도 있음은 말할 필요도 없을 것이다.

이렇게 각 집단의 의지, 각 집단의 요구가 종합되어 최후로 의지의 관념적인 대상화가 행해져 개인으로부터 독립한 '국가의지'가 탄생하는 것이다. 그것이 군주라는 개인을 통해 결정되는가 혹은 대의원으로 구성된 의회의 의결에 의해 결정되는가는 별개의 문제이다. 국가의지에는 지배받고 있는 계급의 요구도 반영되는 것은 사실이지만, 그것은 지배계급의 요구와 일치하든가 혹은 역학관계상 어쩔 수 없이 양보한 것, 불충분한 형태로 받아들여져야만 했던 것으로 전체적으로 국가의지는 역시 물질적인 생활의 생산을 지배하고 있는 계급의 요구가 반영된 것과 다름이 없다. 현재 미국에서는 의회의 의원들의 대부분은 이 지배계급 가운데에서 나오고 정당의 비용은 대기업들이 공급하여 그들의 의지를 국가의지로 성립시키기 위해 노력하고 있다. 선출과 토론의 형태는 민주적이지만 현재의 의회는 지배계급의 의지를 국가의지로 성립시키기 위한 기관이나 다름없다. 견제 권력에 있어서의 전제적인 지배를 언제까지나 유지하려 하고 이 질서를 변화시키려는 움직임을 억압하려는 것이 지배계급의 의지이기 때문에 이런 의미에서는 의회도 역시 독재기관에 불과하다.

그런데 누구든지 기꺼이 국가의지에 복종한다면 세상은 무사태평이겠지만 좀처럼 그렇게는 되지 않는다. 세금을 아무리 독촉해도 내지 않고 다른 사람의 소유물을 훔치고 사람을 죽이고 더욱이 무력으로 경제권력의 변혁을 계획하는 사람조차 생긴다. 외국으로부터의 침략도 가능성이 없는 것은 아니다. 국가는 실력을 갖고 그 의지를 강제하고 실행하지 않으면 안 된다. 침략을 실력으로 격퇴하여야만 한다. 그래서 국가의지를 실행하기 위해 여러 종류의 관리를 둘 필요가 있고 따르지 않는 자를 강제로 끌어가는 경찰이나 헌병도 채용하게 된다. 이들은 국가의지를 통해 거둬들인 세금으로 생활 자료를 획득하고 개인의 의지에 따라서가 아니라 국가의지에 따라서 행동한다는 점에서 스스로의 노동으로 생활자료를 획득하고 개인의 의지에 따라 행동하는 일반 국민과는 다른 인간이다.

기업이 물질적인 생산력을 높이고 착취를 강화하기 위한 경제권력인데 비해 국가권력은 이데올로기에 의해 질서를 유지하기 위한 정치권력이다. "국가에 있어서 인간을 지배하는 최초의 이데올로기적인 권력이 나타난다. 사회는 안팎으로부터의 공격에 대항하여 공동의 이익을 지키기 위해 하나의 기관을 만들어 낸다. 이 기관이 국가권력이다." 권력에는 의지에 위반하는 자에게 가해지는 물질적인 권력, 완력, 채찍, 곤봉, 피스톨 등이 준비되어 있다. 노름꾼 일가에는 경계봉이 있어서 도박장의 질서를 어지럽히는 자에게 제재를 가하고, 기업에는 수위가 있어서 직장의 규칙을 위반한 자를 쫓아내고, 학교권력은 최고 규범을 제정하여 전 사회 질서를 유지하는 것이 목적이므로 물질적인 권력도 최고의 것을 갖추고 있지만 표면상으로는 국민 전체에게 봉사한다고 말한다.

국가기관을 구성하고 있는 공무원, 경찰, 장교, 병사 등도 일반 국민과 똑같이 물질적인 생활자료를 사용 소비하면서 생활하고 있다. 이들이 필요로 하는 건물과 설비와 교도소 기타 강제시설은 모두 생활자료의 생산에 의해 유지되고 있다. 무기의 생산도 옛날처럼 특수한 기술자에 의존하는 시대는 지나갔고 군수공업으로서 일국의 생산력과 과학기술의 수준으로 유지되고 있다.

국가의지는 물질적인 생활을 토대로 하여 성립하는 동시에 국민 개인의 의지를 규정하여 그 개인을 통해 물질적인 생활에 작용을 가한다. 국가의지에 복종하기를 거부하는 자에 대해서는 권력을 행사하여 복종시키지만, 한편으로는 국민이 기꺼이 복종하도록 교육하는 회유와 협박이라는 두 가지 수단을 쓴다. 군대는 때에 따라서는 '공동의 이익'을 위해 풍수해로 곤란받는 국민을 구조하는 경우에 사용되기도 하지만 이런 일면을 지나치게 강조하여 데모와 스트라이크를 탄압하는 등의 계급적 이익을 위해 사용되는 경우도 역시 '공공의 복지를 위해' 한다고 생각하도록 교육 시킨다.

종교와 예술

종교의 신(God)은 인간이 머릿속에서 만들어 낸 공상을 관념적으로 대상화한 것이다. 관념적인 대상화에는 의식하고 행하는 경우와 의식하지 못하고 하기 때문에 대상화하고 있는 것이라고 자각 못하는 경우가 있다. 꿈의 세계는 의식하지 못하는 대상화이기 때문에 거기서 도깨비가 나타나도 그것을 스스로 만들어낸 것이라고 생각하지 않고 자신의 외부에 처음부터 객관적으로 존재한 것이라고 생각한다. 꿈에서 깨어 제정신이 들어야 비로소 스스로 만들어 낸 것임을 알게 된다. 미신을 믿는 사람들도 신은 인간이 머릿속에서 만들어 내었다는 것을 의식하지 못하고 자신들의 외부에 처음부터 객관적으로 존재한 것으로 생각한다. 요컨대 눈을 뜨고서 꿈을 꾸고 있는 사람으로 꿈 속의 공상의 세계와 눈앞의 현실세계를 이중으로 겹치면서 이중이 아니라 하나라고 생각하며 좀처럼 꿈에서 깨어나지 못하는 것이다.

그런데 신은 여러 가지 능력을 가진 것으로 되어 있다. 질병을 치료하는 신이나 결혼의 신, 행복을 주는 신도 있다. 사랑과 생명을 주는 것도 신이라고 한다. 그러나 잘 생각해보면 신이 능력을 갖고 우리들의 생활에 영향을 미치면 미칠수록 그만큼 우리 인간들은 무력한 존재가 되어 버린다. 병을 고치는 것도 또 결혼하는 것도 행복한 생활을 하는 것도 사랑하는 것도 우리들 인간으로서의 노력에 의해 실현해야만 하고 실현하는 것이라고 생각하여 행동하는 것이 아니라 우리들 인간의 힘으로는 획득할 수 없으며 신에 의지하여 힘을 빌지 않으면 안 된다는 것으로 되어 버린다. "신이 능력을 가지면 가질수록 인간은 무력하고 비참하게 되고 인간의 능력과 노력을 인정하면 할수록 신은 무력하게 된다"는 의미에서 양자는 적대적인 관계에 놓여 있다고 하겠다. 그러므로 인간은 생활 속에서 무력하고 비참하다고 느끼며 자신의 힘으로 타개할 수 없다고 느낄 때, 지금까지 유물론자라고 지칭하여 신을 부정했던 사람조차 신에게 매달리고 싶은 기분이 든다. 예부터 '괴로울 때만의 신'이다라고 말한다. 많은 사람들이 무력하고 비참하다고 느끼고 장래 어떻게 될까 알 수 없다고 불안해하는 시대에는 신흥 종교세력이 폭발적으로 성장한다. 예술가가 공상의 세계를 소설로 쓰거나 드라마화하는 경우도 종교와 똑같이 관념적으로 대상화하는 것이지만 종교와 달리 의식하면서 꿈을 보는 것이므로 공상의 세계가 현실로 객관적으로 존재하고 있다고 생각하지는 않는다.

집필하는 동안에는 그 세계를 현실세계와 똑같이 취급하여 말탄 괴물이 눈앞에서 칼을 휘두르거나 채털리 부인이 숲속을 달리고 있는 것을 보지만, 집필이 끝나면 그 공상의 세계는 이제 필요가 없으므로 무너져 버린다. 종교의 경우 신자는 항상 자신의 머릿속에 관념적으로 대상화된 신에 의해 제약되어 그 지배하에 생활하고 있지만, 예술의 경우에는 작가의 의지가 공상의 세계를 지배하여 그 등장인물을 작자의 생각대로 행동하게 한다. 그것은 작자의 능력을 조금도 부정하는 것은 아니고 작자가 능력을 갖지 않으면 뛰어난 등장인물을 만들어 낼 수 없다는 조화가 문제로 된다. 여기에는 적대적인 관계는 존재하지 않는다.

예의범절이라는 것

규범에 있어서 의지의 관념적인 대상화에도 의식하며 행하고 있는 경우와 의식하지 못하고 행하기 때문에 대상화로서 성립하는 것을 자각하지 못하는 경우가 있다. 약속이나 제약처럼 의식하며 만들어 낸 것은 후에 정정하거나 합의(새롭게 성립한 공통의 의지)로 취소하기도 쉽다. 그러나 아이들이 생활 속에서 의식하지 못한 채 어느새 만들어 가는 각종 생활규범은 그들의 생활의 존재양식을 의식하지 못하고 규정하기 때문에 삶의 본래적인 성질같이도 보이고 몸에 배어 버려 후에 바뀌기 힘들다. 그러므로 부모의 입장에서 자식이 올바른 규범을 만들어 가도록 시키는 예의범절이라는 활동이 교육상 중요하게 되는 것이다.

사회의 모순과 소외

야구의 규칙도 의지의 관념적인 대상화로 성립한 게임을 위한 일종의 규범이지만 이것은 경기자에게는 전혀 적대적인 존재가 아니고 야구를 즐긴다는 '공동의 이익'을 위해 만들어져 있다. 그러나 유희본능이므로 국민의 의지에 대하여 적대적인 성격을 갖고 있다.

상부로서의 법률의 존재양식과, 토대로서의 노동자가 대상화한 노동이 자본으로서 노동자를 착취한다는 적대적인 성격을 비교해 보면 거기에 이론적인 공통점이 있음을 알 수 있다. 즉 정신적인 생활에서도 물질적인 생활에서도 인간이 스스로 만들어 낸 것과 적대적인 입장에 놓여 만들어 낸 것에 의해 지배된다는 것이다. 의지나 노동이라는 인간적인 것이 대상화되면서 그것이 인간은 비인간화하는 방향으로 작용한다는 것이다. 인간이 자신의 본질적인 것을 의화하여 소위 '소외함'으로써 인간 자신이 인간적인 생활에서 '소외되는' 것이다. 이처럼 현실생활의 생산에서 소외된 노동이 가공할 만한 '힘'으로서 생활을 지배한다고 할 때 사람들이 이를 믿는 것도 이론적으로 납득할 만한 일이다.

종교가 과학을 도입하고 종교가 예술로서 표현되는 것처럼 상부구조는 상호 침투하여 간다. 언어표현을 위한 어법과 문법도 자연 발생적인 하나의 규범이지만 새로운 사물이 발견 혹은 창조되면 그것을 표현하는 어법이 정해지고 반대로 이제까지 존재했던 사물이 소멸하면 그것에 사용됐던 이름도 사용되지 않게 되는데 이것도 물질적인 생활의 변화에 대응한 정신적인 생활의 변화라고 한다.

두 종류의 매개

인간이 창조한 생활자료는 '육체적 정신적인 분신'으로서 다른 인간이 있는 곳으로 가기 때문에 인간과 인간 간의 매개물(medium, media)이라고 부를 수 있다. 이런 소위 미디어에는 물질적인 생활에 투입할 목적으로 창조된 것과 정신적인 생활에 투입할 목적으로 창조된 것(커뮤니케이션 미디어)의 두 종류가 구별된다. 이들의 구별은 적극적인 면을 파악하여 구별한 것인데, 자세히 보면 물질적인 생활을 위한 생활자료에도 정신적인 생활과 연결된 측면이 존재한다. '우리나라의 요리는 식기의 질과 그 색채 무늬의 여하에 따라 그 취향이 완전히 달라진다. 여름에는 여름, 겨울에는 겨울다운 술잔과 쟁반이 필요하다. 누가 홍어회를 붉고 울퉁불퉁한 접시에 담고 신선한 향기가 나는 음식을 회칠한 나무그릇에 담겠는가? 요리는 식기의 선택이 매우 중요하다. 선택요령 자체가 특수한 예술이다. 술잔과 쟁반의 선택은 술집에 있어서는 주인의 풍류를 엿보게 하고 가정의 경우는 주부의 마음가짐의 여하를 추측하게 한다.' 그래서 현대에는 접시나 찻잔 등에 한정되지 않고 의자와 테이블, 라디오와 텔레비전, 자동차와 비행기 등 모든 상품에 대해서 그 디자인이 문제되어 그들의 물질적, 실용적인 부분과 독립한 정신적인 생활에 연결된 면에서의 창조가 산업디자이너라고 불리는 사람들에 의해 행해지게 되었다. 정신적인 생활과정의 물질적인 생활에의 침투는 이런 면에서도 더욱 진행되어 간다. 한편으로는 정신적으로 비인간적인 생활을 강제하면서 다른 한편으로는 이러한 정신적인 생활이 심화되어 간다는 것도 현 사회의 모순의 일단면에 불과하다. 이와는 반대로 정신적인 생활을 위한 생활자료에도 물질적인 생활과 관련된 측면이 존재하고 있다. 문학이나 TV도 종이나 잉크, 브라운관 같은 물질적인 기초가 있어야만 하고 작은 활자나 어두운 방에서 TV를 보면 눈이 피로해져서 육체적인 영향을 받게 된다. 일본에서도 소개된 '맥루한'69)의 미디어론에서는 물질적인 생활자료에도 정신적인 생활과 연결된 면, 즉 커뮤니케이션 미디어와 공통되는 면이 존재하는 것을 파악했지만 두 종류의 미디어를 구별하지 않고 동일시해 버렸고 변증법도 궤변이 되어 버렸다.

---

69) 맥루한(Marshall McLuhan, 1911~1980), 캐나다 대학의 교수로서 텔레비전이 생기기 이전의 인간은 시각만을 작용시키는 활자 상활을 해온 데 비해, 텔레비전 시대의 청소년들은 모든 감각을 작용시켜 원시안에 가까운 전(全) 감각적 생활을 한다는 독특한 커뮤니케이션 이론을 주장하였다. 우리나라에도 이 책이 번역되어 있어 독자에게 참고가 될까 해서 소개한다. 배성동 외 역, 『미이디어의 이해』(삼성 출판사, 1976).— 저자

헤겔 변증법 본질 기억하기

첫째 : 대립물의 상호침투의 법칙.

둘째 : 양(量)과 질(質)의 상호전화의 법칙.

셋째 : 부정(否定)의 부정(否定)의 법칙.

헤겔은 말한 첫 번째 법칙은『대논리학』제1부의 '존재론'에서 전개되었고, 둘째의 법칙은『대논리학』제2부 '본질론'에서 기술하고 있다. 마지막 세 번째 법칙은『대논리학』'개념론'(槪念論)으로 전 세계에 대한 근본법칙을 설명하고 있다. 헤겔의 관념론적 입장에도 불구하고 그의 철학이 오늘날에도 칭송받고 있는 이유는 "존재하는 모든 것은 연관[매개]되어 있다는 사실과 변화하고 있다는 사실을 지적했기 때문이다. 헤겔과 맑스 외에는 이러한 법칙을 발견한 바도 없으며 또 이를 옹호한 학자도 없다. 맑스 역시 그의 유물변증법에서 모든 사물은 서로 연관되어 있고, 서로 제약하며 매개에 의해서 상호침투하고 있다는 사실을 설명하고 있다. 상기 내용에 대해서는 지금가지 기술된 내용에 여러 번 반복되었음을 알 수 있엇을 것이다. 왜냐하면 이 세 가지 법칙이 변증법을 소화하는 데 가장 중요한 역할을 하기 때문이다.

변증법은 인문과학이나 사회과학보다도 자연과학에서 더 빠르게 확산되었으며 이 또한 물리학에서 두드려진 진보가 있었다는 점에 주목해야한다. 물론 생물학 유전공학 등에서도 많은 법칙들이 변증적법적임이 입증된 것은 19세기부터이다.

4. 양과 질의 상호전화의 법칙

4. 양과 질의 상호전화의 법칙

물질의 양과 질의 관계

원자는 물체를 구성하는 단위이다. 개개의 원자는 같은 원소를 구성할 때에는 같은 성질을 갖지만 결합하는 양에 따라서 다른 성질의 물체가 생긴다. 화학은 그 구체적인 형태를 명확하게 하였다. 산소는 냄새가 없는 기체이지만 산소원자 세 개가 결합하면 일종의 비린내 같은 독특한 냄새를 가지고 비중도 산소보다 크며 강한 살균력을 가진 오존이 된다. '술은 백약의 으뜸'이라고 말하면서 포장마차에서 참새구이를 안주로 즐겁게 잔을 기울이는 애주가들은 메틸이라는 말만 들어도 몸서리칠 것이다. 메틸은 조금만 마셔도 시신경을 침해하여 장님이 되고 더 많이 마시게 되면 생명을 잃는다. 메틸은 CH_3OH라는 화학구조를 갖는 알콜의 일종인데 이것에 CH_2를 가하여 C_2H_5OH가 되면 질적으로 다른 알콜이 된다. 이것이 바로 '백약의 으뜸'인 술의 주성분이다.

기체는 압력을 가하여 양을 변화시켜 나가면 기체에서 액체로 질적으로 전화한다. 산소나 수소, 석유생산의 부산물인 천연가스도 압력을 가하여 액화시킨 것을 통해 채워 판매한다. 용접작업을 하거나 LPG(액화석유가스)나 소위 프로판가스로 취사를 할 때에는 압력을 줄어 액체에서 기체로 전화시켜 사용한다.

물리학은 한층 더 나아가 원자의 내부에서 물질의 양이 원자의 성질을 변화시킨다는 사실을 명확하게 하였다. 퀴리 부부는 1898년 라듐을 발견했는데, 이 원소는 원자핵으로부터 끊임없이 구성 물질을 방사하여 일정 기간 후에는 차차 다른 원소로 변한다. 라듐은 천연적인 방사성원소로 원소변환이 저절로 이뤄지는 사실을 보여주고 있는데, 그 후 연구가 더욱 진전되어 거의 모든 원소가 인공적으로 변환할 수 있게 되었다. 원자핵에 가두어져 있는 에너지를 인공적으로 질적 변화시키면 대도시를 순식간에 멸망시키는 막대한 양의 열과 방사선이 방출된다는 사실도 실증되었다. 우라늄으로부터의 원자력의 해방은 분열반응에 의한 것이지만, 이와 반대로 수소폭탄은 융합반응에 의한 것이다. 태양에서 나오는 거대한 에너지도 역시 융합반응에 의한 것으로서 끊임없이 원소 전환이 계속되어 수소핵의 양자 네 개가 결합하여 한 개의 헬륨핵을 만드는 형식으로 1초에 1천억 kg의 수소가 헬륨으로 변화한다.

화학이나 물리학을 잘 알고 있는 사람에게 양적인 변화가 질적인 변화를 초래한다거나 질적인 변화가 양적인 변화를 초래한다고 말해도, 이는 어디서나 볼 수 있는 자명하고 평범한 진리이기 때문에 자기에게는 새로운 어떤 원리를 가르쳐 주는 것이 아니라고 할 수도 있다. 그러나 '양질 전화'는 자연뿐만 아니라 사회와 인식에서도 일어난다. 그러나 앞에서처럼 측정할 수는 없다. 조건이 변화함에 따라 **결절점**이 변화하는 것은 기압의 변화가 물의 비등점에 변화를 일으킨다거나 소금을 용해시키면 빙점이 변화하는 사실에서도 알 수 있듯이 정밀과학에서도 볼 수 있지만,

사회와 인식의 경우에는 여러 가지 조건이 발생하거나 소멸하기 때문에 결절점의 변화를 예상하기 곤란하다. 또한 단지 형이상학적으로 생각하는 사람들은 양적변화에서 새로운 질이 생긴다고는 생각하지 못하고 새로운 질은 이미 존재하고 있었거나 양적으로 적었기 때문에 파악할 수 없었던 것에 불과하다고 생각하는 경향이 있다. 이는 알 속에 눈으로 볼 수 없는 정도의 닭이 숨어 있어서 그것이 크게 되어 나온다고 생각하는 것과 같다. 또한 양질전화를 인정하면서도 조건의 변화에 따른 결절점의 변화를 무시하고 결절점을 고정적으로 생각하는 경향도 나타났다.

매개관계에서의 질적 변화

오존의 예에서는 어떤 물체의 양적인 변화가 그 물체의 성질을 직접적으로 변화시켰다. 그러나 어떤 약품(모르핀이나 코카인 같은 것을 생각해 보자)의 양이 인체에 미치는 영향을 연구해 보면 약품 자체의 양적인 변화는 어떠한 질적인 변화도 일으키지 않지만 인체와의 매개관계에 있어서는 질적인 규정을 받는다. 일정량까지는 별로 효과가 없으나 그 이상이 되면 약의 효과가 나타나고 약의 한계를 넘으면 중독량이 되고 더욱 많으면 치사량이 된다. 일정한 양까지는 점차로 증가해도 질적인 변화가 없지만 어떤 양에 도달하면 급격히 질적인 변화를 일으키는데, 여기에 결절점이 존재하며 '점차성(漸次性)의 중단'과 '비약'이 일어남을 알 수 있다. 그러므로 이 결절점은 절대적으로 고정된 것이 아니라 상대적으로 변화하는 것이며, 매개자인 인간의 조건이 변화하면 결절점도 따라서 움직인다. 아이들과 어른은 큰 차이가 있기 때문에 어른의 용량을 아이에게 주면 죽기 쉽다. 또한 같은 사람에게도 거듭하여 복용하면 조건이 변하여 최초보다도 양을 증가시키지 않으면 약효가 없게 된다거나, 처음이라면 치사량에 상당하는 양을 복용하여도 무사할 수도 있다. 이와 같이 매개관계 하에서 양질전화가 일어나는 경우, 독립된 일면만을 보아서는 질적인 변화를 알 수 없기 때문에, 사실은 질적 변화의 결절점에 다가가고 있음에도 불구하고 이를 알지 못하고 단순한 양적인 증가나 감소에 그치고 만다고 생각해 버릴 위험이 있다. 매개되는 쪽의 조건이 그다지 변화하지 않는 경우에는 잘못된 판단을 내릴 위험이 점점 커진다. 갓난아기에게 어른의 용량을 준다면 모처럼 주어도 효과가 없다든지 하는 위험이 있다.

자동차의 폭이 일정한 크기 이상이면 길을 통과하지 못하거나 무게가 일정량 이상이면 다리가 무너질 위험이 있어서 건널 수 없게 되는 양질전화가 예상되는 경우에는 그전의 코스를 상세히 조사할 필요가 있다. 어떤 코스에서는 통과할 수 있지만 조건이 달라지면 통과할 수 없기 때문이다. 다른 사물에 관해서도 마찬가지로 말할 수 있다.

양과 질의 상호전화의 법칙

양적인 변화가 질적인 변화를 초래하고 질적인 변화가 양적인 변화를 초래한다는 것이 양과 질의 상호전화의 법칙이다. 물이 질적으로 변화하여 수증기가 되면 양적으로 증가한다든가, 화약이 질적으로 변화하여 가스로 될 경우 폭발하여 대지를 날려버리는 등, 우리의 일상생활에서 많은 실례를 볼 수 있음에도 불구하고, 언제든지 이 법칙을 자각하고 문제를 처리하는 사람은 사실상 적다. 양에 사로잡혀 질적인 변화를 무시한다든지 질에만 정신이 팔려 양적인 면을 무시하는 경향이 많다.

집단력의 발생

개인이 어떤 일을 할 경우 자기 마음대로 한다면 불가능하지만 집단을 만들어 조직적으로 해나가면 가능하다는 사실도 양질전화의 하나의 형태이다. 일개 기병중대의 공격력이나 일개 보병연대의 방어력과 기병이나 보병이 개별적으로 전개하는 공격력 및 방어력의 총화와는 본질적으로 다르듯이, 개별 노동자의 역학적인 힘의 총화는 다수의 노동자가 분업을 통해서 할 수 없는 작업을 공동으로 하는 경우(예를 들면 화물을 푼다든지 도로의 장애물을 제거하는 경우)에 전개되는 사회적 노동력과는 본질적으로 다르다. ……이 경우에 문제는 단지 협업에 의한 개별적 생산력의 증대뿐만 아니라, 집단력(Massenkraft) 그 자체가 아니면 할 수 없는 하나의 생산력의 창조이다. 개별노동자의 노동력에 대해서는 임금을 지불해야 하지만, 그 노동자를 조직하여 직장에서 공동작업을 할 때 창조되는 집단력에는 전혀 임금을 지불할 필요가 없다. 그러므로 주인 측에서는 가능한 한 큰 집단력이 생길 수 있는 작업형태를 연구하여 싼 노동력으로 가능한 많은 이윤을 얻으려고 노력한다. 이런 의미에서 작업합리화는 자본주의적 합리화라고 일컬어지는 것 중의 하나이고 경영학이라는 이론이 기업의 조직적인 연구를 진행하는 것도 결국은 이와 결부된 것이다.

집단력은 과학 · 예술 등의 정신활동에 대해서도 이야기될 수 있는데, 개개의 학자나 예술가로는 불가능한 일도 그룹이나 연구소를 조직하여 공동작업과 공동연구를 통하면 가능하게 된다. 속담에 '세 사람이 모이면 뛰어난 지혜'라고 말하는 것도 역시 집단력을 강조한 교훈이다.

노동쟁의에 있어서의 방어력과 공격력을 집단력의 관점에서 문제 삼는 것도 이미 경험적으로 행해지고 있다. '단결은 힘' '통일에 의해서만 승리가 얻어진다'라는 발상이 그것인데, 혁신진영의 조직합리화를 이론적으로 연구하는 일은 아직 충분히 수행되고 있다고는 할 수 없다. 단결에 의한 집단력의 창조도 아버지가 화살을 꺾어 자식들에게 교훈했던 것과 같은 단순한 형태로만 취급하고, 단결의 구체적 형태를 검토하지 않거나 특정한 조건하에서는 어떠한 조직과 어떠한 훈련이 필요한가를 이해하지 않으면 집단력의 힘이 충분히 발휘되지 못하거나 목적과는 반대로 움직이게 될지도 모른다. 아무리 잘 정비된 조직처럼 보여도 각 부서에, 그에 알맞은 능력을 가진 사람이 배치되지 않고 각 구성원이 관념적으로 대상화된 조직의 의지라고 할 수 있는 규약이나 방침을 따르지 않으며 정신적으로 결부되어 있지 않으면, 막상 행동할 때에는 각자가 뿔뿔이 흩어져 버리거나 유혹에 빠져 조직의 방침과 반대되는 행동을 하게 된다.[70]

물집현상[71]에 의한 질적 변화

어떠한 조직일지라도 그에 참가하는 사람에게 일정한 자격을 요구한다.

---

70) H. 마르쿠제, 김현일 역, 『이성과 혁명』, 195쪽. 여기서 반대로 "한 민족의 경우 그것은 점점 팽창해 가다가 드디어는 갑자기 파멸하고 붕괴해 버린다."—저자

71) 물집이 생기는 것처럼 겉보기에는 커 보여도 실속이 없음을 의미한다. 즉 양적인 증가로 조직의 규모가 커진다 할지라도 질적으로 수준이 낮아짐을 말한다.—저자

조직인 이상, 그에 참가하여 활동할 수 있는 조건을 갖추고 있어야 하기 때문이다. 이것도 결절점을 고려하여 질적 저하를 막기 위한 생각이다. 학교에서는 입학시험으로 지망자 중에서 학생을 뽑고, 회사에서는 입사시험으로 희망자 중에서 사원을 뽑는다. 정당의 경우에는 정치적인 활동에 참가할 수 있는 능력을 필요로 하기 때문에 후보제도를 가지고 먼저 당원후보로서 활동시키고 그 능력과 인격을 보고 나서 정식으로 입당시킨다. 아직 경험이 적어 그다지 질이 좋지 않은 소수의 당원이 있어도 그것은 별로 문제가 되지 않고, 활동 중에 훈련되어 좋아지게 된다. 그러나 이들을 지나치게 확대하여, 입당시켜서 훈련시키면 좋다거나 우선 당원의 획득이라고 생각하여 질적으로 낮은 사람을 자꾸 입당시킨다면 소위 '물집현상'이 생기고 당원은 양적으로 늘어도 전체의 질적 수준이 저하하여 활동할 수 없게 된다. 위로부터 잘못된 방침이 나와도 이를 검토할 능력이 없어, 잘못이라고 주장하는 당원보다 오히려 잘 헤아려 생각하지 못하고 찬성하는 당원수가 많기 때문에 다수결로 옳은 주장이 부결되는 질적인 변화를 가져온다. 이것은 해방 후 혁신정당이 아직까지도 제거해 내지 못한 오류이다. 전문가가 결집한 조직은 질적으로 소수의 높은 수준의 사람이 참가함에도 불구하고 활동에 의한 영향력으로 많은 지지자를 만들어낸다. 지지자를 다수 획득할 수만 있다면 조직은 소수로 구성돼도 좋다고 생각할 수 없고, 그들의 지지자를 조직에 가입시키면 더욱 조직이 강력해질 것으로 생각하여 양적인 면에 사로 잡혀 질적인 변화를 무시하면 지지자들에 의해 조직의 형태가 좌우되어 그때까지의 전문가가 활동하지 못하게 되고, 활동하지 않으면 조직에 있어도 별로 의미가 없다고 생각하여 탈퇴하는 자도 나타나서 조직의 약체화가 진행된다.

지도의 질적인 크기라는 것

어떻게 해서 전투력을 증가시키는가? 이는 군대에 있어서 생사가 관계되는 문제이다. 군대는 이 문제에 필사적으로 몰두해야 한다. 이를 위한 노력과 오랫동안의 경험으로부터 생긴 군대의 조직형태는 모든 공동작업에 대하여 귀중한 교훈을 준다. 물론 군대에는 군대로서의 특수성이 있기 때문에 그 형태를 그대로 다른 집단으로 가져갈 수는 없지만, 군대의 조직형태를 과학적으로 배우는 것은 매우 중요하다. 한사람이 전쟁에서 지휘한다고 해도 소규모 병력의 지휘와 대규모병력의 지휘는 전혀 다르다. 처음에 소규모 병력의 지휘를 통하여 나중에 대규모병력의 지휘를 터득하게 되면 이는 그 사람에게 있어서 진보와 발전이 있다고 할 수 있다. 분대, 중대, 대대, 연대……로 소규모 병력에서 대규모 병력을 편성해 가는 조직에는 각각의 지휘자를 필요로 한다. 대규모 병력은 많은 지휘자들을 중심으로 연결되어 있고 최고지위자의 지휘 아래, 각 지휘자가 각자의 병력의 힘을 결집시켜서 일정한 목표에 집중할 때 거대한 힘이 생긴다. 따라서 지휘자 혹은 지도자의 양성은 기본적으로 중요한 문제이다. 이 점에 있어서 자연적으로 성장하기를 기다릴 수는 없다. 따라서 능력 있는 사람에게 체계적이고 전문적인 교육을 시켜야 한다. 각국의 군대는 이를 위한 전문적인 학교를 세운다. 우리나라에서도 초등학교, 사관학교, 대학교라는 체계적인 교육기관이 있다. 우리나라 독립군도 산중에서 유격전술을 할 수 없었던 시대에 훈련소를 갖고 있었다.

일정한 수준을 지닌 지휘자를 일정한 숫자만큼 확보하지 못하면 질적으로 우수한 군대를 얻을 수 없다는 사실은 군사전문가에게는 상식이다. 물론 경험은 귀중하지만 단순히 경험만으로 대규모 병력의 지휘를 맡는 것은 곤란하다. 독립군의 지도자는 모두를 압도하는 용기뿐만 아니라 전쟁 전체의 변화·발전을 리드하는 능력을 지녀야 한다. 지휘자는 전쟁이라는 큰 바다를 헤엄치는 사람과 같아서, 단순히 가라앉지 않을 뿐만 아니라 정확하게 계획적으로 해안에 도달해야 한다. 그러므로 지휘자를 교육하기 위해 실전에 의한 훈련 외에도 이론적으로 연구시킬 필요가 있다. 이를 위해서는 역시 학교를 세워야 한다. 형태는 다르지만 정치운동, 노동운동, 학생운동도 마찬가지이다. 지휘자의 육성을 중시하고 지도자의 교육기관을 만들어 고도의 능력을 가진 대규모 병력의 지도자를 기르며 지도자를 올바르게 배치하고 많은 사람을 올바르게 연결시켜 그 힘을 결합시키지 않고서는 아무리 많은 사람을 모아도 오합지졸에 불과하다.

충분한 경험도 없고 교육도 받지 않은 사람이 지도자가 되면 많은 실수를 한다. 대학을 졸업하여 사회과학 문헌을 알고 있어도 운동을 하면서 경험을 쌓는 훈련을 받지 못한 사람들이 지도자가 되면, 적을 알고 자기를 아는 싸움이 없기 때문에 앞뒤 생각 없이 덮어놓고 공격하는 경향이 많다. 운동의 최고지도자가 후퇴를 결정해도, 하부지도자로부터 반대가 나온다든지 혹은 반대의 경우도 생길 수 있다. '간부가 경험이 없는 경우 전략적으로 후퇴를 좀처럼 믿으려 하지 않는다.' 때문에 최고지도부의 이러한 과오는 '제1단계에서는 모험주의로, 제 2단계에서는 보수주의로, 제 3단계에서는 도피주의로' 변한다. 처음에는 목숨을 걸고 성급하게 행동하지만 목적한 대로 되지 않으면 행동해도 소용없다고 생각하게 되고, 결국에는 조직에서 벗어나고 조직을 붕괴시키는 것이 '어리석은 전략가와 경험이 없는 사람이 고안해낸 이론이며 실제'이다. 여기서는 양과 질의 전화가 반대로 되어 지도의 질적인 수준이 낮은 경우 조직의 양적인 쇠퇴를 초래한다. 아무리 굳은 신념을 가지고 있고 목숨을 걸고 행동하려고 할지라도 '경험이 없는 사람'은 지도자가 될 수 없다. 우리나라에 자본주의가 상륙했을 때 많은 사람들은 실패를 보기도 했지만 더러는 모험주의에서 도피주의로의 단계가 나타났던 것은 주지의 사실이다.

모임에서의 양질전화

이런 이야기를 한 번쯤은 들어서 머릿속으로는 지도자의 중요성을 알고 있는 사람일지라도 사람들을 모아서 의논하는 그룹을 만들거나, 소위 문화서클을 만들려고 할 때 반드시 올바르게 행동하는 것은 아니다. 모인 사람이 일정 수 이상이면 당연히 미리 구체적으로 질적인 변화가 일어날 것을 예상해야 하나 그렇지 않고 안일한 마음으로 손을 댄다. 7,8명인 경우에는 의논도 잘되지만, 30명이 넘게 되면 한정된 시간으로는 발언의 기회가 적어서 의논이 일부 사람들에게 편중되어, 그 밖의 사람들은 불만을 불러일으키게 된다. 사람 수가 증가하면 사무적인 일도 많아지고 회원의 요구도 다양해져서 그때까지의 지도자의 능력을 넘어서게 된다. 이렇게 되면 일반적으로 매우 당황하여 부딪히거나 길이 막힌 것을 어떻게 타개해야 할 것인가 하는 대책을 생각하게 되거나 혹은 모임에 불만인 사람은 와서 아무것도 얻지 못해도 좋다고 말하며 그때까지의 조직과 지도의 형태에 끝까지 매달려 스스로 모임의 발전에 제동을 건다. 해방 후 많은 문화서클이 만들어졌다가는 사라지고 발전하는가 싶으면 깨져버린 것은 탄압이나 간섭 등의 외부적 압력뿐만 아니라, 이와 같은 내적인 연약함에서도 큰 원인을 찾아야 한다. 신흥종교의 조직은 말단을 서클처럼 운영하여 누구라도 와서 의논할 수 있도록 만들어져 있다. 그러나 참가자가 20명만 넘어도 모임을 두 개로 나누어 각각에 지도자를 배치하는 등 경험적으로 배워서 규칙을 빈틈없이 운영하고 있는 사실을 간과해서는 안 된다.

양질전화는 하나만이 떨어져 존재하는 것이 아니라 양질전화 상호의 연결이 존재하기 때문에 부분적으로는 비약적인 발전이지만 넓은 연관으로 보면 매우 느린 전화로 나타나는 것도 있다. 부분적인 양질전화가 전체적인 양질전화를 이끌어내기 위해서는 기간이 필요하다는 사실을 무시하면 과도기의 문제를 이해할 수 없게 된다. 기업의 적자가 어느 정도의 양에 도달하면 어음을 공제할 만한 돈을 변통할 수 없게 되고 결국 파산이라는 질적 변화를 일으킨다. 그런데 이 기업으로부터 지불받을 돈으로 충당하고 있던 다른 기업도 지불받지 못하게 되고 돈을 변통할 수 없게 되어 파산하는 경우도 있다. 각각의 기업의 파산에는 연관이 있고 하나의 양질전화는 또 다른 양질전화를 매개하지만 그 사이에는 얼마 동안의 기간이 존재한다. 원자력의 경우에도 개개의 우라늄의 핵분열은 순간적으로 일어나지만 그의 연결인 연쇄반응은 반드시 순간적으로 일어난다고는 할 수 없다. 원자폭탄은 연쇄반응을 순간적으로 일으키고 원자력발전은 서서히 일으킨다. 전체적인 변화가 완만하게 보인다고 해서, 개별적인 변화도 역시 서서히 행해진다고 결정해 버리는 것은 잘못이다. 언어의 변화에 관해서도 마찬가지로 말할 수 있다. 언어는 모두 말하는 순간에 발생하고 음성이 소멸함과 동시에 소멸해 버린다. 때문에 '신어'의 성립도 역시 순간적이다. 하지만 그것이 규범으로서 사회 전체에서 인정되어 사용되기까지에는 상당한 기간이 필요하다. 이러한 전체로서의 존재형태를 일면적으로 고집하면 언어의 발생과 소멸은 그 자체가 급격하지 않고 서서히 진행된다는 주장이 나오게 된다. 이는 전체와 부분을 혼동하는 것이다. 태양이 지평선에 가라앉아도 아직 밝은 것은 공기가 빛을 매개하기 때문이다. 달에서는 공기가 없기 때문에 곧바로 밤이 온다. 양질전화에 직접적인 면과 매개적인 면이 있다는 사실을 보지 않고 전화가 급격한가 혹은 완만한가라는 식으로 받아들이는 법은 형이상학적 태도이지, 변증법적인 태도라고는 할 수 없다.

헤겔 변증법 본질 기억하기

첫째 : 대립물의 상호침투의 법칙.

둘째 : 양(量)과 질(質)의 상호전화의 법칙.

셋째 : 부정(否定)의 부정(否定)의 법칙.

헤겔은 말한 첫 번째 법칙은『대논리학』제1부의 '존재론'에서 전개되었고, 둘째의 법칙은『대논리학』제2부 '본질론'에서 기술하고 있다. 마지막 세 번째 법칙은『대논리학』'개념론'(概念論)으로 전 세계에 대한 근본법칙을 설명하고 있다. 헤겔의 관념론적 입장에도 불구하고 그의 철학이 오늘날에도 칭송받고 있는 이유는 "존재하는 모든 것은 연관[매개]되어 있다는 사실과 변화하고 있다는 사실을 지적했기 때문이다. 헤겔과 맑스 외에는 이러한 법칙을 발견한 바도 없으며 또 이를 옹호한 학자도 없다. 맑스 역시 그의 유물변증법에서 모든 사물은 서로 연관되어 있고, 서로 제약하며 매개에 의해서 상호침투하고 있다는 사실을 설명하고 있다. 상기 내용에 대해서는 지금가지 기술된 내용에 여러 번 반복되었음을 알 수 있엇을 것이다. 왜냐하면 이 세 가지 법칙이 변증법을 소화하는 데 가장 중요한 역할을 하기 때문이다.

많은 사람들의 변증법에 대한 가장 커다란 오해는 변증법은 곧 발전만 의미하지 않는다는 점을 모른다. 변증법적 발전도 있지만 그 반대로는 변증법적 퇴보도 있다는 사실을 잊어서는 안 된다.

5. 부정의 부정의 법칙

5. 부정의 부정의 법칙

우회라고 하는 것의 중요성

에너지 형태의 우회

시골에 가면 옛날에는 물레방아가 있었다. 작은 개울가의 허술한 물방앗간 속에서는 쌀을 찧는 소리가 들려온다. 생각하면 아득한 옛날부터 우리 선조들은 이와 같은 방식으로 자연의 힘을 이용하여 생활에 필요한 것들을 생산해 왔던 것이다.

이제 시골의 방앗간에서는 전기모터를 사용하여 쌀을 찧고 있다. 여기에는 수차가 없지만 수차와 전혀 관계가 없는 것은 아니다. 왜냐하면 모터를 움직이는 전력은 수력 발전소에서 보내지는 것이기 때문이다. 도시에서 멀리 떨어진 산 속의 호숫가에 현대과학의 진수를 모은 발전소가 세워져 있다. 호수에 흐르는 물은 강철로 만들어진 거대한 수차를 빠른 속도로 회전시키고 이 수차에 연결되어 있는 발전기를 돌려 전력을 생산, 이를 도시로 공급하는 것이다. 과거에는 수차 → 쌀 찧는 기계라고 하는 직접적인 관계였던 것이 오늘날에 와서는 수차 → 발전기 → 송전선 → 모터 → 쌀 찧는 기계라고 하는 매개관계로 바뀌어 우회하고 있다는 점이

다르다고 말할 수 있다. 옛날에는 수차의 기계적인 힘이 그대로 쌀 찧는 기계에 전달되었지만, 오늘날에는 기계적인 힘을 일단 전기적인 힘으로 변화시켜 멀리까지 보내 거기에서 다시 원래의 기계적인 힘으로 바꾸어 사용하고 있는 것이 다른 점이라고도 말할 수 있을 것이다.

이 우회야말로 거대한 진보이며 거대한 이익을 우리에게 안겨주는 것이다. 일단 다른 형태로 바꾸어 진행시키고 후에 다시 원래의 형태로 되돌아가게 하는 방식이야말로 거대한 진보이며 막대한 이익을 가져오는 것이다. 수차의 기계적인 힘을 그대로 사용하려고 하면 공간적인 한계에 부딪히게 된다. 쌀 찧는 기계를 아무리 힘껏 노력해도 방앗간 안팎으로 100m 이상 떨어진 곳으로 가지고 가는 것은 불가능하다. 막대한 힘을 조금씩 나누어 사용하는 것도 곤란하다. 그런데 전기적인 힘으로 바꾸어 송전선을 끌어들이면, 들이나 산이나 수백km 멀리 떨어진 거리까지 운반이 가능하게 된다. 바라는 장소까지 전선을 끌어들이고, 사용하는 기계에 적절한 크기의 모터를 부착시키면 바라는 크기의 기계적인 힘이 얻어지는 것이다. 쌀집의 모터나 전기세탁기, 전기냉장고의 모터나 스테레오의 모터나 그리고 초특급 전동차의 모터도 같은 발전소에서 보내진 전력으로 움직이고 있다. 과학의 진보가 산속에 있는 호수의 수력으로 음악을 즐기기 위한 레코드를 회전시키는 것과 같은 우회장치를 만들어 냈던 것이다.

정신적인 교통(交通)에 있어서의 우회

우리들의 음성은 공기의 기계적인 진동으로 상대방의 귀에 전달된다. 입→귀의 직접적인 전달에는 거리상 한계가 있어 10m 이상 떨어져서는 대화하는 것이 불가능하다. 지금 우리들은 과학의 진보가 만들어 낸 각종의 우회 장치를 가지고 있다. 마이크를 사용하여 기계적인 진동을 전기적인 진동으로 변화시켜 이것을 증폭하여 처음보다 수만 배 더 큰 소리로도 바꿀 수 있다. 이것이 바로 확성 장치이다. 이를 전선에 의해서 수백 km 멀리까지 보내는 것이 전화이며, 전파로 변화시켜 안테나를 통해 지구의 맞은편에까지 보내는 것이 라디오나 텔레비전이다. 이렇게 보내진 전기적인 진동은 어떤 장소에서 재차 원래의 기계적인 진동으로 바뀌어 스피커를 통해 소리로 재현된다. 이러한 우회 장치의 덕택으로 소리를 먼 거리까지 보내는 것이 가능하며 또한 동시에 세계 각지의 수백만 수천만의 사람들에게 들려주는 것도 가능한 것이다.

영화도 또한 하나의 우회 장치로 생각할 수가 있다. 피사체의 움직임은 시간적으로 연속되어 있지만 카메라는 그것을 일정한 간격으로 비연속적인 단편으로서 조각조각 찍어 낸다. 오늘날에는 디지털 방식으로 영화를 상영하지만 과거에는 영화 필름을 제작하여 제작하였다. 이때 영화 필름을 보면 스마트 폰으로 연속 찍기를 했을 볼 수 있는 것처럼 개개의 순간을 찍어 낸 화면이 그 자체로서는 어떠한 움직임도 없지만 수천수만 개의 화면이 띠처럼 연결되어 있다. 피사체가 가지고 있던 연속성은 화면 위에서는 소멸되어 버리지만 화면의 연결이라고 하는 형태를 통해 보존되는데, 이것이 바로 영화필름의 특징이다. 이것을 영사기에 걸어 화면을 시간적인 연속선상에 두고 스크린에 비추어 보면 화면의 연결이 상(像)을 연결시켜 눈으로는 상 자체가 움직이는 것처럼 보인다. 필름 자체는 영화가 아니고 매개물이지만 필름이 없으면 영화도 있을 수 없다. 이 매개물

덕택으로 피사체의 운동을 기록 재현할 수가 있는 것이다. 카메라맨이 마주친 사건의 진행을 그 장소에 있는 것과 마찬가지로, 게다가 계속 반복하여 수백만 수천만의 사람들이 볼 수 있는 것이다. 텔레비전은 카메라로 영상을 담을 때까지는 영화와 달리 영상을 조그만 점으로 분해하여 선 모양으로 빛의 변화를 받아들이면서 전기적인 변화로 전환시킨다. 이것이 촬상관의 역할이다. 수상기의 브라운관은 이와 반대로, 형광면 위를 조그만 점의 전자빔이 선상으로 빛의 변화를 만들어낸다. 촬상관에서 분해된 것을 브라운관에서 결합함으로써 원래의 형태로 다시 바뀌는데, 이것이 매우 신속하게 이루어져 눈으로는 언제나 브라운관에 가득한 영상이 있는 것처럼 보이는 것이다.

영화나 텔레비전의 창작 가운데에도 또한 우회가 존재한다. 문학에서는 공상을 직접 펜으로 적을 수 있지만 영화나 텔레비전에서는 공상을 직접 카메라에 담을 수 없다. 공상의 이야기는 일단 현실화시켜 이 현실화된 매개물을 카메라에 담지 않으면 안 된다. 공상 속에는 무사가 지상에서 높은 나무 위로 뛰어오른다든지 인디언이 쏜 화살이 얼굴을 아슬아슬하게 스쳐 포장마차에 박히는 장면이 있을 수도 있다. 이것을 있는 그대로 현실화시키지는 못한다. 배우는 무사가 아니기 때문에 나무 위로 뛰어오를 수가 없으며 또한 화살을 얼굴 가까이 아슬아슬하게 쏘는 것은 매우 위험한 일이다. 그러므로 이러한 공상을 영화화할 때는 그 움직임의 방향을 거꾸로 바꾸어 현실화시키는 것이다. 나무 위로 뛰어오르는 것이 아니라 나무에서 뛰어 내리는 방법을 사용한다. 화살을 쏘는 것이 아니라 먼저 화살을 박아 놓고 보일 듯 말 듯한 가는 철사를 연결시켜 힘껏 잡아 빼는 방법을 취한다. 이러한 식으로 거꾸로 촬영하고 필름을 편집할 때에 끝을 처음으로 사용하면 움직임이 원래의 공상대로 되돌아가 실제로 뛰어오르거나 화살이 스치는 것처럼 보이는 것이다. 이것은 공상의 움직임을 거꾸로 변화시켜 현실화하고 필름 위에서 다시 원래대로 되돌리는 우회 장치를 이용한 트릭촬영이다.

소리는 공기의 기계적인 진동으로서 만들어지자마자 곧 없어져버린다. 귀중한 소리가 소멸되어 버리는 것이 안타까워 어떻게 재생시켜 볼 수 없을까를 고심하다가 인간은 축음기를 발명하였던 것이다. 소리 자체는 소멸해도 그 진동을 진동판에서 바늘로 전달하고 그 바늘을 회전하고 있는 판 위에 미끄러지게 하면 진동을 패인 홈 형태로 전환하여 정착시킬 수 있다. 소리를 재생할 때에는 이 홈 위에 바늘을 미끄러지게 하면 홈의 진동이 바늘에 전달되어 진동판을 움직여 소리를 들을 수 있게 된다. 소멸하는 진동이 정착된 진동의 과정을 통해 다시 진동이 재생되는 것도 우회 장치의 하나이다. 지금부터 100여 년 전의 이러한 축음기나 오늘날 사용하는 스마트 폰의 녹음기능이나 기본적인 우회 장치에는 하등의 차이가 없다. 차이가 있다고 해도 그것은 옛날같이 기계적으로 녹음 재생하는 것이 아니라, 마이크로 소리를 전기적인 진동으로 전환, 증폭하고 녹음 헤드로 자기(磁氣) 테이프에 자기 변화를 일으켜 이를 정착시키고, 재생할 때에는 재생 헤드로 이를 전기적인 진동으로 전환, 증폭하여 스피커로 공기의 기계적인 진동을 가능하게 한다고 하는 점에 있을 것이다. 최고 수준의 과학과 기술을 구사하여 높은 충실도의 녹음 재생이 가능하게 된 것은 실은 기본적인 우회 장치 속에 또 다른 우회 장치를 입체적으로 조립하여 복잡하기는 하지만 보다 합리적인 것으로 개량했기 때문이다.

가는 곳마다 우회가 존재한다

지금까지 거론한 것은 인간이 자연과학을 응용하여 만들어 낸 우회 장치에 관한 것이었다. 그러나 우회는 인간이 최초로 창조한 것이 아니다. 자연 그 자체 속에도 여러 가지 형태의 우회가 뚜렷이 존재하고 있다. 또한 과학적인 우회 장치를 인간이 창조할 수 있는 것도 자연 자체에 그 가능성이 있기 때문임을 주의할 필요가 있다. 자연에 존재하는 우회 장치로 철학 서적에서는 주로 밀알의 예를 들고 있다. 밀알의 수를 직접 증가시킬 수 있는 방법은 없다. 이것을 땅에 심고 발아시켜 식물로 그 형태를 변화시키지 않으면 안 된다. 식물은 꽃을 피우고 열매를 맺으며, 거기에서 또다시 낟알이 만들어지는 것이다. 그것도 10배 20배의 낟알이 만들어진다. 성서에서도 이렇게 말하고 있다. "한 알의 밀알이 땅에 떨어져 썩지 아니하면 한 알 그대로 있으나, 땅에 떨어져 썩으면 많은 열매를 맺느니라." 여기에서는 밀이 가지고 있는 성격을 인간이 살아가는 방식에 비유하여 사용하고 있다. 이것은 무엇을 의미하는 것일까? 인간이 살아가는 방식 가운데에도 결국 우회가 존재한다고 하는 사실을 자각하는 것이 중요한 것임을 암시하고 있는 것은 아닐까?

옛날에 A라는 신흥소국과 B라는 노대국(老大國)이 있었다. B는 A를 정복하기 위해 대군을 출정시켰으며, A국은 저항하였으나 막지 못해서 할 수 없이 자국의 산물을 매년 바친다는 조건으로 강화를 맺었다. 전쟁은 끝났지만 싸움은 계속되었다. A국은 조공과 함께 빼어난 미녀와 풍류인들을 B국의 궁정에 보내 궁정을 사치와 향락에 빠뜨렸으며, 이것은 이윽고 B국 전체에 영향을 미쳐 군대도 혼란에 빠지게 되었다. 기회를 틈타 A국은 훈련된 정예군단을 동원해 기습을 감행하여 B국의 군대를 분쇄해 버렸다. 또한 나폴레옹이 러시아를 공격할 때 러시아 정부는 "어떻게 수도를 버리거나 태워 버릴 수가 있단 말인가"라고 하는 많은 속류 정치가나 속류 군사가들의 의견을 무시하고 모스크바를 버리고 이곳을 불살라 버렸다. 그 결과 나폴레옹 군대는 잘 집도 식량도 없이 추위와 굶주림에 시달려 퇴각하지 않을 수 없었으며, 이때 러시아군에게 공격을 받아 처음에 60만 이상의 대군이었던 것이 본국으로 철수하였을 때는 1만 이하의 병력에 불과하게 되었던 것이다. 이와 같이 전쟁과 같은 경우에도, 조건에 따라서는 우선 퇴각하여 시기를 엿보며 준비를 갖추어 후에 다시 공격한다고 하는 우회의 원리가 중요한 역할을 하고 있다. 한국의 속담인 "급하면 돌아가라!" "지는 것이 이기는 것이다"와 같은 것도 우회의 중요성을 강조한 것이다.

눈을 현재의 유럽으로 돌려 보자. C국과 D국이 회의를 열고 있다. D국의 대표가 C국의 수도에 들어가 본국정부와 전보로 타전하여 합의를 보고 있다. 이때 전보는 C국의 전화국을 통해서 하는데, E국, F국의 스파이도 엿보고 있어 문장을 원문 그대로 보내면 탄로가 날 염려가 있으므로 원문을 암호로 바꾸어 보낸다. 본국에서는 이전에 정한 일정한 약속에 따라 암호를 해독하는 것이다. 여기에 원문 → 암호문 → 해독문이라고 하는 우회가 존재한다. 최초의 단계인 원문과 최후의 단계인 해독문을 비교하여 보면 어떤 특별한 발전이나 진보가 없는 것 같지만 이 우회의 원리를 통해 원문을 그대로 발송하는 것으로서는 결코 해결될 수 없는 문제, 즉 비밀을 유지한다는 큰 문제를 해결할 수 있는 것이다.

우회를 통한 인간의 이중화

아들이 씩씩하게 학교에 간 후에 어머니는 여러 가지 것들을 생각한다. '학교 친구와 칼싸움 흉내를 내다 다치지나 않을까,' '오늘밤은 추울 텐데 된장찌개를 해줄까' 등등 직접 눈으로 볼 수 없는 학교에서의 아들의 모습을 생각한다든지, 저녁 식사를 어떻게 할 것인가를 생각한다든지 하는 것은 상상이라 불리는 정신활동이다. 집을 지으려고 생각하는 사람은 머릿속에 방이나 완성된 집 모양을 상상한다. 생일 파티나 결혼식을 계획하는 사람은 누구누구를 불러 어떻게 대접할 것인가를 상상한다.

제3장 대립물의 상호침투의 법칙 중 **현실세계와 관념적 세계**[72]에서 A양을 예로 들어 미래의 상상이 관념적인 세계의 이중화이며 자기자신의 이중화라는 점을 말하였다. 또한 물질적인 거울을 마주볼 때의 유리거울이나 영화와 같은 작자의 인식을 반영한 거울이나 자기자신을 이중화한 것임을 말하였다. 이러한 것들은 인간이 직접 파악할 수 없는 것을 우회 형태를 통해 파악하는 것에 그 특징이 있다. 직접 멀리 떨어져 있는 모습을 보기는 불가능하다. 직접 미래의 모습을 알 수는 없다. 직접 자신의 얼굴을 본다는 것도 불가능하다. 또한 직접 타인의 인식을 받아들일 수도 없다. 그것은 관념적으로 세계를 이중화하고 자기자신을 이중화하여 자신의 존재양태를 변화시키고 그 후에 다시 현실의 자기로 되돌아오는 우회

---

72) 이 책의 147쪽을 참조하기 바람.—저자

를 통해 비로소 가능한 것이다. 그렇지만 직접 파악되지 않는 것을 상상한다고 할 때 그것이 옳은지 그른지를 어떻게 검토해 볼 수 있을까? 지금 거울로 얼굴을 보았을 때 이마에 검정칠이 묻어 있다 하자. 손으로 그것을 문질러 보면 검정칠이 묻어 나온다. 이리하여 검정칠을 직접 눈으로 볼 수 있게 되고, 거울에 의해서 얻어진 인식의 올바름이 실천을 통해 증명된다. 학교에서 돌아온 아들을 보고 다치지 않았음을 알면 어머니의 상상이 사실과 다름이 실증되는 것이다. 현실의 입장으로부터 이중화된 상상의 세계 속에 존재하는 자신의 입장으로 이행하여 가고 거기에서 보거나 듣거나 생각하면서 이러한 것들을 가지고 다시 현실의 입장으로 되돌아와서 앞의 상상을 현실의 행동으로 어떻게 되살릴 것인가 하는 실천에 착수한다.—이것을 다음에서 다음으로 계속 반복하는 것이 매일의 우리들의 정신활동이다. 이 정신활동에서의 우회가 인간활동의 하나의 중요한 특징이다. 동물과 같이 본능적으로 직접 행동하는 것이 아니라 현실 인식을 근거로 하여 일정한 목적을 만들고 이것을 실현하려고 노력하는 것, 의식적인 계획을 세우고 그 목표를 향하여 행동하는 것이 인간활동의 특징이다.

인간의 정신에 있어서 관념적인 이중화만이 우회인 것이 아니라, 인간의 육체적인 노동에 따른 현실적인 이중화도 또한 우회이다. 나무나 풀은 대지에 뿌리를 내린 그대로 자연의 은총을 받아 성장하고 있으며 동물도 자연이 주는 생활자료를 그대로 받아 생활하고 있지만 인간은 자연에 능동적으로 노동을 가해서 생활자료를 생산한다. 집을 짓고, 옷을 짜며, 물고기, 새, 짐승, 야채, 곡물 등을 삶거나 구워 먹는다. 생활자료에 의해 자신에게 생활의 에너지를 공급하지 않으면 안 되는 것이나, 반대로 우선 가지고 있는 에너지 생산을 위해서 소비한다고 하는 것도 결국 하나의 우회이다. 에너지 소모에 의해서 지금까지는 먹지 못했던 것이나 먹어도 잘 소화·흡수되지 않았던 것을 먹을 수 있게 되고 잘 소화·흡수할 수 있게 되면 충분히 소모를 회복할 수 있게 되는 것이다. 원래대로 두면 곧 부패하는 음식도 가공에 의해서 보존이 가능하게 된다. 결국 힘든 일을 덜 하게 되는 것이다. 그밖에 과학이 생활에 필요한 여러 가지 우회장치를 만든 것은 앞서 말한 대로이다.

인간의 역사에 있어서 거대한 우회

이와 같이 물질적인 생활에서나 정신적인 생활에서나 인간은 모든 형태의 우회를 만들어 생활을 영위하고 문화를 형성해 왔다고 한다면 우회라고 하는 문제를 올바로 취급하지 않은 채 인간 생활을 연구한다면 결국 벽에 부딪쳐 잘못된 결론에 이르리라는 것도 상상할 수 있을 것이다. 인간생활을 올바로 다루고 있다 하더라도 실제로는 동물적으로 밖에 다루지 못하는 실수도 저지르는 것이다. 사실 이 우회에 관한 이론을 인간생활에 올바로 적용함으로써 비로소 인간의 역사에 대한 연구가 과학으로까지 발전하는 것이다. 인간의 역사는 계급이 존재하지 않는 원시공산사회로부터 봉건주의사회, 자본주의사회라는 계급으로 분열되어 서로 투쟁하는 계급사회로 변화하고 그 과정에서 다시 계급이 존재하지 않는 사회를 이룩하려 하는 것처럼 우회의 형태를 통해 발전하는 것이며, 이 거대한 우회도 개개의 인간이 매일 반복하여 영위하고 있는 생활의 우회에 입각하고 있음을 맑스주의는 주장하였던 것이다.

'부정의 부정'의 법칙은 변증법의 기본법칙

자연에 존재하는 우회나 인간이 하고 있는 일 속에 존재하는 우회나 우선 그때까지의 존재형태가 부정되어 새롭게 변화된 존재형태로 이행하고 후에 이것이 다시 부정되어 최초의 존재 형태로 되돌아오는 것이기 때문에, 그 과정에서 보면 부정이 두 번 반복됨을 알 수 있는데 이와 같은 법칙을 바로 '부정의 부정'의 법칙이라 부른다. 이상의 몇 개의 예로써도 알 수 있는 바와 같이 법칙은 자연, 사회, 정신을 꿰뚫는 일반적인 법칙이며 생활이나 연구에 유용한 중요한 법칙인 것이다.

맑스주의의 창시자들이 '부정의 부정'을 변증법의 주요법칙의 하나로서 인정하고 있음에 대해 예부터 의문이 던져지고 있으며, 또한 맑스주의자라 칭하는 자들에게서까지도 이론(異論)이 제기되고 있다. 때문에 이러한 것들을 잠시 살펴보고 넘어가자.

예부터 의문이 제기되고 있는 것으로는 밀알의 예가 있는데 그것은 "종자→식물→종자라고 하는데 그렇지 않다. 그 중간에 꽃이 있지 않은가, 왜 꽃을 무시하는가, 이러한 설명은 애매모호하여 결코 과학적이라고 할 수 없다"고 하는 것이다. 변증법을 반대하는 자들은 모두 이것을 예로 들어 그 법칙을 비난하려고 한다. 만약 이것이 애매하다면, 모터의 예에서 본 것과 같이 기계적인 힘→전기적인 힘→기계적인 힘으로 변화하는 과정 중에서 전기적인 힘 속에는 교류의 경우도 있으며 직류로 변화하는 경우도 있고 또한 변압기에 의한 전압의 오르내림도 있기 때문에 이러한 구별은 애매한 것으로 되어 버릴 것이다. 또한 무계급사회 → 계급사회 → 무계급사회로 변화하는 과정에서 계급사회 속에는 봉건제도나 자본주의제도 사회가 있기 때문에 이러한 구별이 애매한 것으로 되어 버릴 것이다. 구별에도 여러 가지 단계가 있다. 부정의 부정은 커다란 단계가 변화하는 과정을 취급하고 있는데, 그 중 하나의 커다란 단계 속에 존재하는 작은 단계인 꽃을 가지고 커다란 단계와 평면적으로 맞대놓는다는 것은 오류이다. 반대자들은 스스로 오류에 빠져든 것이다.[73]

이미 사라진 국가인 소련의 스탈린[74]은 1938년에 쓴 『변증법적 유물론과 사적 유물론에 대하여』에서 변증법을 설명할 때에는 부정의 부정이 전혀 거론되지 않았다. 그로 인해 철학교과서에는 부정의 부정이 모습을 감추어 버렸을 뿐만 아니라, 엥겔스에게는 헤겔의 표현이 '남아 있는데' 스탈린은 이것을 청산한 가장 뛰어난 변증법을 제시하였다고 거론될 정

---

73) 이 부정의 부정의 장에서 설명되고 있는 자연의 변증법은 엥겔스의 자연변증법에서 거론되고 있는 것으로 종종 논의의 대상이 되고 있다. 즉 이 종자 → 식품 → 종자라는 식의 설명은 변증법적 과정이 아닌 순환과정이라는 주장이다. 헤겔도 그의 『정신현상학』, 「서문」과 『대논리학』, 「개념론」 마지막 부분에서 언급하고 있다. 그리고 H. 마르쿠제는 자연 변증법을 부정한다(이 책의 95쪽 참조).

74) 스탈린(Stalin Iosif Vissarionovich, 1879~1953) ; 러시아 및 국제 노동운동의 지도자. 고리시(현 그루지야)에서 농민 출신의 구두 수선공 아들로 태어나 그 지방의 신학교에서 공부하였다. 15세에 혁명운동에 참가한 이유로 신학교에서 추방되었다. 1901년 러시아 사회민주노동당의 위원으로 피선되고, 1903년 체포되어 3년의 유형을 선고받았지만 유형지에서 탈출하였다. 오늘날 스탈린에 대한 평가가 그 전에 비해 현저하게 변하게 되었지만 그에 관한 충분한 평가가 아직 완전히 이루어진 것은 아니다. 이를 위해서는 소연방이 무너진 현재도 스탈린에 대한 평가는 아직 충분한 시일이 필요하다고 할 수 있다.— 『철학대사전』(중원문화, 2023)

도였다.

전체의 구조를 분석하는 것

매개가 없는 대립으로만 사물을 고찰하는 것은 형이상학자들의 특징이다. 부정의 부정은 최초의 단계에서 다음 단계로 부정이 진행되고 제2의 단계가 발전하여 그로부터 또한 그 다음의 단계로 부정이 진행하는 것이기 때문에 처음부터 각 단계의 매개관계가 전제되고 이 매개관계를 파악함으로써 세 번째 단계의 의의도 이해될 수 있는 것이다. 세 단계를 나란히 놓고 최초의 단계와 세 번째 단계를 비교하여 보며 중간단계의 형태를 무시한 논의방식은 매개를 무시하는 형이상학적인 고찰 방법에 지나지 않는다. 철학자는 매개를 무시하여도 과학자, 기술자는 무시하지 못한다. 발전기와 모터의 구조가 서로 비슷하다는 것을 알고 있다고 해도 이것만을 비교하여 보는 전기기술자는 없다. 마이크와 스피커만을 비교하여 보는 라디오 기술자도 없다. "세계는 완성된 제사물의 복합체로서가 아니라 어떤 과정의 복합체로서 파악되지 않으면 안 된다"고 하는 것이 변증법의 주장이다.

부정의 부정은 제1의 부정으로부터 제2의 부정에로의 전 과정을 파악하는 것이 중요한데, 그 전체의 구조를 분석하여 확고히 파악하지 않고서는 이해될 수도 평가될 수도 없다. 현실 세계에서 진행되고 있는 구체적인 부정을 분석하지 않고 추상적인 사물을 머릿속에서 3단계로 나열하는 방식을 가지고서는 이해나 평가가 불가능하다. 해석이 아니라 실천적인 입장에 서서 제1의 부정을 통해 다른 형태로 발전시키고 다시 제2의 부정을 거칠 때 어떠한 성과가 얻어지는가를 분석하지 않으면 이해될 수도 평가될 수도 없다. 지금까지 구체적으로 설명하였던 바와 같이, 부정의 부정을 실천함으로써 원래 상태로는 해결될 수 없는 문제가 해결될 수 있다고 하는 점에 이 부정의 부정의 법칙이 갖는 중요성이 있다. 일을 하거나 생각의 진행이 벽에 부딪혔을 때 멈추거나 포기해 버리지 않고 전력을 다해 우회를 궁리하고 모색하면 반드시 길이 발견될 수 있을 것이라고 일러주는 점에 또한 부정의 부정의 법칙이 갖는 유효성이 있다. 그렇기 때문에 같은 맑스주의자이면서도 민족독립이라는 큰 문제와 씨름하며 해방운동의 실천활동에 일생을 바친 실천론자들의 발언은 철학자들과 완전히 다르다.

> "공격하기 위한 방어, 전진하기 위한 후퇴, 정면 공격을 위한 측면 공격, 곧바로 나아가기 위한 우회 등과 같은 것은 어떠한 사물의 발전 과정 속에서도 피할 수 없는 현상이다. 더구나 군사운동에서 이러한 것들이 없이 군사운동을 제대로 이끌어 갈 수 있을 것인가?"[75]

변증법의 법칙을 연구함에 있어서 우리들은 머릿속에 '질과 양의 변화' '대립물의 상호 침투' '부정의 부정'을 서로 다른 것으로 취급하고 있지만 현실의 법칙성은 어느 것도 서로 분리되어 따로따로 존재하지 않는다. 부정의 부정을 현실의 전 과정 속에서 논한다면 당연히 거기에는 질량변화의 측면도 있고 대립물의 상호 침투의 측면도 있으며, 그러한 것과의 연

75) 三浦つとむ 著, 『弁証法はどういう科学か』(講談社, 1960) 174쪽에서 재인용.—저자

결 속에서 부정의 부정이 이루어지며 또한 부정의 부정에 의해서 그러한 실천상의 유효성이 전개되고 있음도 이해될 것이다. 머릿속에 따로따로 분리된 채로 실천과도 관계없이 부정의 부정을 다루는 것은 현실 속에 존재하는 살아 있는 인간을 보지 않고 인간에게 있어서 다리와 손 중에서 어느 것이 기본적인가를 생각하는 거소가 별반 다를 게 없다.

부정의 부정에 있어서 제1의 부정, 즉 지금까지의 존재형태를 변화하는 것은 실제로 이루어지는 것이지 머릿속에서 선언하는 것은 아니다. 유물론적이든 관념론적인 부정이든 실제로 지금까지의 입장이나 존재형태를 부정하고 다른 입장이나 형태로 이행하지 않으면 안 된다. 또한 어떠한 것에도 아랑곳하지 않고 제 마음대로 변화하거나 파괴하는 것도 아니다. 후에 제2의 부정을 이룰수 없는, 처음의 존재형태로 되돌아올 수 없는 부정이어서는 안 되는 것이다. 전진을 위한 후퇴는 패주와는 다르다. '패배한 모든 반대당과 혁명당 가운데 오직 볼셰비키만이 가장 질서정연하게 퇴각하였으며, ……가장 광범하게, 올바르면서 정력적으로 활동을 재개할 수 있는 능력을 가장 많이 보존한 채로 퇴각하였다.' 이와 같은 퇴각이 아니고는 제2의 부정인 전진이 불가능하다.

부정의 부정의 법칙이 매우 높은 단계의 추상화임은 저 텔레비전에서의 영상을 보내고 받는 일련의 복잡한 전 과정을 부정의 부정의 하나의 예로서 들고 있는 것을 보더라도 이해될 수 있을 것이다. 텔레비전의 전파는 주파수가 높아 직선에 가까운 형태로 나아간다. 한편 지구는 둥글기 때문에 지구의 반대편에 직접 텔레비전의 전파를 보낼 수는 없다. 그래도 과학자, 기술자들은 여기에서 멈추거나 포기하지 않았다. 곧장 보내지 못하면 우회의 과정을 통해 가능하게 된다. 그래서 이 텔레비전 전파의 우회는 통신위성을 지구 상공에 띄우고 전파를 이 위성에 매개시키는 형태로 실현된다. 통신위성을 고안하여 전파를 보낼 수 있게 한 과학자와 기술자들은 변증법이나 부정의 부정의 법칙을 아마 알지 못했을 것이지만 그들 나름의 방식 속에서 이 법칙에 따르고 있는 것이다.

추상화된 법칙만을 보면 제1의 부정은 요컨대 존재형태를 변화하는 것으로 극히 단순한 문제이다. 철학자가 문제로도 삼지 않는 그러한 변화이다. 그렇지만 실제로 이루어지는 제1의 부정을 보면 TV의 촬영관이나 녹음장치의 마이크에서도 최고의 과학과 기술로 성능을 높이기 위해 지금도 심혈이 경주되고 있는 것이다. 통신위성을 제작하여 로켓으로 쏘아 올리는 문제에 있어서도 마찬가지이다. 제1의 부정에서 제2의 부정에 이르는 과정에서도 과거의 축음기와 현재의 CD로 듣는 것과는 비교할 수 없을 정도로 진보하고 있다. 여기에서도 성능을 높이기 위해 지금도 심혈이 경주되고 있는 것이다. 제1의 부정에 결함이 있으면 제2의 부정에 이르는 과정에도 그것이 반영된다. 촬영관의 불량이나 마이크의 고장으로 최후 단계인 영상이나 음성이 잘못 전달된다. 제1의 부정이 올바로 이루어져도 제2의 부정에 이르는 과정에 결함이 있으면 결국 나쁜 결과를 초래하게 된다. 안테나의 불량, 트랜지스터의 파손, 전원전압의 저하, 헤드의 불량, CD를 다루는 방법의 잘못 등 모두가 최후 단계인 영상이나 음성에 영향을 미치게 된다. 한마디로 말하면 제1의 부정이나 제2의 부정에 이르는 과정이나 제2의 부정 모두 그 자체의 성격에 주어진 조건에 있어서 각각 특수성을 가지고 있으며 그러한 전 과정을 구체적으로 이해하여 올바로 발전할 수 있도록 배려하고 실행할 수 없으면 추상적으로 법칙을 깨닫고 있어도 쓸모가 없는 것이다.

가장 간단한 우회를 예로 들겠다. 예컨대 쥐에게 해로운 것을 먹이지 않는 것처럼 하기 위해 우선 쥐들에게 먹이를 먹게 하는 우회를 설정한다고 해도 먹이로 무엇을 사용할 것인가, 쥐들의 의식 구조는 어떠한가, 어디에 배치할 것인가 하는 등의 전 과정을 구체적으로 생각하여 세세하게 마음을 써서 실천하지 않으면 실패할 가능성도 큰 것이다.

우리들도 매일 무의식적으로 부정의 부정을 실천하고 있으며, 철학자가 매일 상상하거나 거울을 보거나 혹은 컴퓨터나 스마트폰을 사용하거나 그들 나름의 방식대로 부정의 부정을 실천하고 있다. 그렇지만 부정의 부정의 법칙을 자각하여 적절히 사용하기에는 과학활동이나 기술활동, 군사활동 혹은 사회운동이나 어떠한 의미에서 그 길의 경험자, 전문가가 될 것을 요구하고 있다. 그렇지 않으면 추상적으로 우회를 생각할 수 있어도 그 우회의 전 과정을 올바로 게다가 구체적으로 실천하여 실현시킬 수 없는 경우가 있다. 철학자도 그러한 경험자, 전문가가 될 때에 아마 부정의 부정의 법칙이 갖는 중요성을 실감할 수 있을 것이다.

변증법은 예부터 철학자가 연구하여 왔지만 철학자만이 변증법을 논하지는 않았다. 현실의 세계가 변증법적인 성격을 지니고 있기 때문에 현실과 씨름하여 그 존재형태를 올바로 파악한 저술에서는 많든 적든 변증법이 그 모습을 드러내고 있다. 현재 대중들 사이에 이야기되고 있는 '음지가 양지 된다,' '지는 것이 이기는 것이다' 등의 속담에서 그러한 것들을 볼 수 있다. 실제 생활 속에서 일어나는 문제를 분석하고 자신이 당면하고 있는 수수께끼를 풀지 않으면 안 될 입장에 있는 사람들은 과학자이거나 탐정이거나 수수께끼를 푸는 방법에 관심을 갖지 않을 수 없다. 자연의 수수께끼를 푸는 과학자의 논문이나 탐정소설 속에서 범죄의 수수께끼를 푸는 탐정의 경우에도 변증법이 모습을 드러내고 있다. 게다가 이러한 실천적이고 구체적인 변증법을 서술하고 있는 것 중에 어떤 것은, 강단철학자들의 논문에서도 증가하고 있는 것처럼, 풍부한 내용과 높은 가치를 지니고 있다.

에드가 앨런 포우(Edgar Allan Poe, 1809~49)는 시인으로서 괴기소설 작가로서 또한 탐정소설의 창시자로서 널리 알려진 인물이다. 그는 분석이나 추리에 누구도 따르지 못할 정도로 관심을 가지고 있었다. 그의 탐정소설은 100년이 지난 오늘날까지도 그것을 능가할 만한 것이 없을 정도로 뛰어난 작품이다. 이것은 논리학에 관한 논문을 소설 형식으로 썼다고 하는 편이 어울릴 정도로 논리문제를 잘 다루고 있으며 변증법의 걸작이라고 해도 손색이 없을 그러한 작품이다. 과거의 소설가가 쓴 소설 등이 과학과 관계가 없을 것이라고 생각한다면 그것은 큰 잘못이다. 지금 프랑스에서 유행하고 있는 구조주의라고 하는 새로운 사상이 주장하는 것 중에서 많은 사람들에게 지지를 얻고 있는 것이 이미 100여 년 전에 포우의 소설에서 정확하게 비판받고 경멸적으로 다루어지고 있으며, 때문에 우리는 전문적인 과학자가 되고자 원하는 어린 사람들에게 늘 포우 작품을 읽도록 권하고 있다. 그러면 그 하나로 『잃어버린 편지』를 살펴보자.

사건은 프랑스의 왕궁에서 시작된다. 교활한 D대신은 귀부인의 책상 위에 놓여 있는 편지가 비밀편지라는 것을 알아차리고 자신의 편지와 슬쩍 바꿔가지고 가버린다. 귀부인은 그것을 알면서도 옆에 있는 사람들에게 알려질까 두려워 아무 말도 하지 못한다. D대신은 훔친 편지를 빌미로 정치적인 권력을 휘두르기 시작한다. 어떻게 해서든 편지를 다시 찾아야만 하게 된 것이다. 비밀명령을 받은 G경시총감은 편지가 D대신의 집 안에 있을 것이라고 생각하고 철저한 수색을 벌였지만 편지는 발견되지 않았다. 곤경에 처한 경시총감은 서로 잘 아는 사이인 루팡이라는 청년에게 사정을 말하고 도움을 청하는데, 루팡은 곧 편지가 숨겨진 장소를 발견하고 어렵지 않게 편지를 찾아 돌려주었다. 편지를 받아든 경시총감이 놀람과 기쁨으로 미친 듯이 돌아가 버리자 루팡은 함께 살고 있는 친구에게 총감이 취한 방법에 대해 다음과 같이 말하였다.

"총감이 취한 방법은 그러한 종류의 수사방법에 있어서 최상의 것이었을 뿐 아니라 완전무결한 정도까지 실행되었다네. 만약 편지가 그들의 수사범위 안에 놓여 있었다면 그들은 곧 편지를 발견하였을 거야……다만 결점이 있었다면 그 방법이 이 사건과 이 사건의 범인에게는 어울리지 않는다는 것이지.

매우 교묘한 방법이라는 것은 프로크루스테스의 침대와 같은 것이라고 생각하여 자신의 계획을 무리하게 그것에 뜯어 맞추려고 했다네. 그는 언제나 자신이 맡고 있는 사건에 대해 너무 깊게 생각하거나 혹은 너무 가볍게 생각하기 때문에 실패하는 것이라네."76)

프로크루스테스는 그리스의 전설에 등장하는 도적이다. 그는 인간을 잡

---

76) 앞의 책, 178쪽에서 재인용.— 저자

으면 쇠침대에 눕혀 놓고 키가 침대보다 클 때에는 그 튀어나온 부분을 자르고 키가 침대보다 작을 때에는 키를 억지로 늘려 침대와 같은 길이로 만들어 죽였다고 전해지고 있다. 포우의 이러한 소설이 쓰여지고 나서 30년 후에 '이제 이 이상 고대 형이상학을 프로크루스테스의 침대에 가두어 놓는 것을 허용하지 않는 자연과학상의 재발견'이 문제가 되고 있었지만, 이와 같이 루팡은 총감의 방법을 형이상학적이라고 비판하고 있는 것이다. 어떤 사람은 비슷한 예로서 침대 대신에 신발을 들어 "그것은 마치 발을 줄여 신발에 맞추려고 하는 것이며, 전쟁에서는 반드시 지게 된다"고 쓰고 있음도 재미있는 지적이다. 그러면 어떠한 방법이 올바른 방법일까? 루팡은 어느 아이의 경우를 예로 들고 있다.

"나는 8살 가량 되는 아이를 알고 있는데 이 아이는 '홀짝게임' 솜씨가 훌륭해서 여러 사람에게 칭찬을 받았다네. 이 게임은 유리구슬로 하는 간단한 것이라네. 한 사람이 몇 개의 구슬을 손에 쥐고 상대방에게 홀수인지 짝수인지를 묻는 것이지. 만약 알아맞히면 맞힌 쪽이 하나 가져가고 틀리면 하나를 주는 것이라네. 그런데 급기야 이 아이는 학교에 있는 아이들의 구슬을 모두 따버렸다네. 물론 이는 알아맞히는 법칙을 알고 있었던 것이지. 그것이 다름이 아니라 상대방의 약삭빠름을 관찰 하여 그것을 계산하는 방법이라네. 예를 들어 아주 바보 같은 아이하고 게임을 하는데 처음에 홀수라고 대답하여 지면 두 번째에는 이 영리한 꼬마가 대개는 이긴다네. 그 꼬마는 이렇게 생각하는 것이지. '이 멍청이는 처음에 짝수를 가지고 이겼기 때문에 이 놈의 영리한 정도로 봐서 두 번째에는 홀수를 잡을 것이다. 그러므로 홀수라고 대답하자.' 그래서 홀수라고 대답하고는 이기는 것이라네. 상대방이 만약 좀더 영리한 경우에는 그는 이렇게 생각하지. '이놈은 내가 처음에 홀수라고 말했기 때문에 두 번째에는 곧 앞의 멍청이처럼 간단하게 짝수에서 홀수로 바꾸려고 할 것이다. 하지만 다시 생각해 보고는 이것은 너무 간단하게 바꾸어 버리는 게 아닌가 생각하고 결국 첫 번째와 같은 짝수를 잡기로 결정할 것이다. 그러므로 짝수라고 대답하자.' 그래서 짝수라고 대답하고서는 이기는 것이라네. 그래서 이러한 추리 방법으로 그 아이는 친구로부터 '운이 좋다'는 말을 듣는 것이라네. 이 방법은 끝까지 분석하면 무엇을 뜻하는 것이겠는가?"77)

루팡의 친구가 대답한다.

"그것은 단지 추리자의 지적 수준을 상대방의 지적 수준에 맞추는 것에 불과한 것 아닌가?"

"그렇다네. 나는 이 아이에게 그의 성공의 밑받침이 된 그러한 완전한 합치를 어떠한 수단으로 얻었는가 하고 물었더니 그 아이는 이렇게 대답하였네. '저는 상대편이 얼마만큼 현명한가 얼마만큼 멍청한가, 얼마만큼 착한 사람인가, 얼마만큼 나쁜 사람인가, 또 그때 그 사람의 생각이 어떠한가 하는 점을 알고 싶을 때에는 저 자신의 얼굴 표정을 가능한 한 정확하게 그 사람의 표정과 일치시킵니다. 그러고서 저의 마음속에 일어나는 생각이나 기분을 알아보는 것입니다.' 이 아이의 대답은 라브뤼에르나 마키아벨리나 캄파넬라 등이 쓴 글의 심원함보다도 깊은 것이라네. 총감 같은 사람들이 그렇게 자주 실패하는 것은 첫째로 그러한 합치가 결여되어 있기 때문이고, 둘째로는 그들이 상대방의 지적 수준을 측정하는 방법이 나쁘기 때문이라기보다도 오히려 측정하지 않기 때문이라네. 그들은 단지 자기들 자신의 생각밖에 염두에 두고 있지 않지. 그리고 무엇보다도 숨겨진 물건을 수색하는 데 있어서 자기들이 숨기는 그러한 방법에만 주의를 기울인다네. 그들 자신의 지적 수준이 보통 일반적인 사람들의 지적 수준을 대표한다고 할 때에는 그들의 방법이 옳을 수

77) 앞의 책, 179~180쪽에서 재인용.— 저자

있지만 어떤 매우 간교한 사람의 지혜가 그들 자신의 지혜와 성질을 달리할 경우에는 물론 그들의 방법은 잘못될 수밖에 없을 걸세. 이것은 상대방의 지혜가 그들의 지혜 이상인 경우에는 물론이고 이하인 경우에도 마찬가지일걸세."[78]

여기서 루팡이 주장하는 바의 핵심은 "인간이 어떤 일에 성공하기 위해서는, 결국 예상했던 결과를 얻기 위해서는 어쨌든 자신의 사상을 객관적인 외부세계의 법칙성에 합치시켜야 한다. 만약 합치시키지 못한다면 실천에 있어서 실패하고 말 것이다"라고 바꿔 말할 수 있을 것이다. 총감은 자신을 기준으로 하여 상대방을 생각하는 소위 주관주의에 빠져 있었던 것이다. 그러나 외부세계라고 해도 다종다양하고 법칙성이라고 해도 다종다양하기 때문에 이것만을 알고 있다고 해도 성공적으로 합치에 이를 것이라고는 말할 수 없다. 구체적인 사물의 각각의 특수성을 고려하여 어떻게 하면 합치될 수 있을까 하는 이러한 과정을 명확하게 할 필요가 있다. 100년 전에 이미 타인의 지적 수준과 자신의 지적 수준을 어떻게 하면 합치시킬 수 있을 것인가에 관해 포우는 이 정도로 예리한 분석을 한 것이다. 타인의 얼굴 표정이 물질적인 거울이 되어 거기에서 '안색을 살피고' 자기 자신을 그 타인에게 관념적으로 이중화할 수 있음을 지적한 것이다.

현명하기 때문에 속는다

상대방의 지혜가 자기 이상일 때는 상대방에게 속게 되고 천박하게 생각하기 때문에 실패한다고 하는 것은 우리들이 상식적으로 알고 있는 바

---

78) 앞의 책, 181쪽에서 재인용.—저자

이다. 하지만 이것은 일면적인 진리이고, 반대로 상대방의 지혜가 자기 이하이기 때문에 속게 되거나 깊이 생각함으로써 실패하게 되는 경우도 일어날 수 있음을 변증법은 우리에게 경고하고 있는 것이다. 포우의 이러한 변증법은 진보적인 정치가의 실패를 통해 거듭 증명이 되고 있지는 않을까? 대중에게 이해할 수 없는 어려운 말로 연설을 해도 의리의 박수가 터져 나오거나 어려운 책을 출판했는데도 많이 팔리거나 하면, 이것을 과대평가하여 선거에 승리할 것이라는 둥, 대중은 성장하고 있다는 둥 판단을 내리는 것이 너무 현명하기 때문에 실패한 것은 아니었던가를 반성해보아야 할 것이다.

자기를 관념적으로 상대방과 동일화한다.

상대방의 사상과의 합치에 관해 포우는 『모르그 가의 살인사건』(*The Murders in the Rue Morgue*)의 서두에 바둑의 대국자의 경우를 들고 있다.

> "분석가는 상대방의 마음속에 자기를 투영하여 자기를 상대방과 동일화하고 이리하여 여러 차례 상대방을 유혹하여 착오에 빠뜨리게 하거나 재촉하여 오산에 빠뜨리게 하는 유일한 방법(일반적으로 실제 어리석을수록 간단한 것이지만)을 즉각 아는 사람이다."79)

상대방의 마음속에 투영하는 자기라고 하는 것은 이중화한 관념적인 자기임은 말할 것도 없다. 우리들이 거리를 지날 때면 자동차 뒤에 "초보

79) 앞의 책, 183쪽에서 재인용.— 저자

운전"이란 표지를 발견할 수 있다. 또 백화점 같은 곳에는 "손님은 왕이다"라는 문구도 발견된다. 공중화장실에는 "다른 사람을 위하여 깨끗이 사용합시다." 이와 같이 사람들은 그 경험을 통해 상대방의 마음속에 자기를 투영하고 자기를 관념적으로 상대방과 동일화하여 생각함으로써 거기에서 얻어진 성과를 가지고 다시 현실적인 자기 입장으로 되돌아올 때에 정말로 올바른 행동이 가능하다고 하는 것을 자각하게 된 것이다. 다만 학문적인 형식을 갖는 철학 교과서나 인식론이라 불리는 이론에 있어서는 이런 종류의 인식이 갖는 중요성이 다시 말하면 이런 종류의 부정의 부정이 갖는 중요한 의의가 간과되어 버리는 것이다.

사회운동의 지도자는 대중노선을 실천해야만 한다고 강조되고 있다. 이것도 변증법적으로 고찰하면 지도자가 대중의 입장에 서서 생각하고 대중의 마음속에 자기를 투영하고 자기를 관념적으로 대중과 동일화하여 사고를 진행시키며 대중의 요구는 물론 그 장점이나 단점도 있는 그대로 받아들임으로써 그 성과를 가지고 다시 현실의 자기 즉 지도자의 입장으로 되돌아와 구체적인 대책을 세운다고 하는 부정의 부정의 실천을 함축하고 있다. 이러한 이해가 없으면 제1의 부정이 기계적이 되어 자기를 버리고 대중 속에 매몰되어 버리는 것이 대중노선인 것과 같은, 제2의 부정을 무시한 채 대중추종이 옳은 것처럼 오해를 유발할 수 있을 것이다. 제2의 부정으로 지도자의 입장에 서 있을 때는 자신의 능력을 발휘하여 대중의 요구를 체계화하고 장점을 북돋을 뿐만 아니라 단점을 극복하려고 하는 창조적인 대책을 수립해야만 함에도 불구하고 이것을 무시하는 잘못을 범할 수 있을 것이다. 자기보다 뛰어난 지적 수준에 자신을 일치시키는 것은 어렵지만 역으로 자기보다 뚜렷이 낮은 지적 수준에 자기를 일치시키는 것도 용이하지는 않다. 풍족한 조건 속에서 자라 순조로이 학업을 마쳐 높은 교양을 갖춘 사람들에 있어서 어릴 때부터 괴로운 생활을 보내고 학교도 마음대로 다니지 못하여 마음속 깊이 열등감에 사로잡혀 있는 사람들의 정신활동에 자신을 합치시키는 것은 난해한 고전을 이해하는 이상으로 곤란할 것이라고 생각된다.

숨기기 위해 숨기지 않는다

앞에서도 자세히 이야기하였지만, 루팡은 D대신의 지적 수준을 정확하게 계산하고 그 위에 서서 편지가 숨겨진 장소를 추리하였다.

"지도 위에서 어떤 글자를 찾는 놀이가 있네. 한 사람이 어떤 말(마을 이름, 하천 이름, 도시 이름, 나라 이름 등, 갖가지 색으로 칠해진 너저분한 지도 표면에 쓰여 있는 어떠한 말이라도)을 상대방에게 찾게 한다네. 이 놀이를 처음 해보는 사람은 대부분 아주 조그만 글씨로 쓰여 있는 이름을 말해서 상대방을 곤란하게 하는 경우가 많지. 그렇지만 많이 해본 사람은 커다란 글자로 지도의 끝에서 끝까지 걸쳐 있는 말을 선택한다네. 그런 글자는 매우 큰 글씨로 쓰여 있는 간판이나 광고지와 마찬가지로 정도 이상으로 뚜렷하기 때문에 오히려 사람 눈에 띄지 않는다네. 그리고 이런 물리적인 실수는 너무 명백하게 이해할 수 있는 사태를 깨닫지 못하고 지나쳐 버리는 정신적인 부주의와 아마 비슷할 것이네. 그러나 이러한 것은 그 총감의 이해력이 어느 정도 높거나 혹은 낮은 것과 같다네. 그는 D대신이 그 편지를 누구에게도 알아차리지 못하게 하기 위한 가장 좋은 방법으로서 그것을 누구의 눈에나 쉽게 띄는 바로 코 앞에 놓으려고 하거나 혹은 놓을지도 모른다는 생각은 한 번도 하지 않은 것이지.

그러나 나는 D대신의 대담한 감히 생각하지 못할 명철한 지혜와, 그가 그 서류를 유효하게 사용하려고 생각한다면 항시 그것을 근처에 두지 않으면 안 될 것이라는 사실과, 그것이 총감의 수사범위 안에는 숨겨져 있지 않다는 결정적인 증언을 고려하여 대신이 그 편지를 숨기는 데 있어서 전혀 그것을 숨기려고 하지 않는 그러한 원대하고 현명한 방법을 사용했을 것이라고 이해할 수 있었다네."[80]

이 추리는 그대로 적중하였다. 총감이 3개월간 필사적으로 수사하였음에도 불구하고 찾을 수 없었던 문제의 편지를 루팡은 한 번 방문하고서 찾아낸 것이다. 그것은 누가 오더라도 곧 눈에 띄는 곳에 있었다. 난로 앞에 놓여 있는 편지함 속에 아무런 관심도 없는 편지인 것처럼 봉투만 바뀐 채 놓여 있었던 것이다.

제1차 세계대전 당시 미국은 적의 암호를 해독하는 비밀조직을 만들었는데 제2차 세계대전에서도 그 훈련 성과가 유감없이 발휘되었다. 일본군의 암호 통신이 모조리 해독되었으며 일본 장성의 탑승기가 매복한 적에게 격추되기도 하였다. 이 조직을 창설한 허버트 O. 야들리[81]는 포우의 교훈을 받아들였다고 전해지고 있다. 그의 '검은 사무소'는 인적이 드문 깊은 산중에 숨어 있었던 것이 아니라 뉴욕에서 가장 떠들썩하고 가장 사람 눈에 잘 뜨이는 오피스가(街)의 빌딩에 설치되었던 것이다.

인간의 인신은 눈이나 귀로 얻어진 감성적 인식에서 표상으로서의 파

---

80) 앞의 책, 184~185쪽에서 재인용.— 저자

81) 허버트 O. 야들리(Herbert Osborne Yardley, 1889~1958) ; 미국의 암호해독가로 실존인물이다.— 저자

악으로, 개념으로 파악되는 이성적 인식으로 발전하여 간다. 감성적 인식이 없이 이성적 인식이 존재할 수 없지만 올바른 감성적 인식이 이루어진다고 해서 반드시 올바른 이성적 인식이 얻어지는 것은 아니다. 곧은 막대를 물속에 집어넣으면 휘어진다고 하는 것은 감성적 인식으로서는 옳지만, 만약 거기에서 막대 그 자체가 휘어져 버린다고 생각하게 된다면 그 부분은 잘못된 것이다. 총감이나 부하나 문제의 편지를 틀림없이 눈으로 보았을 것이지만 그것이 찾고 있는 편지이다라는 판단을 내리지 못했던 점에 오류가 있었다. 진리가 감성적 인식의 단계에 머물러 있는 한, 문제의 편지를 총감에게 보여도 지장이 없을 뿐만 아니라 오히려 필요한 것이기조차 하다. 이것은 아니라고 믿고 어디까지나 그 이외에 숨겨진 장소만을 찾는 결과가 되기 때문이다. 편지를 숨기지 않음으로써 편지를 숨긴다고 하는 것은 하나의 모순이지만 이것은 감성적 인식과 이성적 인식 사이의 모순을 의식적으로 이용한 것이다. 편지의 겉봉투를 바꿔 쓰고 완전히 쓸데없는 편지처럼 다루기 때문에 어떤 여자 친구로부터 온 편지일 것이라고 하는 잘못된 판단을 내리고 문제의 편지는 어딘가 다른 곳에 있을 것이라는 판단을 끝까지 버릴 수 없었던 것이다.

어리석은 탐정이 성공한다

D대신은 총감의 지적 수준을 정확하게 계산하고 있었으며 루팡은 또한 D대신의 지적 수준을 정확하게 계산하여 편지가 있는 곳을 찾아내었다. 그러나 여기서 생각해보아야만 할 것이 있다. 만약 D대신의 예상을 뒤엎어 총감이나 부하들보다 더욱 지적 수준이 낮은 탐정이 왔다면 어떻게

되었을까? 루팡의 논리로 보건대 낮은 경우라 해도 속을 터이지만 D대신의 예상 이상의 지적 수준을 지닌 루팡에게 간파되듯이 D대신이 예상한 지적 수준 이하의 어리석은 탐정에게도 간파될 수 있지 않을까? 만담에 나오는 키다리와 뚱뚱이어도 좋고 일곱이나 여덟 번째의 자식이어도 좋으니 "대신의 몸 주위에 편지가 있을 터이므로 가서 가지고 오라"고 명령하여 보면, 이들은 '편지, 편지' 하며 정신없이 책상 위나 편지함 속을 마구 휘젓고 다니며 아무것이라도 그대로 두지 않고 닥치는 대로 긁어모아 가지고 올 것이다. 문제의 편지는 곧바로 눈에 띄는 곳에 있기 때문에 이들은 아마 맨 먼저 가져올 것임에 틀림없다. 이리하여 D대신의 계획은 결국 실패로 끝나고 말 것이다.

'벌거숭이 임금님'의 교훈

안데르센의 동화 '벌거숭이 임금님'에 등장하는 사기꾼들은 임금이나 신하들의 지적 수준을 정확하게 계산하였다. 바보로서 지위에 어울리지 않는 사람에게는 보이지 않는 옷을 만들고 있다고 말하였다. 신하들에게나 임금에게는 옷은 보이지 않았다. 실제로 옷이라고는 없기 때문에 보이지 않는 것이 당연하였다. 그러나 만약 자기에게는 보이지 않는다고 정직하게 말한다면, 다른 사람들이 자기를 바보로 보고 지위에 어울리지 않는다고 생각할 것임에 틀림없다고 생각하고 그것이 두려워 보이지 않는데도 보인다고 했던 것이다. 아이들에게는 그렇게 생각할 만한 두뇌가 없다. 다른 사람들로부터 바보로 취급받지나 않을까 하는 등을 심려할 만한 능력이 없다. 그 때문에 보이는 그대로를 정직하게 말하여 "아니, 임금님은 벌거숭이가 아닌가!"라고 하였던 것이다. 신하들이나 임금이나 그밖의 다른 사람들은 아이들보다 훨씬 현명하다. 현명하기 때문에 오히려 자기가 본 대로를 말하지 못하였던 것이다. 현명하지 못한 아이의 경우가 진리를 말하게 된 것이다.

신하들이나 임금은 옷이 없기 때문에 보이지 않는다고 하는 객관적인 사실을 옷이 있어도 자기들이 바보이기 때문에 보이지 않는다고 하는 주관적인 원인으로 잘못 이해하였다. 원인을 추구하는 방식이 전도되어 있는 것이다. 전도된 채로 사건은 진행되었다. 더욱이 많은 사람들이 행렬을 이루어 마을 한복판을 행진하게 되었고, 아이의 외침이 발단이 되어 마을 사람들이 "임금님은 벌거숭이다!"라고 이구동성으로 외쳐댈 때 임금은 자신의 지식을 그 관점에서 재검토하여 보았다. 그때까지는 현명하였던 것이 사건의 진상을 파악하는데 방해가 되었으나 이제는 진상을 파악하기 위한 조력자로 전화하였던 것이다. 임금에게는 모든 것이 백일하에 드러났다. 그러나 진리를 외친 아이에게는 진상을 파악할 수 있는 능력이 없다. 누가 어떻게 해서 임금을 벌거벗은 채로 걷게 하였는지 이 사건의 전모를 알 수는 없는 것이다.

『잃어버린 편지』라는 사건에서 만약 어린이 탐정을 보냈다면 반드시 문제의 편지를 찾아왔을 것이다. 현명한 총감이나 그 부하들에게 있어서 불가능하였던 것이 가능하게 되었을 것이다. 그러나 이 아이도 왜 대신이 문제의 편지를 일부러 사람 눈에 띄는 곳에 놓아 두었는지 그 이유를 알 수는 없다. 대신이 이만저만한 지혜를 가지고 있는 사람이 아님을 이해할 수는 없다. 루팡이나 아이나 편지를 되찾는 결과에 있어서는 동일하지만 그 이해의 정도에는 매우 큰 차이가 있다.

'아이'로부터 배운다

'잃어버린 편지'나 '벌거숭이 임금님'은 아이로부터 어떻게 배울 것인가 하는 점에 관해 올바른 방법을 제시하고 있다. 진(秦)나라 시황제(始皇帝)에게 불로초(不老草)를 캐오겠다고 한 서복[82](徐福)도 진시황제가 죽기 싫다는 다급한 수준에 그 눈높이를 맞추었기 때문에 희대의 사기극에 성공할 수 있었다. 시황제가 서복보다도 못했다면 어떻게 중국을 통일할 수 있었을까? 하지만 더 살고 싶다는 욕망이 강했기 때문에 서복에게 사기를 당한 것이다.[83]

사기나 협잡술 또한 가장 현명한 사람이 내린 결론과 아이가 내린 유치한 결론이 일치하는 경우가 많음에도 불구하고 그것은 서로 단계를 달리하고 있으며 아이가 가장 현명한 사람과 같은 지혜를 가지고 있다고 생각해서는 안 된다는 것을 가르쳐 주고 있다. 이것을 일면적으로 이해하게 되면 아이를 과대평가한다든지 혹은 아이의 말에 전혀 귀를 기울이지 않는 그러한 잘못이 발생한다. 대중을 추종하게 되거나 경멸하게 되는 것이다.

---

82) 서복(徐福) ; 중국 진나라 시대의 최고의 술사. 제나라(산동성) 출신으로, 제나라에 전해지는 신선설을 진시황제에게 제안해 말하자 진시황이 이것을 받아들여 동해 중의 삼신산에 선인이나 불사의 선약을 구하는 탐험에 거액의 원조를 받았다. 어린아이 수천 명을 데리고 항해하는 것 외에, 후에는 해신과 싸운다고 해서 병사도 받았는데 그는 해상에 널리 펼쳐진 토지를 발견하고 그 땅의 왕이 되었다고 한다.— 저자

83) 이 부분에 대하여 더 알고 싶은 분은 천승세 평역, 『십팔사략』(중원문화, 2012), 제2권, 110쪽을 참조하기 바람.— 저자

제2장에서 언급했던 바와 같이 인류가 아직 '아이'였던 단계에서는 그 세계관이 변증법적이었다. 그것이 과학이 발전함에 따라 형이상학적이 되고 더 나아가 이 형이상학적 세계관이 유지될 수 없게 되어 또다시 변증법적 세계관이 출현하였다. "만물은 유전한다"고 하는 견해로 볼 때 최신의 원자핵물리학의 결론이나 고대 그리스나 인도의 철인이 말한 바가 서로 일치하고 있다. 그러나 철인들은 왜, 어떻게 해서 만물이 유전하는 것인지, 그 내부 구조에 관해서는 아무것도 이해하지 못하였던 것이다. 또한 관념론 철학자가 말하는 것처럼 상식적으로 누구나 모사설(模寫說)의 입장을 취하고 있다. 고대의 철학자도 소박한 유물론의 입장에 서 있다. 그렇지만 이 유아기(幼兒期)적 유물론으로는 정신의 존재형태를 올바로 해명할 수가 없다. 그 때문에 결국 관념론적인 견해가 지배적이 되고 인식의 모순이나 자신의 이중화의 문제가 전도된 형태를 취할 수밖에 없었다. 그 정점에 위치한 헤겔이 비판되고 이번에는 포이어바흐를 거쳐 맑스학자의 유물론이 출현하였다. 이 '근대적 유물론', 즉 부정의 부정은 옛 유물론의 단순한 복사가 아니고 옛 유물론의 영속적인 여러 기초 위에 철학 및 자연과학의 2천 년간에 걸친 발전과 이 2천 년의 역사 그 자체의 모든 사상 내용을 덧붙인 것이다. 그것은 이미 철학이 아니고 하나의 단순한 세계관이며, 이것은 무엇인가 특별한 과학 중의 과학이라고 할 만한 것에 있어서가 아니라 현실의 여러 과학에 있어서 스스로를 확인하고 실증하지 않으면 안 되는 것이다. 철학은 여기에서는 '지양되어' 있는데, 즉 '극복됨과 동시에 보존돼' 있다.

맑스주의의 유물론도 세계 전체로서 정신에 대한 물질의 우위를 주장하는 점에서는 철학자가 논하는 유아기(幼兒期)적 유물론과 일맥상통하고 있지만 그 내용에는 커다란 차이가 있다. 그것은 자연, 사회, 인간의 사유의 각 분야에 있어서 자연과학이나 철학이 파고든 정신과 물질의 연관성의 문제를 올바른 해결에 있어서 내포하고 있기 때문이다. 또한 관념론 가운데 전도된 형태로 얻어진 진리도 올바른 형태로 전화되어 내포되어 있기 때문이다.

과학사는 우리에게 무엇을 가르쳐주는가

변증법의 역사에 있어서나 세계관의 역사에 있어서나 소박하면서도 올바른 유아기가 있고 이윽고 그것이 부정되고 발전하여 후에 다시 원래의 상태로 되돌아오는 형태를 취하였다는 것은 분명하다. 그러면 그밖의 과학의 역사에 있어서는 어떠한가?

코페르니쿠스는 천동설을 뒤집어엎고 지동설을 확립한 위대한 과학자로 알려져 있다. 그러나 지동설을 처음으로 제창한 사람은 코페르니쿠스가 아니었다. 그는 천동설이 더 이상 타당하지 않은 혼란된 시기에 그에 대신할 학설을 추구하던 중에 고대의 지동설에 마주치게 되었던 것이다. 그 자신이 쓴 『천체의 회전에 관하여』 서문에서 그것을 분명히 밝히고 있다.

“나는 우주에 떠 있는 수많은 별들의 운동에 관해 수학자가 가르치는 바를 오랜 기간 홀로 연구할 때에, 수학자들은 세계에 관한 최초의 사상(事象)을 주의깊게 연구하고 있지만 천체 운동에 관해서는 하나도 정확하게 설명하고 있지 못함에 싫증을 느끼기 시작하였다. 거기서 나는 천체의 운동은 학교에서 수학이 가르치는 것과는 다른 것이라고 누군가 이미 생각하고 있지 않은가 검토해 보기 위해 닥치는 대로 철학자의 저서를 읽으려고 노력을 아끼지 않았던 것이다."[84)]

고대 그리스의 천문학자들은 이미 태양의 주위를 지구가 돌고 있다고 하는 이론을 정립하였다. 학문의 유아기적 단계에 눈으로 보는 것과 반대되는 이론을 어떻게 수립하였는지 이상하게 생각하는 사람도 있을 것이다. 고대인들에게 있어서는 계절을 알기 위해 천체의 존재형태를 아는 것이 절대로 필요한 것이었다. 농업이나 항해에 있어서 천체의 관찰과 사회생활은 현재와는 비교가 안 될 정도로 밀접하게 연관되어 있었던 것이다. 화성이나 금성의 밝기가 때에 따라 매우 다른 사실은 지구와의 거리가 변하고 있음을 상상하게 하기에 충분한 것이다. 또한 태양이나 달의 크기, 지구와의 거리 등을 측정하여 현대의 과학이 제시하고 있는 것과 틀리지 않는 수치를 얻을 수가 있었다. 태양은 눈으로 보아 작지만 지구보다도 확실히 큰 천체임을 알았다. 이러한 사실은 학자로 하여금 지동설로 이끌어 가게 하였다. 이것이 결국 천동설로 바뀌어진 것은 종교적 입장에서의 압박이나 정치적인 박해와 같은 사회적인 조건을 무시할 수는 없겠지만 근본적으로는 결국 소박하고 섬세하지 못한 이론으로 천체의 개개의 움직임을 정확하게 다루지 못한 점이나 지구가 매우 큰 속도로 움직임을 정확하게 다루지 못한 점이나 지구가 매우 큰 속도로 움직이면서 지구상의 물체가 그 영향을 받지 않는 이유를 합리적으로 설명할 수 없었던 점 등의 이론적인 결함에서 찾아야만 할 것이다. 말하자면 유아기적 지동설이었던 것이다. 코페르쿠니스에서 부활된 지동설은 천동설의

84) 三浦つとむ 著, 『弁証法はどういう科学か』(講談社, 1960) 190쪽에서 재인용.—저자

시대에 얻어진 개개의 부분에 관한 연구를 올바로 받아들이면서 역학적으로도 합리적인 설명을 부여하여 전 체계를 확립한 것이며, 천문학의 역사는 지동설→천동설→지동설이라고 하는 부정의 부정의 형태를 밟아 완성을 보았던 것이다. 코페르니쿠스의 지동설은 결코 천동설에 의해서 얻어진 모든 성과를 말살하지는 않았다. "태양이 하루에 한 번 지구의 주위를 돌고 있다고 처음에 믿고 있던 사람은 오류에 빠져 있었지만 그래도 진실한 지각을 갖고 있었던 것이다. 태양이 24시간 만에 지구의 주위를 돈다고 하는 것은 태양과 지구의 운동의 관계를 명확하게 이해하는 데 있어서 소홀히 해서는 안 될 부분이다", "모든 오류는 진실된 이해를 돕는다."

'잃어버린 편지'를 수사하는 것을 생각해 보자. D대신이 훔친 편지를 어디에 감추었는지 그 감춘 장소에 관한 총감의 예상이 잘못되었기 때문에 수사는 모두 실패로 끝나 버렸다. 그러면 이 총감의 활동이 편지를 되찾지 못했기 때문에 전혀 무의미하다고 생각할 수 있을까? 그렇지는 않다. 총감의 실패로부터 하나의 올바른 결론이 도출될 수 있다. 총감이 수사한 범위 내에는 편지가 있지 않다는 인식은 진리이다. 거기에서 루팡은 자기가 수사해야 할 범위를 올바로 설정할 수 있었다. 반드시 눈에 띄는 곳에 있음이 틀림없다고 하는 추리가 총감의 실패로 인해 가능하게 된 것이다. 앞에서 언급한 바와 같이 총감의 오류는 루팡이 추리하는 데 있어서 소홀히 해서는 안 될 부분인 것이며, 진실된 이해를 도와주고 있는 것이다. 이것도 "실패는 성공의 어머니"의 하나의 예라고 말할 수 있을 것이다.

경제학은 어떠한가? 여기에도 유아적 시대가 존재한다. 근대 경제학을 수립한 페티는 1662년에 상품의 가치가 동일한 노동에 의해 측정된다고 하는 것을 분명히 말하고 있으며 노동가치설의 입장을 취하고 있다. "이것은 모든 가치의 비교나 측정의 기초라고 나는 주장한다. 그렇지만 이것의 상부구조나 실제적 응용에 관해서는 많은 다양성과 복잡성이 있음을 나는 고백하는 바이다"라고 페티는 말하고 있다. 이로부터 100년 후에 나온 애덤 스미스[85]의 『국부론』이나 그에 이어지는 리카도의 저작도 그 다양성과 복잡성에 관해 연구가 계속되었던 것이다. 그런데 리카도학파가 좌절되자 지금까지의 객관적인 가치를 인정하는 입장을 부정하고 그것을 전도시켜 가치의 원천을 주관적인 측면에서 추구하는 소위 효용가치설이 W.S. 제본스(Jevons, 1835~1882), A. 멩거(Menger, 1841~1906) 등에 의해서 제기되었으며 이것이 고전학파를 대신하여 1세기 가까이 학계에서 지배적인 지위를 점하기에 이르렀던 것이다.

맑스학파의 경제학은 진보적인 사람들에게 지지를 받아 왔으나 학계에서는 이단으로 취급되었다. 지동설이 교회나 정부에 의해서 박해를 받았던 것처럼 노동가치설이 자본가와 그들의 어용학자에 의해서 계급적인 입장에서 공격을 당하고 비난을 받았던 것은 사실이지만, 리카도학파의 좌절을 연구해 보면 맑스 이전의 노동가치설이 가지고 있던 결함이 노동가치설의 부정을 초래한 큰 이유이었음이 이해된다. 코페르니쿠스의 지동

85) 애덤 스미스(Adam Smith, 1723~1790) ; 영국의 정치경제학자 및 도덕철학자로 고전경제학의 창시자이다. 경제행위는 '보이지 않는 손'에 의해 종국적으로는 공공복지에 기여하게 된다고 생각하였으며 예정조화설을 주장하였다.— 저자

설이 박해를 견디고 과학으로서 확립되고 학계를 지배하기에 이르렀던 것처럼 노동가치설도 모든 비난 공격을 견디고 그 올바른 점이 현실의 경제발전에 의해서 증명되어 가고 있다. 경제학의 대세를 볼 때, 노동가치설 → 효용가치설 → 노동가치설이라고 하는 흐름은 부정할 수가 없다.

맑스주의의 과학사관

맑스주의자들은 과학의 역사가 부정의 부정의 형태를 밟아 변증법적으로 발전하고 있음을 지적하였다.

"역사에는 역사의 독자적인 흐름이 있고, 이 흐름은 결국 변증법적으로 진행될 것이며, 변증법은 누차 너무나도 오랜 역사를 기다리지 않으면 안 된다. ……17세기에는(특히 영국에서는) 열은 물체의 하나의 성질로서 '그 본질이 아직 충분히 만족스럽게는 설명되어 있지 않은 특수한 종류의 하나의 운동'으로서 알려졌었다. 열역학 이론이 나오기 2년 전에 톰슨은 열을 이렇게 규정하였다. 그런데 18세기에 이르자 다음과 같은 견해가 점차 전면에 부각되기 시작하였다. 즉 그것은 열은 빛이나 전기나 자기와 마찬가지인 특별한 물질[열소(熱素), 칼로릭이라고 부른다.]이며 이러한 독특한 물질은 그것이 무게를 갖지 않고 있기에 측정할 수 없는 물질이라고 하는 점에서 보통의 다른 물질과 구별되는 것이라고 하는 것이다."[86)]

이와 같은 많은 역사적인 교훈으로부터 다음 정식이 도출된다.

"최초의 소박한 견해는 일반적으로 다음 시대의 형이상학적 견해보다도 더 옳

86) 앞의 책, 194~195쪽에서 재인용.— 저자

다."[87)]

과학의 역사는 사실의 단순한 연속이 아니다. 과거의 사실을 나열하여 연대와 함께 암기하는 것이 과학사를 열심히 공부하는 것은 아니다. 그 내부에 존재하는 발전의 필연성을 이해하고 논리를 파악하여 그것을 실천에 이용해야만 한다. 새로운 미래를 발견하기 위해 과거로부터 배우는 것이다. 현재의 과학수준에서 본다면, 과거의 과학자들은 어린애에 지나지 않지만 스스로가 벌거숭이 임금이 되지 않도록, 비유로도 즉각 깨달을 수 있게 이러한 어린아이들의 말에 귀를 기울이는 것이 필요한 것이다. 연구가 혼란되어 있고 해석이 상호 엇갈려 수습이 어렵게 되었을 때 그 타개책으로서 막다른 데서 갑자기 부딪히는 방법을 취하는 것이 아니라 왜 그렇게 되었는가, 전도된 단계에 있는 것은 아닌가, 어디에서부터 그 전도가 시작되었는가를 생각하도록 역사는 가르쳐 주고 있다. 예컨대 유치하긴 해도 옛날에 누군가 다른 생각을 가지고 있지 않았는지를 조사해 보라고 역사는 가르치고 있다. 미국의 뛰어난 자연과학자도 자연 변증법을 받아들여 연구에 응용하였다.

"현대의 과학이론은 뉴턴역학[88)]을 다시 볼 필요가 있다. 양자론자에 의한 뉴턴역학의 부정의 측면에 현혹되어 물리학의 본연의 자세를 잃어버리고 혼란에 빠질 우려가 있기 때문이다. 사실은 거꾸로 뉴턴역학의 긍정적인 면, 건설적인 면을 반성

---

87) 앞의 책, 195쪽에서 재인용.— 저자

88) 세 가지 운동법칙을 기본원리로 한 역학을 말함. 즉 ① 운동의 법칙, ② 만유인력의 법칙, ③ 냉각의 법칙.— 저자

함으로써 양자역학의 논리구성에 대한 보다 깊은 이해가 얻어지는 것이다."[89]

과학사로부터 발생된 교육방식

최근 이과 교육의 분야에서 '가설 실험 수업' 방식이라 불리는 새로운 형태가 주목의 대상이 되고 있다. 이 방식으로라면 한 반이 평균 90점이라고 하는 경이로운 성적이 얻어지고 어린이들에게 사물을 고찰하는 힘이 눈에 띄게 성장하는 것을 명확하게 볼 수 있다. 창시자인 일본 국립교육연구소의 어떤 이는 과학사의 연구를 토대로 하여 이 방식을 만들어낸 것이다.

"나는 예컨대 갈릴레이라고 하는 한 사람의 인간에 관해서 열심히 연구하였다. 그렇지만 그것은 일반적인, 누구에게나 적합한 인식의 과정을 문제로 삼았기 때문인데, 과학의 역사를 연구하면서 나는 언제나 인간이라고 하는 존재는 모두 이렇게 둘로 생각하지 않으면 안 되는 존재는 아닐까 하고 계속 생각하여 왔다. 이러한 인식과정은 과학의 역사와 현대의 어린이가 과학을 배워갈 때의 과정은 몇 가지 양상은 다르다고 해도 동일한 측면이 당연히 있을 것이라고 생각하여 과학교육의 문제에도 관심을 가지게 되었다."[90]

이러한 방식에서는 교사가 완성된 지식을 말하는 것이 아니라 과학자가 일찍이 걸어온 길을 어린이가 다시 밟아오면서 스스로를 단련시키고 배워

89) 황세연 편역, 『변증법이란 무엇인가』(중원문화, 1984), 213쪽에서 재인용.— 저자

90) 앞의 책, 214쪽에서 재인용.— 저자

가는 것이다. 주어진 문제에 관해서 어린이는 가설을 만들고 예측하여 실험으로 확인하는데, 그 결과 가설이 부정되어 예측이 어긋나는 경우도 자주 일어난다. 그러나 이런 잘못으로부터 어린이는 배우고 다음에는 올바른 가설이나 예측을 하게 된다. "큰 잘못을 저지르지 않게 되려면 작은 잘못을 충분히 범해야 한다"라고 하는, 실패하지 않기 위해 실패하는 것이 필요하다고 하는 생각도 "실패는 성공의 어머니"의 또 하나의 형태이다.

어린이들은 과학을 지식으로서 받아들일 뿐만 아니라 과학자의 태도로 주체적으로 자기의 것을 만들어 간다. 과학의 복잡성이나 심오함을 동시에 흥미와 즐거움으로서 기쁘게 받아들이고 소박하면서도 올바른 과학관, 과학자관을 형성시키며 과학자의 태도를 생활전체로 확대시켜 인생관, 인간관으로 발전시켜 간다. 초등학교 6학년 어린이가 "과학이 어떤 점을 취하는가 하는 것 등과는 무관하게 진실로 과학을 즐겁게 생각한답니다. ……저는 일생 동안은 물론 다른 존재로 다시 태어나도 또한 과학을 공부하고 싶을 겁니다"라고 말하고 있는 것과 같이 참된 과학교육이 실현되어 가고 있다.

길은 직선으로 제한되어 있지 않다

사회의 모순을 직접 몸에 느낀 청년이 사회를 변화시켜야만 한다고 믿는 것은 거칠고 소박한 직관이다. 이에 대해 유치하다든지 어린애 같다고 비웃는 어른이 많다. 게다가 그중에는 청년시대에 사회운동의 투사로서 알려진 사람도 적지 않다. 가정을 갖게 되고 자식이 생기게 됨으로써 이에 제약되어 흐리멍덩한 인간이 되었다고도 말할 수 있지만 그것만으로는 설명될 수 없는 것이 있다. 정말로 사상을 버리고 전향한 인물이 적지 않기 때문이다. 정치운동의 지도자가 내각타도를 부르짖거나 작은 공장의 노동자가 생활의 고통 때문에 내각타도를 부르짖는다. 결론이 일치한다 해도 동일하게 이해하고 있다고는 할 수 없다. 노동하는 사람들의 사회에 관한 인식도 과학의 발전과 마찬가지로 최초의 소박한 올바른 견해는 부분적인 인식이 진보함과 동시에 역전할 가능성이 있음에 주의하지 않으면 안 된다. 따라서 부분적인 올바른 인식(미국인의 생활수준에 비해 중국인의 그것은 낮다.)의 배후에 전체로서의 잘못된 인식(미국의 사회체제가 우월하다.)을 의미하는 선전이 효과를 거두는 경우도 있다. 사회구조를 변화시키지 않으면 안 된다고 하는 청년의 직관으로는 진보적인 운동이 가능한 만큼 파시즘 운동도 나올 수 있는 것이다. 노동자는 투쟁하기 때문에 잘못된 길로 나아갈 리가 없다고 생각하는 것은 형이상학적인 견해이다. 생활이 고통스럽게 되면 혁명적이 될 것이 틀림없다고 생각하는 것도 일면적인 견해이다. 그것이 부정에 의한 발전이 되기 위해서는 어떻게 하면 좋은가, 또한 현재 제1의 부정의 단계에 있는 사람들을 어떻게 제2의 부정으로 이끌어 갈 것인가 하는 것들을 생각하고 실행하는 것이 우리들의 임무이다.

헤겔 변증법 본질 기억하기

첫째 : 대립물의 상호침투의 법칙.

둘째 : 양(量)과 질(質)의 상호전화의 법칙.

셋째 : 부정(否定)의 부정(否定)의 법칙.

헤겔은 말한 첫 번째 법칙은 『대논리학』 제1부의 '존재론'에서 전개되었고, 둘째의 법칙은 『대논리학』 제2부 '본질론'에서 기술하고 있다. 마지막 세 번째 법칙은 『대논리학』 '개념론'(概念論)으로 전 세계에 대한 근본법칙을 설명하고 있다. 헤겔의 관념론적 입장에도 불구하고 그의 철학이 오늘날에도 칭송받고 있는 이유는 "존재하는 모든 것은 연관[매개]되어 있다는 사실과 변화하고 있다는 사실을 지적했기 때문이다. 헤겔과 맑스 외에는 이러한 법칙을 발견한 바도 없으며 또 이를 옹호한 학자도 없다. 맑스 역시 그의 유물변증법에서 모든 사물은 서로 연관되어 있고, 서로 제약하며 매개에 의해서 상호침투하고 있다는 사실을 설명하고 있다. 상기 내용에 대해서는 지금가지 기술된 내용에 여러 번 반복되었음을 알 수 있엇을 것이다. 왜냐하면 이 세 가지 법칙이 변증법을 소화하는 데 가장 중요한 역할을 하기 때문이다.

그리고 이 3가지 법칙은 한 물체나 한 사건에서 동시에 일어난다는 점을 상기하는 것이 무엇보다도 중요하다. 각사물이나 각 사건마다 하나의 법칙이 각각으로 존재하는 것이 아니라 동시에 진행된다는 명심해야한다.

6. 모순에 대하여

6. 모순에 대하여

(1) 모순에는 두 종류가 있다.

운동은 모순이다

모순의 중요성을 최초로 지적한 사람은 G.W.F. 헤겔이다. 그는 제논의 궤변에 정확한 해답을 제시하였다.

"이 모순은 여기저기에서 보여지는 단순한 변칙으로 간주되어서는 안 되고, 오히려 그 본질적 규정에 있어서 부정적인 것, 즉 모든 자기운동의 원리로서 간주되어야 하며 이 자기운동은 단지 모순을 드러내 보이는 것일 뿐이다. 외적인 감성적 운동 자체는 그 직접적 현존재(Dasein)이다. 어떤 사물이 운동하는 것은 그것이 지금 여기에 있고 다른 순간에는 저기에 있다는 것 때문만이 아니라, 같은 순간에 여기에 존재하면서 존재하지 않고 같은 장소에 존재하면서 존재하지 않는 것이기 때문이기도 하다. 인간은 고대의 변증가들과 마찬가지로 그들이 운동 속에서 지적하였던 모순을 인정해야 하지만, 이는 또한 운동이 그로 인해 존재하지 않는다고 말할 수는 없으며 오히려 반대로 운동은 존재하는 모순 그 자체라고 말할 수 있는 것이다."91)

---

91) 앞의 책, 214쪽에서 인용하였으며 원서는 G.W.F. 헤겔의 『대논리학』(한국어판, 임석진역)을 재인용함.— 저자

맑스주의는 G.W.F. 헤겔의 이러한 생각을 바로 받아들였다. 변증법이 일반적인 운동, 즉 발전법칙에 관한 한 과학인 이상 모순의 연구가 중요시되는 것은 당연하다. “본래적인 의미로는, 변증법이란 사물의 본질 그 자체에 내재하는 모순을 연구하는 것”이라고 하는 것도 그러한 이유 때문이다.

모순이란 무엇인가

그러면 유물변증법에서 말하는 모순이란 무엇을 가리키는 말인가?

“어떠한 사물이 대립을 내포하고 있다면 그것은 자기 자신과 모순관계에 있는 것이며 그 자신의 사상적 표현도 마찬가지이다. 예를 들면 어떤 사물이 언제나 동일한 것이면서 동시에 부단히 변화하고 있는 것, 즉 그 자신 속에 ‘자기동일성’과 ‘변화’의 대립을 지니고 있다는 것은 하나의 모순이다.”92)

때문에 우리들 인간을 포함한 모든 생물은 하나의 모순이라고 할 수 있다.

“어느 순간에 있어서나 그것은 외부로부터 획득된 물질을 소화하고 다른 물질을 배설한다. 어느 순간에 있어서나 체내의 세포는 죽어가며 새로운 세포가 만들어진다. 결국 조만간에 때가 되면 체내의 물질은 완전히 새로운 것으로 바뀌고 다른 물질분자로 대체된다. 따라서 어떤 생물이나 항시 동일한 것이면서 다른 것인 것이다.”93)

---

92) 앞의 책, 220쪽에서 재인용.— 저자

모순의 본질은 어떤 사물이 대립을 '내포하고 있는' 관계이다. 대립물이 존재하고 있는데 그것이 '내포하고 있는' 관계가 아니라면 모순이라고 할 수 없다. 대립물의 통일이라고 하는 것이 모순의 구조이다.

상식에서 말하는 모순

동양에서는 한자어 창 모(矛)와 방패 순(盾) 자를 합하여 모순(矛盾)이라고 부른다. 옛날 중국에 창과 방패를 파는 상인이 있었다. 창의 우수성을 과장하여 "이 창은 어떠한 방패라도 뚫을 수 있다"고 말하고 또한 방패의 우수성을 과장하여 "이 방패는 어떠한 창이라도 막아낼 수 있다"고 말하였다. 지나가던 나그네가 "그 창으로 방패를 찌르면 어떻게 됩니까?" 하고 묻자 상인은 대답하기가 난처해지고 말았다. 이후부터 서로 대립하고 엇갈리는 주장이 양립되어 있는 것을 모순이라고 부르게 되었다고 한다. 형식논리학에서 말하는 모순도 결국 이런 종류의 모순이다. 한 사람이 어느 시각에 A도시에 있다고 하는 증언과 같은 사람이 그 시각에 B도시에 있다고 하는 증언이 있는 경우 각각의 증언을 듣고 사리에 맞다고 생각되어도 그것을 연결시켜 보면 같은 시각에 멀리 떨어진 두 장소에 있다고 하는 것은 불합리하기 때문에 이러한 증언을 모순이라고 말한다. 하나하나의 주장을 들어 보면 확실히 합리적이지만 어떤 주장이 대립되는 주장을 내포하고 있을 때에는 불합리하게 되며 이와 같은 모순된 주장은 타파되지 않으면 안 된다. 상식에서 말하는 모순은 이 불합리한

---

93) 앞의 책, 220쪽에서 재인용.— 저자

사실, 타파되어야만 하는 모순을 일컫는데, 이 모순 이외의 다른 모순을 인정하지 않고 다음과 같이 말하는 학자가 많다.

"모순되는 것이란 오직 사상의 결합에 속할 뿐이지 결코 현실에 속할 수 없는 범주이다. 현실 속에는 어떠한 모순도 존재하지 않는다. ……상반되는 방향을 향해 서로 대항하는 여러 힘의 적대관계라고 하는 것은 실은 세계와 그 속에 사는 생물과의 현실생활 가운데에 존재하는 일체의 행동의 근본형태이다. 그러나 갖가지 요소나 개체가 가진 힘의 방향에 이와 같은 적대 관계가 존재한다는 것과 모순이라고 하는 허황된 사상과는 조금도 일치하지 않는다."[94]

외국에서, 특히 미국에서 유물변증법을 반대하는 사람이나 실용주의자들은 누구나 모순을 인식에 있어서만 존재하는 것이라고 말하고 객관적인 모순이라고 하는 생각은 불합리하며 모순개념의 부당한 확장이고 애매한 보편화라고 주장하였다. 창과 방패와 같은 형태의 모순은 실은 모순의 특수한 형태에 불과한 것이지만 이것을 본질적인 관계로까지 깊이 파고들어 생각하지 못하는 사람들은 이것만이 모순이며 자본가와 노동자간의 관계와 같은 것은 "상반되는 방향을 향해 서로 대항하는 여러 힘의 적대관계"이며 모순이라고는 말할 수 없다는 결론을 도출하고 있다.

모순에는 두 종류가 있다

모순을 올바르게 이해하기 위해 일단 G.W.F. 헤겔이 말하는 것을 들어보자.

---

94) 앞의 책, 221쪽에서 재인용.— 저자

"관계의 모든 규정에서 모순은 직접적으로 나타난다. 위와 아래, 좌와 우, 아버지와 아들, 그밖에 무한히 많은 극히 평범한 실례들은 모두 자기 속에 모순을 가지고 있다. 위란 아래에 있지 않는 것이다. 위라고 하는 규정은 단지 아래가 아니라고 하는 점에서만 존재한다. 그리고 전자는 후자가 존재하는 한에 있어서만 존재한다. 또한 역으로 하나의 규정 속에는 그 대립도 포함되어 있다."[95]

누구나 자식을 가져야 비로소 아버지가 된다. 자기가 낳은 자식이건 입양한 자식이건 자식이 없어서는 아버지가 되지 못한다. 이것은 매개관계이다. 그리고 이 아버지는 또한 그의 아버지(할아버지)의 아들이라고 하는 뜻에서 동시에 아들이기도 하다. 그 자신은 대립되는 두 가지 측면을 지니며 또한 아버지와 아들의 직접적인 통일 상태이다. 그를 '아버지'라고 말하거나 '아들'이라고 규정하는 것은 서로 대립되고 엇갈리는 사상을 결합시킨 것이지만 이것은 결코 불합리한 것이 아니며 현실의 충실한 반영이다. 사상의 결합에 있어서 나타나는 모순에도 ① **창과 방패와 같이 현실과 일치하지 않는 관계를 형성하는 경우와 ② 아버지와 아들과 같이 현실과 일치된 관계를 형성하는 경우**처럼 상반된 두 가지 종류가 있음을 주의하지 않으면 안 된다. 창과 방패와 같은 관계에서 나타나는 모순에서는 모순을 극복하는 것이 진리에 도달하는 것이다. 그러므로 대립되는 의견을 서로 충돌시켜 사상 속에 존재하는 이러한 종류의 모순을 파헤쳐 극복하는 것이 진리를 획득하는 가장 좋은 방법이라고 고대의 철학자는 생각하고 이러한 방법을 변증법이라고 불렀다. 그러나 아버지와 아들과

---

95) 앞의 책, 222쪽에서 재인용. G.W.F. 헤겔, 『대논리학』 중 '존재론'.—저자

같은 관계에서 나타나는 모순에서는 '어느 쪽도 독자적으로는 진리가 아니며 오히려 그 통일만이 진리'인 것이다. '이것도 저것도'라고 하는 식으로 이 통일을 완성하는 것이야말로 변증법적으로 사고하는 방법이다. 그리고 아버지와 아들과의 관계에서 나타나는 모순이 진리라면 이것은 현실의 존재형태에 대한 충실한 반영이며 현실 속에 동일한 성격의 사물이 존재함을 뜻하고 있다. **현실 속에 존재하는 대립물의 통일을 모순이라고 부르며 이것을 객관적 모순**이라고 한다.

신맑스주의를 지지하는 혁신적인 사람들은 노동자와 자본가의 모순이나 거기에서 파생되는 사회의 갖가지 모순 등과 같은 객관적 모순의 존재를 논하고 이러한 것들을 극복하지 않으면 안 된다고 주장하고 있다. 이것 자체는 올바른 것이지만 이러한 종류의 모순만을 강조하다 보면 과학자가 생물에서 지적하였던 이것과는 다른 종류의 모순을 무시하거나 두 가지 종류의 모순을 처리하는 방식조차 하나로 생각하거나 하는 오류가 발생한다. 올바른 모순론이 왜곡되어 있는 것이다.

모순의 해결

정상적인 상태라면 생물의 체내에서의 세포의 사멸과 발생은 조화를 유지하고 있다. 세포의 사멸은 생명을 위협하는 것이 아니라 생명을 유지하고 개체를 성장시키기 위한 것이다. 그렇지만 체내에 암세포가 발생하여 그로 인해 건강한 세포가 사멸하거나 병원균과 같은 다른 세포가 침입하여 세포에 병적인 상태를 유발하여 죽게 하는 이상한 상태가 일어날 수 있다. 이러한 경우에는 암세포를 잘라 내거나 병원균을 죽이거나 하는 방법으로 건강한 세포가 지니고 있는 대립물을 없애지 않으면 안 된다. 여기에서는 조화가 아니라 투쟁이 존재하며 모순을 유지하는 것이 아니라 모순을 극복해야 한다. "생명이란 무엇보다도 우선 어떤 생물이 각각의 순간에 동일한 사물이면서 다른 사물인 상태이다. 따라서 생명도 또한 모든 사물과 모든 과정 그 자체 속에 존재하는 바, 끊임없이 자기를 창출하고 또한 해결하는 하나의 모순이다. 그리고 이 모순이 만약 정지한다면 곧바로 생명도 정지하는 것이며 죽음이 시작된다."[96] 생명을 중요하게 여긴다는 것은 이 모순을 유지하려고 노력하는 것과 같다. 그리고 우리 인간은 어떤 사회의 조건하에서는 살기 위해 즉 생명의 모순을 유지하기 위해 자본가에게 노동력을 팔지 않으면 안 되는 것이다. 만약 인간에게 이 모순이 없다면, 즉 먹지 않고 살아 갈 수 있다면 자본주의 사회의 모순도 실현되지 않을 것이다. 그러므로 살기 위해 유지해야만 하는 생물로서의 모순 위에 살기 위해 극복하지 않으면 안 되는 사회로서의 모순이 성립하고 있다고 하는 것이 현실의 상태이다. 객관적인 모순에도 서로 대립하며 화합하지 못하는 두 가지 종류의 모순이 있으며 그것이 상호 결합하고 있다. 노동하는 사람들이 살아가기 위해 사회의 모순과 투쟁하는 것은 두 가지 모순 상호 간의 투쟁이기도 한 것이다.

"상품에 가격을 부여하는 과정에 있어서 유통 가능한 형태를 갖고 또 금이 화폐로서의 성격을 갖고 난 뒤에 유통은 모든 상품의 교환과정이 내포하고 있던 모든 모순을 동시에 드러내고 해결한다"(Zugleich darstellen und hosen).[97]

---

96) 레닌(Vladimir Il'ich Lenin, 1870~1924)의 『철학노트』, 황세연 편역, 『변증법이란 무엇인가』(중원문화, 1984) 224쪽에서 재인용.— 저자

"상품의 유통과정은 모순되고 동시에 서로 배제하는 모든 연관을 포함하고 있다. 상품의 발전은 이러한 모순을 지양해서는 안 되지만 그러나 이러한 모순이 유통과정에 있어서 운동할 수 있는 형태를 창조한다. 이와 같은 것은 모두 현실에 존재하는 모순이 스스로를 해결하는 방식이다. 예를 들면 어떤 물체가 끊임없이 다른 물체에 가까이 가고 또한 마찬가지로 끊임없이 그 물체로부터 멀어져 가는 것은 하나의 모순이다. 타원형은 이 모순이 스스로를 실현함과 동시에 해결하는 운동 형태의 하나이다."98)

에너지가 무(無)에서 나오는 것이 아니고 계속 감소하여 없어지는 것도 아니며, 무한하게 계속 존재하는 것임을 자연과학은 증명하였다. 그리고 이와 동시에 개개의 에너지의 존재형태는 점차 다른 것으로 변화하여 가며 따라서 유한하다고 하는 것도 명확하게 되었다. 무한이 유한의 형태로 존재한다고 하는 것은 모순이다. 그러나 이 모순을 파괴하여 무한만으로 존재한다거나 유한만으로 존재한다거나 할 수는 없다. 우리가 자기 동일성을 가지고 있으면서 변화하고 있다는 모순을 파괴하여 자기동일성의 측면만을 가지고 있다든지 변화의 측면만을 가지고 있다든지 하는 것도 있을 수 없다. 인간으로부터 죽음을 없애려고 하는 불로불사(不老不死)는 공상이다. 인간의 생명 속에 은폐되어 있는 죽음이 드러나 상식에서 말하는 '죽음'이 닥쳤을 때, 모든 세포가 결국 다 죽어 '생명'을 잃었을 때 생

---

97) 레닌(Vladimir Il'ich Lenin, 1870~1924)의 『철학노트』, 三浦つとむ 著, 『弁証法はどういう科学か』(講談社, 1960), 204쪽 재인용.— 저자

98) 앞의 책, 204쪽 재인용.— 저자

물은 죽음이 존재하지 않는 무생물로 변화한다. 그러므로 비꼬는 투로 이야기한다면 어쨌든 방도가 없는 것이다. 지양이라고 하는 것은 변증법적인 술어로서 형식은 파괴하고 내용을 취하는 것을 의미한다. 모순의 지양이라고 하는 것은 모순이라고 하는 형태를 파괴하고 거기에 존재하는 필요한 부분만을 취하는 것이다. 대부분의 모순은 파괴되어서는 안 되는 지양할 수 없는 혹은 지양해서는 안 되는 모순이지만 암세포와 건강한 세포 간의 모순과 같이 모순을 파괴하고 지양하지 않으면 안 되는 모순도 있다.

그러므로 모순의 종류에 따라 그 해결도 완전히 다르지 않으면 안 된다. 객관적인 모순의 지양에 의해 해결되는 모순과 모순의 실현 그 자체가 해결인 모순의 두 가지 종류가 있음을 맑스학파는 지적하였다. 바꿔 말하면 실현으로부터 해결로 매개되는 모순과 실현이 바로 해결인 모순을 구별하였다. 대립하는 양자가 서로 투쟁하여 지양에 의해서 모순을 극복 해결하는 모순을 '**적대적 모순**'이라 말하고, 반대로 양자가 서로 조화하려고 노력해야만 하는 실현 그 자체가 해결인 모순을 '**비적대적 모순**'이라고 말한다. 그리고 실현이 바로 해결인 비적대적 모순은 그 형태의 연구에 초점을 맞춰야만 한다. 자주 "띠로는 짧고 멜빵으로는 길다"고 말하지만 긴 부분을 잘라 내어 멜빵으로 쓰면 이 모순은 해결된다.

자본주의 사회의 근본적인 모순은 생산의 사회성과 생산수단의 사적 소유 사이의 모순이지만 이것도 후자의 관계를 폐지하여 생산수단을 전 국민의 관리 하에 두는 사회적인 소유로 변화시키면 해결된다. 그러나 이러한 방식만이 모순을 해결할 수는 없다. 전력을 다해 전진하면서 또한 전진하려 하지 않는 것은 모순이다. 이 모순을 실현함과 동시에 해결하는 형태를 찾으면 된다. 즉 모터로 벨트를 달리는 방향과 반대 방향으로 회전시키고 그 위를 달리면 전진하면서 또한 전진하지 않을 수 없다.

문화서클의 운동에서도 모순이 나타난다. 어떻게 해야 좋은지 알지 못한 채 그대로 두면 서클은 엉망이 되어 끝장나버린다. 이런 경우에 변증법은 모순을 '실현함과 동시에 해결하는 형태'를 연구하라고 가르친다. 누구나 쉽게 참가하여 대화할 수 있는 모임(A)을 만들 때 처음에는 잘 움직여 나갈 수 있다. 그러나 시간이 지남에 따라 처음부터 서클에 있던 사람들은 성장하여 뒤에 들어온 사람들과 차이가 생기게 되고, 따라서 한 층 수준이 높은 모임을 찾아서 나가거나 혹은 이 모임 자체를 수준이 한 층 높은 것으로 바꾸려고 할 것이다. 또 현재 이 모임의 일반적인 수준보다도 높은 사람들은 이 모임에 들어오지 않을 것이다. 그리하여 필경 이 모임을 그대로 두면 수준이 낮기 때문에 수준이 높은 사람은 나갈 것이고, 수준을 높이면 수준이 낮은 사람이 서클에 들어오지 않을 것이다. 어느 쪽을 택하든지 간에 구성원이 감소하게 되고 서클 운영은 난관에 봉착하게 된다. 성장한 사람은 수준이 낮은 서클에서 나가야 하고 서클활동을 유지하기 위해서는 서클에서 나가서는 안 되는 모순을 어떻게 실현하고 해결해야 할 것인가. 여기서 형태가 문제가 된다. 그것은 간단하게 말해서 (B)라는 또 하나의 조직을 조직 내에 만들어 차별성을 두면 된다. 서클 속에 수준이 높은(혹은 전문적인) 모임과 수준이 낮은 모임을 만들어 이 둘의 교류를 꾀하면 되는 것이다. 성장한 사람은 수준이 낮은 모임에서 나와 수준이 높은 모임에 들어감으로 해서 서클에서 나가지 않아도 된다. 또한 수준이 높은 사람들은 처음부터 수준이 높은 모임에 들어가면

되는 것이다. 수준이 낮은 모임에서 이야기되는 문제와 수준이 높은 모임에서 논의되는 문제 사이에 연관성을 맺고 수준이 낮은 모임에서의 지도적인 역할을 수준이 높은 모임의 사람들이 맡는다면 수준이 높은 모임의 사람도 수준이 낮은 모임에서 자기들의 연구 성과를 발표하거나 토론을 지도하거나 운영에 참가하거나 하여 서클 전체의 수준을 높이기 위한 협력이 가능하게 될 것이다.

조직 활동이 지휘 내지 지도에 있어서 조화를 이루어 나가는 것이다는 것은 이미 입증된 바 있다.

예컨대, 이해가 대립하는 자본가의 전제적인 지휘라 해도 노동자들의 모든 활동의 조화에 노력하지 않으면 안 되며, 오케스트라의 지휘자와 피지휘자라고 하는 대립물의 통일로서의 활동은 훌륭한 음악을 만드는 데에 이해가 일치하기 때문에 이들 간의 조화에도 노력을 기울여야 한다. 마찬가지로 노동조건을 개선하는 데에 이해가 일치하는 노동조합의 전국조직을 생각해 보자. 지도부는 그림과 같이 중앙에서부터 직장의 기초조직까지 입체적으로 만들어진다. 그런데 조직 속의 일반대중은 피 지도층으로 지도자라는 기능적으로 대립적인 사람들을 포함하고 있기 때문에 여기에 하나의 모순이 존재한다. 이것을 올바로 조화 유지시켜 나감으로써 조직의 생명을 지탱해 가지 않으면 안 된다. 그런데 전국조직과 같

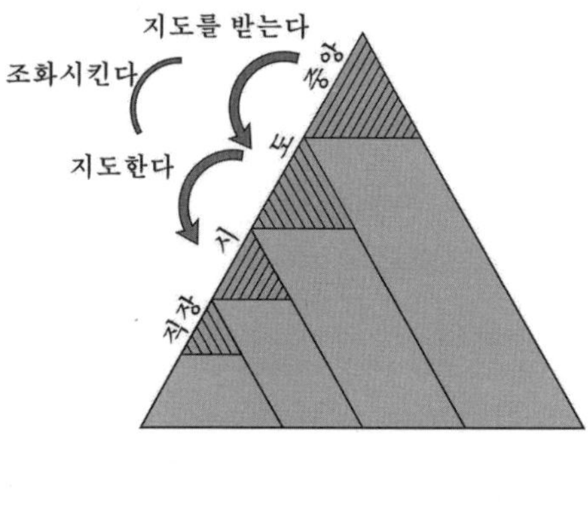

이 조직이 성장하게 되면 이 조직의 모순을 실현함과 동시에 해결하는 형태는 지도부의 입체화이다. 도나 시나 직장의 지도부는 각각 지도자이면서 동시에 상부에서 볼 때는 피지도자이기도 한 직접적 동일성이 존재하게 된다. 이들 지도부가 위로부터 받는 지도와, 이것을 더 구체화된 하부에 대한 지도를 올바로 조화시키려고 노력하여 비적대적인 모순을 유지하는 것이 이들 모순을 해결하는 것이다. 그렇지만 때로는 중앙으로부터의 지도가 잘못되어 상부의 지도에 충실하게 하부를 지도한 경우에는 도의 지도부로서의 하부에 대한 책임이 없으나, 하부에 올바른 지도를 한 경우에 상부의 지도를 위반하게 되면 "저쪽이 서 있으면 이쪽은 서 있지 않는" 경우가 발생한다. 결국 적대적 모순이 발생하여 조화는커녕 투쟁이 시작되며, 이 모순을 극복하지 못하면 중앙과의 관계가 깨지게 되거나 밑으로부터 도가 부상하게 되며 어떻게 되든 조직은 유기체로서의 성격을 상실하게 된다.

인간은 대상을 현재의 관계에 있어서만 인식할 수 있다. 현재를 인식함으로써 과거나 미래를 인식할 수 있다는 것은 모순이다. 이 모순을 통해 스스로를 실현함과 동시에 해결하는 형태가 앞서 말한 바 있는 물질적인 거울의 매개에 의한 자기 자신의 관념적인 이중화이다.

객관적인 모순에는 두 가지 종류가 있다는 것과 그러한 특징이 어디에 있는지를 잘 이해하지 못하면 혼란이 일어난다. 우리나라에 있는 몇 개의 철학, 즉 진보적 입장에서 철학을 연구하는 쪽에서는 변증법을 받아들여 '생과 사'[生死] '유한과 무한'[有限無限] 등을 인정하고 객관적인 모순이 존재함을 인정하고 있다. 이것을 인정하는 것은 정당하다. 그렇지만 이러한 철학은 계속해서 객관적인 모순의 구조를 분석하지 않고 객관적인 모순이 모두 이러한 성격을 갖고 있는 것으로 보고 있다. '생과 사'는 인간에게 있어서 결코 피할 수 없는 모순이며 '유한과 무한'은 세계로부터 떼려야 뗄 수 없는 모순이다. 이러한 성격을 노동자와 자본가 사이의 모순이나 사회주의 국가와 자본주의 국가 간의 모순에까지 확대시키면 이러한 모순도 인간이 있는 한 결코 피할 수 없는 것, 세계로부터 결코 떼어낼 수 없는 것으로 된다. 이와는 반대로 적대적인 관계만을 외치는 급진적인 방법이나 반대로 무조건 지양하고 극복해야만 하는 모순만을 강조하여 비적대적인 조화만을 강조하는 맑스주의자들은 이러한 관념론철학의 모순론과 표리관계에 있다고 말할 수밖에 없다.

(2) 세계와 모순

눈을 크게 뜨고 보라

작은 부분만을 볼 때에는 해결되지 않던 문제가 커다란 눈을 가지고 전체적으로 사물을 보는 경우 쉽게 해결되는 경우가 적지 않다. 물을 끓이면 수증기가 되어 없어진다. 푸른 하늘에는 구름이 흘러간다. 우리는 이러한 두 가지 현상 사이에 연관성이 있다는 것을 알고 있다. 물은 수증기가 되고 수증기는 다시 공중에서 냉각되어 작은 물방울로 되며 이것이 비나 눈이 되어 땅에 떨어져 다시 물로 되는 것이다. 우리가 커다란 눈으로 보면 물은 단지 그 형태를 바꾸고 있음에 불과하다. 또한 옛날부터 전해오는 풀기 어려운 문제로 "닭이 먼저냐? 알이 먼저냐?"하는 유명한 문제가 있다. 닭은 알을 낳고 알에서 닭이 나온다는 식으로 일면적인 진리를 고정하여 형이상학적으로 파악하는 한 빙빙 돌 뿐 답이 나오지 않는다. 그렇기 때문에 어려운 문제인 것이다. 그런데 닭이나 알이나 영원한 옛날부터 존재해오던 것이 아니라, 생물진화의 어떤 단계에서 나타난 것이기 때문에 이러한 전 생물이라는 커다란 관점에서 보면 간단히 답이 나온다. 먼저 알이라고 불리는 것이 나타나고 알을 낳는 여러 가지 동물이 나타나고 그 뒤에 닭이 나타난 것이다. 알을 생각할 때 닭의 알이라는 식으로 스스로 알의 존재형태를 좁게 봄으로써, 파리도 알에서 생겨나고 물고기도 알에서 생겨난다는 사실을 커다란 눈으로 파악하지 못해 문제가 풀리지 않게 되는 것이다. 알이 먼저라는 것이 올바른 답이다.

"인간은 환경의 산물"이라고 하여 외부로부터의 영향을 강조하는 의견을 피력하는 사람도 있고, "하면 된다!"라고 인간의 정신을 강조하는 의견도 있다. 어느 쪽이나 일면적으로는 올바른 것이지만 인간 쪽의 활동이 결실을 맺기 위해서는 환경에 그 가능성이 존재하지 않으면 안 되기 때문에 궁극적으로는 환경 쪽이 결정적이라고 말할 수 있다.

모순은 복합체로서 존재한다

세계를 완성된 사물의 복합체가 아닌 과정의 복합체라고 생각하는 것이 변증법적 세계관이다. 이러한 과정은 아무 변화도 없는 밋밋한 과정이 아니며 자연, 사회 및 정신 모두 많은 단계로 나뉘어 변화하고 있다. 전(全) 생물의 관점에서 보면 알은 특수한 단계에서만 존재하는 특수한 것이지만 닭에 있어서는 예외 없이 보편적으로 존재한다. 여기에 특수한 것 자체가 보편적이라고 하는 직접적 동일성으로서의 모순이 존재한다. 사회는 원시공동체→노예제→봉건제→자본제 등의 여러 단계를 통해 발전하여 왔다. 전 사회의 입장에서 보면 계급은 특수한 단계에서만 존재하는 특수한 것이지만 자본주의사회에 있어서는 예외 없이 보편적으로 존재한다.

세계가 과정의 복합체이며 각각의 과정이 모순을 원동력으로 하여 발전하고 있음은 곧 세계가 모순의 복합체임을 뜻하며, 세계에 여러 다양한 특수성이 발생하고 소멸하는 것은 각각 특수한 조건에 따라 특수한 모순이 발생하고 소멸하고 있음을 의미한다. 생물이 발생하기 이전에도 화학적인 분해와 합성은 존재하고 있었다. 이것을 기반으로 일정한 조건하에서 생물로서의 흡수와 배설의 모순이 대사의 형태를 가지고 발생하였다. 생물의 일정한 단계에 노동력을 지출함으로써 노동력을 획득하는 새로운 형태가 나타났다. 그리고 현재 우리는 생산의 사회성과 생산수단의 사적 소유라고 하는 모순을 가지고 있는 사회에 살고 있다. 이러한 모순 속에서 각종의 '사회악'이 싹트고 제국주의 전쟁이 일어났으며 파시즘에 대한 공포도 생기게 되었다. 하나의 새로운 과정이 시작될 때 그 근본에 있어서 원동력인 모순은 그 전체를 꿰뚫고 있다.

사회가 어떻게 되든 그 근본에 존재하는 인간의 모순은 변하지 않는다. 생활을 위한 생산에 있어서의 모순은 모든 사회를 관통하고 있다. 그러나 그 과정 속에서 어떤 조건이 발생하면 그것은 모순에 영향을 미치며 이를 변용시켜 다른 형태의 새로운 모순을 만들어내며 이러한 모순 속에서 새로운 과정이 시작되고 여기서부터 새로운 단계로 들어간다. 현실의 세계, 특히 사회현상을 연구할 때에는 이와 같은 모순의 복합체를 과정에서, 개개의 측면이 갖는 모순의 구체적인 존재형태에서, 각 단계의 모순의 구체적인 발생과 소멸에서, 각각의 구체적인 상호관계에서 연구하지 않으면 안 된다.

"사물의 발전 과정의 근본적 모순 및 이 근본적 모순에 의해서 규정되는 과정의 본질은 그 과정이 완료되지 않으면 소멸하지 않는다. 그러나 사물이 발전하는 오랜 과정에서의 각각의 발전단계에서는 또한 사정은 자주 서로 다른 것으로 된다. 그것은 사물의 발전 과정에서의 근본적 모순의 성질 및 과정의 본질을 이해하지 못하기 때문이며 오랜 과정에서의 각각의 발전단계에서는 근본적 모순이 점차 격화되는 양상을 보이고 있기 때문이다. 그뿐만 아니라 근본적 모순에 의해 규정되든지 혹은 영향을 받는 많은 크고 작은 모순 중에서는, 그 일부는 격화하고 다른 일부는 일시적으로 혹은 국소적으로 해결되거나 완화되거나 하며 또 다른 일부는 새롭게 발생하거나 하여 그 과정에 단계성이 나타나기 때문이다. 만약 사물의 발전 과정에 있어서 단계성에 주의하지 않는 사람이 있다면 그 사람은 사물의 모순을 적절하게 처리할 수 없을 것이다."[99]

이것은 스스로 현실의 모순과 맞붙어 그 복잡한 복합체를 올바로 해명하려고 노력한 실천가가 아니면 쓰지 못할 문장이다. 요즘 중국사회의 현실을 들어 이 모순의 복합체를 설명하였지만 이 사람의 약점은 비적대적 모순을 올바로 파악할 수 없었던 점에 있다. 여기에서는 비적대적 모순의 복합체로서 예술의 존재형태를 고찰해 보자.

---

99) 황세연 편역, 『변증법이란 무엇인가』(중원문화, 1984) 232쪽에서 재인용.— 저자

예술의 단계와 그 모순

예술은 생활의 기록이나 뉴스영화와 같은 사실 예술이든, 소설과 그 삽화와 같은 공상 예술이든 간에 대상→인식→표현이라는 과정을 통해서 창작된다. 공상 예술인 경우에는 현실세계가 그대로 대상이 되지 않고 작가의 인식을 변형시켜 이것을 관념적으로 대상의 위치에 자리잡게 하는 점이 사실 예술과는 다르다. 그리고 이러한 인식의 단계에서 과학이 관계하고 있거나 혹은 종교가 관계한다. 언어로 표현되는 문학의 경우에는 인식의 일부인 언어규범, 즉 문법의 도움을 받게 된다. 이러한 단계에는 여러 가지 차이점은 있어도 커다란 관점에서 본다면 작품은 그 배후에 대상이 되는 세계와 작가에 의한 인식과 그 표현이라고 하는 세 개의 단계를 갖고 있는 것이다. 이것이 유물론적인 설명이다.

관념론에서는 인식으로부터 독립하여 존재하는 객관적인 세계와 같은 것을 인정하지 않기 때문에 대상이 되는 세계나 그 속에 새롭게 만들어진 작품이나 모두 객관적인 존재가 아니다. 모두가 인식이며 따라서 예술도 마찬가지로 어떤 종류의 인식이라고 하는 결론밖에 도달하지 못한다. 거기에서 예술이 어떠한 인식인지를 고찰할 때 이론은 막다른 길에 들어서고 만다. 왜냐하면 유물론의 입장에서는 과학과 예술의 단계는 서로 달라 과학과 비과학은 인식에서의 구별이고 예술과 비예술은 표현에서의 구별인 데 비해 관념론에서는 과학이나 예술이나 동일한 단계에서 인식 그 자체의 구별로서 취급하지 않으면 안 되기 때문이다. 과학은 추상적 인식이고 예술은 형상적 인식이라고 하는 난해한 해석밖에 나오지 않는 것이다. 예술이 갖는 모순은 우선 대상과 인식 사이의 모순으로부터 비롯

된다. 이것은 대상이 되는 세계는 공간적으로 시간적으로 무한하고 다양한 데 비해, 인식은 개인의 정신적, 육체적인 한계에 의해, 또한 사회적으로 얻어진 과거의 인식의 한계에 의해 규정되고 있어 항상 유한하다고 하는 모순이다. 이 모순을 근본적 모순으로서 파악하고 그 발전단계에 있어서 특수한 조건이 더욱이 특수한 모순을 창출함을 자각하여 그러한 모순이 스스로 실현하고 동시에 해결하는 형태를 명확하게 하지 않으면 맑스주의적 예술이론은 확립되지 못한다.

지금 작자가 미군 기지의 실상을 르포형식으로 쓴다고 하자. 이것은 사실 예술이기 때문에 작자가 현지로 가서 직접 대상을 접하는 것이 당연하지만 그것만으로는 사실을 충분히 파악할 수 없다. 거기에 덧붙여 과거로 거슬러 올라가거나, 미래의 발전을 생각하거나, 혹은 그 주변에 살고 있는 사람들의 담화나 신문·잡지의 기사로부터 다른 사람의 인식을 받아들이거나, 더 나아가서는 그러한 것들을 과학적으로 분석하여 작가의 독자적인 종합적 세계상을 창조하지 않으면 안 된다. 이러한 인식의 단계에서는 다양한 여러 인간의 마음속에 자기를 투시하게 되고 관념적인 자신의 이중화가 여러 가지 형태로 반복되게 된다.

작자의 주관에 따라 공간의 비약, 현대로부터 과거에로의 시간적인 역행, 타인의 이야기를 듣고 서로 다른 두 개의 장소에서 함께 일어난 사건을 연결시키는 등, 현실로부터 보다 멀리 떨어진 주관적인 발전이 역사적 사실의 충실한 반영이며 객관적으로 보다 근접한 것을 의미하는 데 "근본적 모순이 점차 격화된 형태를 띠고 있다"는 사실을 알 수 있다. 이러한 인식은 단순한 인식으로 끝나는 것이 아니라 먼저 표현이 예정되어 있다. 인식은 개인의 두뇌활동으로서 얻어지지만 이것은 '사적'인 것으로 그대로 두뇌에서 빠져나와 타인의 머리로 들어갈 수는 없다. 이 작자의 인식을 타인에게 전달하기 위해 르포를 쓰는 것과 같은 표현이 이루어지며 따라서 표현은 사회적 성격을 지니고 있다. 여기에 표현의 사회성과 인식의 사적 소유라고 하는 모순이 존재한다. 이 모순은 '인식의 상(像)을 거듭 물질적인 상으로 투영하고 모사한다고' 하는 상(像)의 이중화에 의해서, 즉 표현이라 불리는 창작활동에 의해서 해결되는 것이다.

펜으로 초상화를 그린다고 하자. 작자의 시각은 대상인 살아 있는 인간의 색채를 구체적으로 파악하고 있는데, 종이 위의 물질적인 모사는 색채를 결여한 선밖에 없다. 인식의 많은 부분이 사상(捨象)되고 있는 것이다. 게다가 그 표현을 뒷받침해주고 있는 물질은 물질로서의 형태를 하나라도 지니고 있어서, 예컨대 인식의 상을 물질적으로 투영한 경우에도 그것이 물질로서의 형태인 것으로 변하지는 않는다. 여기에서 표현은 표현으로 사용되는 소재의 형식임과 동시에 인식상의 물질적인 투영, 모사의 형식으로서도 존재한다고 하는 형식의 직접적 동일성으로 파악되지 않으면 안 된다. 이것은 소재의 성질이나 모사에 사용되는 도구의 형태로부터 표현의 형태가 제약되고 있음을 의미한다. 표현은 인식의 일면적인 모사에 불과할 뿐 아니라 그림인지 사진인지 문학인지, 그림에서도 단색인지 칼라인지, 문장에서도 긴지 짧은지, 도구나 기계의 성능은 어떤지가 반대로 인식을 규정하고 있다. 즉 예술의 각 장르에는 각각 어울리는 세계가 존재한다. 영화에 어울리는 세계와 조각에 어울리는 세계는 서로 다르다. 일곱 가지 색으로 눈에 부시는 의상도 흑백사진에서는 흑색 하나밖에 나타날 수 없다. 만화는 풍부하게 세세함을 지닌 계속 변화하는 인간의 표정을 몇 개의 선을 이용, 고정화하여 표현하는 것이다. 언어와 같은 경우에는 그림이나 사진과 달리 대상의 감성적인 형태를 직접 표현할 수 없다. 이것은 단점이지만 동시에 장점이기도 하다. 언어의 이러한 단점은 곧 감성적인 형태에 속박되어 있지 않다고 하는 장점인 것이며 감성적인 것을 초월한 사물, 예컨대 심리의 세세한 변화 등을 직접 표현할 수 있다. 이리하여 표현에 의해서 현실로부터 점점 멀어진 모사로 되면서 그것이 대상의 특수한 본질을 다른 것으로부터 구별하여 표를 새김으로 하여 용이하게 파악할 수 있는 것과 같이 고정화하고 있다는 점에서는 결국 전진을 의미하고 있어 여기에 근본적 모순의 발전이 보여진다.

그런데 이 앞의 단계에 이제 하나의 대상과 인식 사이에 모순이 발생한다. 그것은 작품과 감상 사이의 모순이다. 이것은 출발점의 모순과 달라, 대상은 현실의 세계가 아니라 작품이기 때문에 그 의미에서의 특수성을 지니고 있다. 최초의 대상과 인식 간의 관계에서는 대상은 반드시 거울로서 취급되지 않는다. 현실을 있는 그대로 취급하는 것이다. 그러나 작품은 예술로서 감상되는 한 항상 거울로서 취급된다. 작품은 그 작자의 인식의 세계를 읽어 낼 수 있는 거울이다. 감상은 눈을 뜨고 귀를 기울여 현실의 작품에 접하면서 현실을 뛰어넘어 꿈을 만들어낸다고 하는 모순 속에서 존재한다. 이리하여 작품의 배후에 존재하는 작자의 인식을 물질적인 상을 통해 자신의 머릿속에 모사하고 관념적으로 이중화한 세계 속에 자신을 이러한 작가의 위치에 놓고 작가의 체험을 반복하는 꿈을 진행시켜 가는 것이다. 작품에 접하여 세계를 올바로 이중화하는 데에는 결국 그만한 능력이 존재한다. 악보를 읽지 못하는 사람에게는 작자의 음악적 창조성을 이해할 수 없으며 영어를 알지 못하는 사람에게는 셰익스피어의 원서는 검은 것은 글씨요, 흰 것은 종이에 불과한 것이다. 또한 영화와 같은 경우에 시각적으로는 작가의 세계로 들어가도 작가와 동일한 능력이 없으면 그 세계 속에서 작가와 동일한 체험을 한다는 것은 불가능하다.

예를 들어 어린이와 어른은 동일한 영화를 보아도 받아들이는 정도에 차이가 있다. 보는 것과 이해하는 것은 서로 다를 것이다. 감상이 작가의 체험을 반복한다고 하는 점에서는 수동적이라고 할 수 있지만, 감각적으로 수동적이라고 하는 것만으로는 작가의 세계 속에 들어가지 못한다. 어쨌든 감상자의 그때까지의 생활체험으로 얻어진 인식을 총동원하여 능동적으로 활동하지 않으면 안 된다. 본질적으로는 수동적이면서 주체적인 활동으로서는 능동적이지 않으면 안 된다고 하는 것은 결국 하나의 모순이다. 이것을 형이상학적으로 바라보면 수동적이거나 능동적이거나 어느 한 쪽으로 결정하지 않으면 안 되고, 따라서 감상을 올바로 이해할 수 없다. 형이상학적 유물론에서는 수동적인 면에서 해석하지만 이것을 뒤집어서 수동적이 아니라 능동적인 면만을 바라보면 이번에는 감상자도 창조활동을 하는 것처럼 되어 작가와 감상자의 창조활동을 이론적으로 관련지어 차이를 명확하게 할 수 없게 된다. 관념론적 예술학이 바로 이러한 방향을 취하고 있다.

이러한 작품과 감상 사이의 모순은 거꾸로 표현 이전의 작가의 인식도 규정하고 있다. 예컨대 어른인 동화작가는 독자인 어린이들이 어느 정도의 지적 수준과 이해력을 가지고 있는지를 계산하고(『잃어버린 편지』의 분석을 참조) 읽지 못하는 문자, 즉 세계의 이중화를 방해하는 표현이 없도록 주의하며 또한 창조된 공상의 세계 속에서 이중화한 작가는 어린이들의 지력에까지 자신의 지력을 낮추며 독자가 용이하게 작자의 체험을 되씹을 수 있는 수준에서 인식하고 행동하면서 집필하지 않으면 안 된다. 현실의 감상자가 관념적으로는 작가의 입장에 서 있다고 하는 모순이 반대로 현실의 작가로 하여금 관념적으로는 감상자의 입장에 서 있도록 하는 모순을 만들어내는 것이다. 작가와 감상자는 매개관계에 있을 뿐만 아니라 관념적인 자신의 이중화에 있어서 각각 직접적인 통일에 있으며 한편의 이중화가 다른 편의 이중화를 규정한다고 하는 상호침투가 발전하고 있다.

예술의 과정을 꿰뚫고 있는 근본적 모순은 모사로서의 모순, 거울로서의 모순이다. 그러나 인식의 단계와 표현의 단계에서는 정신과 물질의 모사의 방향이 거꾸로 되고 표현에서는 정신으로부터 물질로 향하는 소위 역반영되어 물질적인 모사가 창조된다. 이러한 "근본적 모순에 의해서 규정되거나 혹은 영향을 받는 많은 크고 작은 모순" 속에는 언어의 모순과 같은 특수한 모순도 있다. 언어의 경우에는 인식이 개념이라 불리는 초감성적인 인식과 음성이나 문자를 가지고 감성적인 형태로 인식하는 방법이 있다. 이것은 음성이나 문자를 단지 감성적인 형태에 머물지 않고 음성이나 문자가 일정한 종류에 속한다고 하는 초감성적인 구별을 지니고 있는 것처럼, 그러한 종류의 측면으로 개념을 표현시키는 것과 같이 표현에 모순을 만들어냄으로써 해결한다. 이것도 모순의 실현이 해결되는 비적대적 모순이다. 세계는 운동하고 발전하고 있지만, 그에 대한 충실한 인식을 그림이나 문자와 같은 그 자신이 운동을 갖지 않는 형식으로 표현하지 않으면 안 된다고 하는 것도 또한 하나의 모순이다. 이 모순을 실현하고 해결하기 위해서는 그림이야기 책이나 장편만화와 같이 수십 수백 개의 화면을 연속시키고 또 긴 문장을 써서 표현 그 자체로서의 화면이나 문자는 정지하고 있으면서 독자 자신의 눈의 운동을 통해 화면이나 문자를 쫓아 감상하게 하는 형태를 창조하면 된다.

주요 모순과 근본적 모순

동일한 예술에 종사하는 작가 중에서도 사람에 따라 고민하고 있는 문제는 다르다. 어떤 사람은 뛰어난 표현기술을 가지고 있으면서 무엇을 주제로 어떠한 세계를 창조할 것인가 하는 점에서 벽에 부딪치게 되고, 어떤 사람은 풍부한 생활체험을 가지고 표현하려는 의욕에 불타 있으면서 어떻게 쓰는 것이 좋은지를 몰라 고심하고 있다. 예술은 모순의 복합체로서 근본적 모순의 발전에 따라 각종 모순이 발생하고 소멸하는 과정을 밟고 있어도 현재 각자가 짊어지고 있는 주요한 임무, 해결해야 할 모순은 각각의 조건에 따라 다르다. 이 모순을 주요 모순이라 부를 수 있다. 사회혁명을 임무로 하는 정당은 사회의 근본적 모순을 제거하는 것이 목적이라 하더라도 그것이 반드시 당면한 임무라고는 할 수 없다.

"대중을 진실로 결정적인 최후의 혁명적 투쟁으로 이끌기 위해서는 아직 현상태에서 완전하게는 혁명적이지 못한 모든 방책, 모든 양식, 모든 방법의 구체적인 계획을 발견하고 탐구해내고 실현하는 능력을 갖는 것이……주요한 임무이다."[100)]

---

100) 三浦つとむ 著, 『弁証法はどういう科学か』(講談社, 1960)의 『레닌의 공산주의자의 좌익 소아병』에서 나오는 말 재인용.— 저자

대중운동 자체는 완전히 혁명적이지 않다. 민주주의의 실현을 목적으로 하는 것도 아니며 제국주의와의 투쟁을 슬로건으로 내걸고 있는 것도 아니다. 그러나 대중이 사회를 좋게 만들기 위해 자신의 힘으로 운동을 지속해나가는 것이 중요하며 이 힘을 창출하여 최후의 투쟁으로 이끌어 가는 것이 혁명정당이 짊어지고 있는 주요한 임무이다. 그렇기 때문에 혁명정당이 전위부대가 되어 대중조직인 후위부대와 연결하고 침투하며 상호 결합하는 비적대적 모순을 실현하지 않으면 안 되는 것이다. 그러나 우리나라 실정은 그렇지 못하다. 아직도 주요모순과 근본모순을 구분하지 못하고 투쟁만 고집하는 정당도 현실적으로 존재하고 있다.

주요 모순은 개인, 정당, 계급, 민족의 모두에게 각각의 조건에 따라 존재하고 있으며, 그 놓여 진 조건, 당면하고 있는 단계가 변화하면 근본적 모순이 변화하지 않아도 변하게 되는 것이다. 주요 모순은 주체적으로 고찰하지 않으면 안 된다. 농노의 해방은 봉건제를 타도함으로써 실현된다. 그러나 현재 실업상태에 있는 대학 졸업예정자나 졸업생, 노동자들은 어디든지 취업하여 생활을 유지하는 것이 가장 시급히 해결되어야 할 문제이다. 생활의 재생산이 이들에겐 주요 모순이다. 취업하고 있는 노동자는 욕망과 현실생활 사이의 모순, 즉 자식을 학교에 보내고 싶어도 학비를 낼 수 없는 것과 같은 문제에 직면하게 된다. 이것이 주요 모순이다. 자본가는 애써 만들어낸 상품이 불경기로 인해 팔리지 않게 되는 문제에 직면한다. 그러므로 자본주의의 근본적인 모순을 없애지 않으면 참된 생활 안정은 있을 수 없으며 사회 전체의 개혁 없이는 참된 해결이 불가능하다고 하는 것은 옳지만, 그렇기 때문에 먼저 근본적 모순이 해결되어야 한다고 주장하는 것은 주체적 조건을 무시하고 주요 모순을 무시한 객관주의로서 항상 어처구니없는 실패를 초래하게 된다. 반대로 현실적으로 부딪치고 있는 주요 모순만을 보고 이 해결이 근본적인 해결인 것처럼 생각하거나 고찰하는 것도 잘못이다. 임금이 상승되어 당면한 문제가 해결되고 따라서 주요모순이 소멸한다고 하더라도 근본적 모순은 여전히 존재하고 있기 때문이다. 노동자에게 주요 모순과 근본적 모순의 상호연관성을 올바로 지적하고 어떻게 해결해나갈 것인가 하는 점에 대한 '구체적인 계획'을 발견하고 실현하는 것이야말로 올바른 행동방향이다.

물질적인 모순과 정신적인 모순의 단계성

자신이 지금까지 믿고 있던 것을 의심하는 것은 인식에 모순을 창출하는 것이다. 일이 성공할 것이라고 믿고 있지만 실패하지나 않을까 의심하는 것은 머릿속에 대립된 새로운 성격의 인식을 결합하고 현실의 보다 깊은 추구로 매개되면서 이 모순을 발전시키고 그 어느 쪽이 올바른지를 명확하게 밝혀 모순의 극복에로 나아가는 것이다. 이것은 인식에 있어서 적대적 모순이며 대립된 인식 사이에 투쟁이 일어난다. 자신이 성공하리라고 믿고 있는 것에 대해, 타인이 실패할 것이라고 하는 대립된 인식을 내놓아 "아니, 그렇지 않다와 확실히 그렇다"고 언쟁할 때에는 한 사람의 머릿속에 존재하는 모순에서 출발하고 있지 않을 뿐, 거기에 적대적 관계가 성립하고 투쟁이 일어나고 있음은 더욱 더 분명하다.

이러한 종류의 인식에 있어서 모순의 성립은 일상생활의 문제나 자연과학상의 문제나 게다가 사회과학상의 문제 어디에서든 보이는 것이다. 그리고 이러한 종류의 모순은 종래 과학을 발전시킨 하나의 원동력으로서 취급되고 있으며 토론 내지 논쟁은 적극적인 역할을 수행하는 것으로 이해되고 있다. 논쟁의 상대방은 '논적'(論敵)이라고도 불리며 이 말 속에도 인식이 있어서 적대적 모순의 존재가 그대로 포함되어 있지만 이 '적'은 인식, 즉 정신적 생활의 단계에 존재하는 것으로 현실의 물질적 생활의 단계에 존재하는 적대적인 입장을 의미하지는 않는다. 때로는 물질적인 생활에서의 적대적인 입장으로부터 정신적인 생활에서의 적대적인 관계가 발생하는 경우가 있고, 논쟁에서의 적대적인 관계가 감정적인 대립으로 되고 거기에 "자네 따위와는 절교다"라고 물질적인 생활의 분열이나 적대관계로까지 발전하는 경우도 있으나 진리를 존중하는 과학자의 논쟁은 '적'을 이론상의 그 이상으로 확대해서는 안 된다. 계급적인 내용의 사상이나 이론에서 논쟁이 발생할 때에는 인식의 모순으로서의 '적'과 계급적인 '적'이 일치하지만 이 일치를 지나치게 확대하여 사회문제에 있어서의 논쟁상의 적대자를 모두 계급적인 적이라고 생각하는 것은 큰 잘못이다.

논쟁이 웃음 띤 얼굴과 부드러운 소리로 진행되든 흥분하여 격렬하게 싸우는 살기등등한 분위기에서 진행되든 적대적 모순이 발전한다고 하는 본질에는 변함이 없다. 그렇지만 동일한 진리를 추구하는 과학자라든지 동일한 계급적인 입장에 서서 활동하고 있는 동지와 같은 경우에는 감정적으로 되지 않도록 서로 자제하여 냉정한 태도로 상대방이 말하는 것을 잘 듣고 부드럽게 설득하고 납득시키려고 노력하는 것이 바람직하다. 다만 이러한 경우에 현상에 말려 들어가면 논쟁의 당사자가 물질적인 생활의 측면에서 동일한 계급적 입장에 서 있고 동일한 당파에 속해 있기 때문에 사상이나 이론에서의 모순도 또한 적대적이 아니라 비적대적인 것이라고 해석할 위험이 있다.

물질적인 생활과 정신적인 생활은 상대적으로 독립하여 발전하고 있기 때문에 때로는 이 단계 사이의 차이가 크게 되어 대응시키기 위한 노력을 필요로 하는 경우가 있다. 혁신적인 사상이 어느덧 타락하여 비판받아도 고쳐지지 않게 되면 적극적인 노동운동가가 자본가의 앞잡이로 전락하여 이를 탄압하는 경찰 등에 특채되어 가는 경우도 있다. 반대로 보수적인 사상을 가진 자가 그것을 의심하여 현실을 깊이 추구하여 의문점을 해결한 결과 자본가의 아들이면서도 자본주의 타도를 위한 운동에 자기 몸을 바치는 경우도 있다. 전자의 경우는 노동자들의 동지로부터 "그 녀석은 적이 되었다"고 들을 것이고 후자의 경우는 아버지로부터 "그 녀석은 나의 적이 되었다"고 들을 것이다. 행동적으로는 분명히 이때 적이만 그 이전에 이미 사상의 단계에서 적대적 모순이 성립하여 발전하고 있었던 것이며 사상과 행동을 일치시킨 것에 불과한 것이다.

(3) 대립과 모순

헤겔에 있어서 대립과 모순

헤겔은 그의 『대논리학』 제2권 「본질론」의 제1편 2장에서 대립과 모순의 범주를 논하고 있다. 그리고 거기에서는 (1)동일성과 구별에서 시작하

구 분	내 용	실 례
(1) 동일성과 구별	구별 일반은 즉자적 모순이다. 모든 활동성과 자기운동과의 규정적인 근원이다. 구별은 그의 타자, 즉 동일성을 그것 자신 중에 지닌 구별은 반성의 구별이었고, 현존재는 타재(他在)에는 없다.	
(2) 차이성	구별되었던 존재는 서로 다름으로서 존립한다. 차이성은 반성(영역에 있어서) 타재(他在) 그것을 형성한다. 양자(兩者)는 서로 규정하고 만나는 것은 아니다. 서로 무관심하다.	
(3) 대 립	타자가 존재하는 한에 있어서 존재한다. 자립적인 대자적 통일이다. 적극적인 자와 소극적인 자는 교체할 수 있다. 동일성과 차이성의 통일. 본질적 구별	오른쪽과 왼쪽, 위와 아래, 여자와 남자, ⊕와 ⊖
(4) 모 순	자기의 근거에 귀환. 대립은 몰락한다. 자기 운동의 원리 혹은 운동과 생명성의 근본	참과 거짓, 선과 악, 덕과 부덕(不德), 산과 알칼리
(5) 근 거	지양(止揚)되었던 반성 규정. 생생한 적극자와 소극자의 통일로서의 본질. 자립적 대립자의 지양. 해결된 모순.	

여, (2)차이성, (3)대립, (4)보순에 이르러, (5)근거에 귀환한다는 논리가 전개되고 있다. 여기서 헤겔이 말한 것을 표로 정리하여 보면 다음과 같다. 이 도표는 저자가 별도로 정리한 것이다. 다만 여기에 정리해놓은 것이 변증법 전부를 해부하는 것임을 독자들은 양해해야 할 것이다. 뿐만 아니라 과학적인 검증을 거치지 않았음도 밝혀 둔다.

이 표에서는 대립과 모순을 분명하게 구분 짓고 있다. 그러나 사람에 따라서는 대립과 모순을 확실하게 구별하지 않는 입장에 서 있는 학자도 있다. 이러한 사람들은 대립을 두 개의 것으로 분류한다. 그 하나는 '완전히 밝은 것은 어두운 것이다' 또는 '양극단(兩極端)은 일치한다'라는 직접적 동일성이다. 또 하나는 '대립물은 서로 제약하고 만나는 불가분의 관계에 있다'라는 대립물의 통일, 다시 말하면 대립의 매개적 통일이다. 곧 대립물의 상호작용, 상호침투라고 말하는 것과 동일한 것이다.

이것은 곧 대립은 모순과는 달리 서로 돕고 만나 조화하고 있다는, 차라리 대립의 통일은 영원하다고 규정할 수 있는 것이다. 이것은 조화·균형·통일이 대립의 범주에 필요하게 된다는 견해로 지금까지의 통설에 반대되는 것이다.

그러나 조화·균형·통일과 부조화·불균형·불통일을 모순으로 보는 경우가 있는데 이것은 잘못된 견해라고 생각한다. 조화에 대하여 부조화, 균형에 대하여 불균형, 통일에 대하여 불통일이 대립의 범주인 양극(兩極)으로서, 동시에 불가분의 관계로 있는 것을 저버린다면 그것은 변증법을 버리는 것이나 다름이 없기 때문이다.

그리고 이것은 조화·균형·통일에 대하여 맑스가 지적한 바와 같이 이것

구 분	내 용	실 례
동일성과 구별		● 성애[性愛(E)]
차이성	● 차이는 모순이다(모)	
대립	● 추상적 대립(M) ● 양극적 대립의 상호침투(E) ● 대립물의 상호전제, 대립물의 상호배제, 대립물의 양극성, 양극의 통일, 양극의 전화(S) ● 조화와 균형, 통일은 영구적(새로운 주장)	● 북극과 남극, 남성과 여성(M) ● 화학과 분해, 원자의 결합과 분리, 유전과 적응, 양전기와 음전기, 북극과 남극, 작용과 반작용, 견인과 반발, 미분과 적분, ⊕와 ⊖(이상은 L E가 모순으로도 사용하고 있다.) ● 위와 아래, 생과 사, 공격과 방어, 동과 서, 행복과 불행, 전쟁과 평화, 공유와 사유(이상 **모**. 모순의 예로도 사용하고 있다). ● 내용과 형식, 토대와 상부구조, 생산력과 생산관계 , 견인과 반발 (S)
모순	● 현실적 대립(M) ● 대립을 극단으로 밀고 나아가다 대립물이 상호 전화한다(E) ● 다른 본질에 의해서 발전과정을 낳는 대립(R)	● 극과 비극(悲劇), 인류와 비인, 공황시의 상품과 화폐(M) ● 역학적 운동, 생명, 생존경쟁(E) ● 존재와 무, 생산과 소비, 사용가치와 가치, 상품과 화폐, 판매와 구매, 부르주아와 프롤레타리아(M)

※약호–E ; 엥겔스 L ; 레닌 M ; 맑스 R ; 로젠타리 S ; 스탈린 **모** ; 모택동

들에게 '비'(非)를 첨가하여 비조화·비균형·비통일로 하게 되면 일목요연하게 된다. 현실의 세계에서는 이처럼 조화와 부조화·균형과 불균형의 통일이 없이는 생물체(생명 유지)의 동적평형(動的平衡) 등은 성립하지 않고 생물의 성장·번식·생활 등은 존재할 수 없기 때문이다.

그리고 여기에서 말하는 부조화·불균형·불통일은(제시되는 도표 참조) 결국 변증법에서 말하는 모순에 속할 수 없다는 점에 주의해야 할 것이다. 다시 말하면 참된 모순이란 이와 같이 부조화·불균형·불통일과는 다른 성질의 것이고 차원을 달리하는 것이기 때문이다.

앞의 표는 대립과 모순에 대한 여러 사람들의 견해를 표로 작성해 본 것이다. 이와 같이 대립과 모순은 사람에 따라 여러 견해가 있음을 알 수 있다. 학자에 따라서는 모순은 대립이 진행되어 가다 일어나는 극한의 단계, 즉 상호침투의 단계라는 의견과 모순이 진행하여 발전한 단계가 대립상태라고 규정하는 경우가 있다.101)

---

101) 지금까지 그들은 三浦つとむ 著, 『弁証法はどういう科学か』(講談社, 1960)에서 재인용한 것이 있으며, 도표는 저자가 정리했음을 밝혀 둔다.— 저자

◆ 주요 용어 해설 ◆

□ 주요 용어 해설

가상(假象 ; 독, Schein) 다만 그렇게 보일 뿐인 것을 지칭하는 용어. 가까운 예를 들자면 물 속의 막대기가 굽어 보이는 경우와 같은 것을 말한다. 존재에 대립되는 뜻으로 사용된다. 맑스주의 철학은 사회생활에서도 참된 것이 가상으로 은폐된다는 사실을 인정하였지만, 참된 과학적 인식은 그것이 어떻게 해서 성립하는가를 해명할 수 있다고 생각한다.

가설(假說 ; 영, hypothesis) 가정(假定)이라고도 말한다. 일상 용어로 본다면 가정은 가설보다도 가벼운 의미로 사용된다. 가설은 과학 이론에서 사용되는 가정을 말하는데 이것은 일련의 현상을 통일적으로 설명하기 위해 사용되는 준칙이며, 그러한 준칙을 따르는 추리에는 아직 알 수 없는 인자(因子)가 관계하고 있기 때문에 어떤 면에서는 불완전한 것이다. 따라서 과학의 발전 단계에 있어서 어떤 가설이 제출되는 단계는 충분한 논증을 거친 객관적 진리라고는 인정하기 어려운 것이다. 그러므로 가설과 다른 이미 알고 있는 진리를 함께 결부시켜 거기에서 이끌어 낸 결론이 사실과 일치하는지 않는지를 관찰과 실험에 의하여 확인함에 따라서 가설의 진위가 검증된다. 모든 면에 걸쳐 검증된 가설은 과학상의 정설(theory)로 되어 객관적 진리로 인정된다.

감성(感性 ; 독, Sinnlichkeit) 1) 감각이나 지각과 같이 외계의 자극에 의하여 느낄 수 있는 감각기관의 감수성을 말한다. 2) 감관적 지각(感管的知覺)에 의하여 생기며, 그것에 지배되는 심적 체험 전체를 말한다.

개념(概念 ; Begriff) 통속적으로는 사물의 개략적 지식의 의미로 오용되는 일이 있지만, 개념은 사물의 본질적인 특징을 취급하는 사고형식(思考形式)이다. G.W.F. 헤겔에 의하면 철학적 개념이란 곧 대상의 고유한 자기자신이며 생(生, Leben) 그 자체의 영혼(魂)이다.

경험론(經驗論 ; 영, empiricism) 인식의 원천을 오직 경험에서만 구하는 학설이다. 이는 고대에서도 볼 수 있는 것이었지만, 명백한 자각(自覺)을 지닌 경험을 최초로 주장한 것은 베이컨, 로크, 버클리, 흄 등에 의해서 주장된 17~18세기의 영국 경험론이다. 그들이 말하는 경험은 감각(내부 경험을 포함하여)이며 일체의 관념은 경험에 의해서 생긴다고 주장하여, 합리론의 주장인 생득관념을 부인했다.

계기(契機 ; 독, Moment) 원래는 G.W.F. 헤겔 변증법의 술어이다. 일반적으로 어떤 것을 움직이게 하며 결정을 짓는 근거. G.W.F. 헤겔에 있어서는 변증법적 운동의 동적 과정 속에서 전체적 연관을 조성하며, 따로 떼어 놓을 수 없는 구성 요소로서 논리적으로 사고할 수 있는 것을 의미한다. 또 사물이 변증법적 발전을 하는데 있어, 반드시 통과해야만 하는 점, 조건, 국면의 뜻이다.

관념론(觀念論 ; 영, idealism, 독, Idealismus) 물질 또는 자연에 대한 관념(정신 및 의식)의 근원성을 주장하는 학설이며, 유물론과 대립관계에 있다. 원래 관념이라는 말은 두 가지 의미로 사용된다. 첫째로 플라톤적인 이데아, 곧 개인의 의식을 넘어 비물질적인 영원불멸의 것을 가리키는 것으로, 이것은 일반적으로 고대 및 중세의 유럽 철학사에서 받아들여진 의미이다. 두 번째로 외부세계에 대립하는 우리의 의식 내의 표상을 가리키는데, 이것은 오히려 근대 이후에 대두되었다.

대립(對立 ; 독, Gegensatz) 1) 형식논리학에서는 ① 반대, 상관 모순의 관계에 있는 두 개의 개념 관계와 ② 판단의 대당 관계를 말한다. 2) 현실 가운데에서 나타나는 서로 남을 배제함과 동시에 남과 불가분의 관계에 있는 것을 말한다. 그러나 이것은 일방적인 규정으로 여러 가지 현실적인 대립의 특수성을 명확하게 하는 것에 의해서만 현실의 대립 · 항생의 관계가 명확하게 된다. 칸트는 논리적 대립에 대하여 '실재적 대립'이라고 하는 사태(事態)를 규명하였다. G.W.F. 헤겔의 변증법에서는 대립이 어떤 다른 개념에 의해서 요구되면서도 이를 또 부정함으로써 동시에 이를 보충하는 가운데 결론은 그 다른 개념이 되며 이것은 부정, 모순과 밀접하게 관계된다. 그런데 G.W.F. 헤겔은 대립 및 모순을 발전의 기초에 둠으로써 칸트보다 발전하였지만, 동시에 '실제적 대립'을 논리화하여 대립의 모든 구별을 모호하게 만들었다. 맑스는 G.W.F. 헤겔의 일반성과 개별성과 같은 대립과 현실적인 대립(예, 봉건귀족과 시민)과의 혼동을 G.W.F. 헤겔의 근본적인 이론으로서 비판하였다.

대립물의 통일과 투쟁(영, unity and struggle of the opponents) 레닌에 의해서 명확히 정식화된 변증법의 중심법칙이다. 대립물의 통일 또는 동일이란 사회, 정신을 포함하여 자연의 모든 현상 및 과정 속에서 모순되고 서로 배제하려는, 대립하는 경향이 존재하고 그러한 대립하는 측면이 각각 자기에게 대립하는 측면을 자기 존재의 전제로 하고 있고, 쌍방이 하나의 통일체 속에서 공존할 뿐만 아니라 모순 관계에 있는 쌍방이 일정한 조건에 따라서 그 반대의 측면으로 전화한다는 것이다. 투쟁은 발전의 원동력이라는 견지에 의해서만 자기운동, 비약, 낡은 것의 소멸과 새로운 것의 발생을 파악할 수 있다. 조건적, 상대적인 동일성과 무조건적으로 절대적인 투쟁성이 결합하여 모든 사물의 모순의 운동이 구성되고 있다.

맑스(Marx, Karl 1818~1883) 사회주의의 창시자. 독일 라인 주(州)의 트리에르에서 태어나 본, 베를린 양대학에서 법률학, 역사학, 철학을 공부하였다. 학위 논문 『데모크리토스와 에피쿠로스의 자연철학의 차이』(1841)는 아직 G.W.F. 헤겔 주의적 특색을 띠고 있으나, 그는 G.W.F. 헤겔 좌파(특히 포이어바흐)의 영향을 받아 혁명적인 입장에 들어섰다. 이어서 급진적 부르주아 기관지 『라인 신문』의 주필로서 쾰른으로 이주하였지만(1842~1843), 곧 이어 그 신문은 정부에 의해 폐간되었다. 그가 혁명적 민주주의에서 공산주의로 발전하고 명백한 유물론의 입장을 취하기에 이르는 때가 바로 이 시기이며, 1844년 파리에서 루게(Ruge, Arnold 1802~1880)와 함께 간행한 『독일-프랑스 연보』에 실었던 논문 『헤겔 법철학 비판 서설』은 이것을 뚜렷하게 보여주고 있다. 1844년에 엥겔스와 친분을 맺은 이래 이 두 사람은 평생 공동 운명체이며 동지로서 활약하였다. 그 후 맑스는 파리, 브뤼셀, 쾰른 등지로 수차에 걸쳐 추방되었지만, 1849년 이후에는 런던으로 이주하여 여기에서 죽을 때까지 계속 머물렀다. 이 사이에 그는 엥겔스와 공동으로 『신성가족』(1845), 『독일 이데올로기』(1845)를 저술하였고 또한 『철학의 빈곤』(1847)을 통해 프랑스의 사회사상가 푸르동을 비판하였으며, 이러한 저술을 통해서 변증법적 및 사적 유물론의 이론에 도달하였고 이것을 토대로 엥겔스와 공동으로 획기적인 역작 『공산당 선언』(1848)이 완성되었다. 게다가 엥겔스의 도움으로 빈곤과 싸우면서 『정치경제학 비판』(1859)을 저술하였으며 그 서문에서 사적 유물론에 관한 도식화를 명백하게 제시하였다. 이것에 기초하여 자본주의 사회를 해부한 『자본론』이 출판되었으니 제1권(1867)은 맑스 자신이 완성하였으나 제2권(1885), 제3권(1894)은 그의 사후 엥겔스의 힘을 빌어 완성하지 않으면 안 되었다. 또한 『자본론』과 함께 그의 경제학 이론의 체계를 형성한 『잉여가치 학설사』도 금세기에 이르러 간행되었다. 1850년대 말 이후에는 국제 노동운동을 지도하였고 제1인터내셔널(1864~1876)의 창설과 그 지도를 맡아 보았다. 또한 노동자 계급의 국제적인 단결을 위해 힘썼으며 다수의 저작활동과 실천을 하였다. 또한 『경제학, 철학 초고』(1844)는 사적 유물론의 성립사

(史)를, 그밖에 『프랑스에 있어서 내란』(1871)이나 『고타강령 비판』(1875)등은 특히 사적 유물론의 구체적 측면들을 보여주고 있다. 그의 미학과 예술론을 편집한 『맑스와 엥겔스 예술론』(1950)도 있다.

모순(矛盾 ; 독, Widerspruch) 아리스토텔레스에 의하면 같은 속성, 술어가 동시에 그리고 동일한 사정 아래에서 같은 기체(基體)나 주어에 속하기도 하고, 또는 그렇지 않기도 하는 경우를 말하는데, 일반적으로는 어떤 명제와 그의 모순 명제가 동시에 주장되는 것을 의미한다. 그 이후로 모순이라고 하는 개념은 주로 논리적 모순의 뜻으로 사용해 오고 있다. 현대 논리학에서는 요소 명제가 어떤 이론으로부터 하나의 명제와 그의 모순 명제가 동시에 도출될 때, 그 이론은 모순된 것이거나 모순을 내포한다고 한다. 그러나 현실 속에서도 이와 같이 서로 양립될 수 없는 것을 내포하는 사태가 발생한다. 예를 들면 기존의 사회 체제를 유지하려는 집단과 변혁하려는 집단 사이의 관계, 또는 남편과 아내의 관계 사이의 비양립성과 같은 현실적 모순이 바로 그것이다. 논리적 모순과 현실적 모순에 공통되는 일반적 규정은 비양립성이지만 이들 양자 사이에도 또한 차이점이 있다. 즉 논리적 모순은 어떤 것을 동시에 또한 동일한 의미로 긍정하면서 또한 이를 부정하는 것이기 때문에, 이와 같은 사고 속에서의 상태는 잘못이며 이것은 수미일관된 것으로 바꾸어지지 않으면 안 된다. 한편 현실적 모순도 해결을 요구하지만 그러나 이것은 현실적 모순이 잘못이기에 그런 것은 아니다. 우리는 현실적 모순을, 논리적 모순을 범하지 않으면서 객관적이고 현실적인 사고를 통해서 파악할 수 있다. G.W.F. 헤겔에 있어서 모순은 우연적인 것이 아니라 자연, 사회, 역사 그 자체 속에는 물론 이를 대상으로 하는 인간의 인식 행위 자체 내에도 속속들이 침투돼 있어서 이러한 모순이야말로 운동과 변화와 발전의 원동력임을 명확히 하였다. “흔히 모순이란 동일성과 같은 정도로 본질적이며 내재적인 규정이 아니라고 여겨온 것이야말로 종래의 논리학이나 또는 상식의 세계가 지녀온 기본적 편견 중의 하나이다. 여기서 만약 우리가 이들 두 규정 사이의 순위 문제를 거론할 뜻으로 이들을 서로 분리되어 있는 별개의 규정으로 간주한다면, 필경 이 양자 중에서는 모순이야말로 심오한 본질적인 것이라고 해야만 하겠다. 왜냐하면 모순에 비해서 동일성이란 것은 단순한 직접적 존재, 즉 죽은 존재라는 규정 이상의 것이 될 수 없기 때문이다. 이와는 달리 모순은 온갖 운동과 활력의 근원인 까닭에 그 어떤 것이건 간에 오직 모든 것은 자체 내에 모순을 잉태하는 한에서만 스스로 운동하며 동시에 충동과 활동과 활동성을 지니기도 하는 것이다"(G.W.F. 헤겔). 이 점에서 맑스주의도 G.W.F. 헤겔의 충실한 계승자라고 하겠지만, 그러나 여기서는 사유 논리나 인식의 측면에서보다도 존재의 변증법, 즉 유물 변증법에 입각하여 모순이 객관적으로 사물 자체 내에 담겨 있다고 한다. 즉 이 경우에는 사물 자체 내에 잉태된 여러 인자 간의 대립, 투쟁을 의미하는 것이 된다.

상관관계(相關關係 ; 영, corelation) 아버지와 아들, 위와 아래와 같이, 한편이 다른 한편의 관계를 떨쳐 버릴 경우 서로 의미가 없어지는 경우를 가리켜 상관 관계라 한다. 이와 같은 관계에 있는 개념을 상관 개념이라 한다.

상호작용(相互作用 ; 독, Wechselwirkung) 교호작용이라고도 한다. 사물이 서로 원인이 되거나 결과가 되기도 하며 서로 작용하고 만나는 것으로, 역학에 있어서는 작용과 반작용, 생물체에 있어서는 모든 기능의 상호작용, 사회 현상에 있어서는 토대와 상부구조 등이 그 두드러진 예이지만, 우주 내의 모든 존재는 서로 연관되며 제약하는 상호 작용의 관계에 있다. 개개의 현상을 이해하기 위해서는 그것들을 보편적인 연관으로부터 고립시켜 관찰할 필요도 있겠지만, 이 경우에는 교대(交代)하고 변전하는 현상의 한 쪽은 원인으로 다른 쪽은 결과로서 나타난다.

상호침투(相互浸透 ; 독, Durchdringung der Gegensatze) 엥겔스는 이것을 그의

『자연변증법』에서, 변증법을 구성하는 세 가지 근본 법칙 중의 하나로 들고 있다. 레닌이 '대립물의 통일'이라고 부른 것과 거의 같은 내용이다.

생성(生成 ; 독, Werden) 존재(存在)에 대한 변화를 나타내는 말. 파르메니데스의 불변의 존재에 대하여, 헤라클레이토스는 "모든 만물은 유전(流轉)한다."는 생성(生成)의 입장이었다. 이것을 논리적인 범주로서 일정한 위치로 규정한 것은 G.W.F. 헤겔이다.

유물론(唯物論 ; 영 materialism) 정신에 대하여 물질의 근원성을 주장하는 입장이며, 물질에 대하여 정신의 근원성을 주장하는 관념론에 대립한다. 유물론이라고 하는 명칭은 유럽에서는 18세기에 성립되었지만, 관념론과 유물론의 대립은 근대로부터 현대에 이르기까지 여러 가지 형태로 철학사 전체를 수놓고 있다. 크게 보면 유물론은 진보적인 계급의 사상을 대표하고 있으며, 항상 반종교적이고 무신론적인 성격을 갖는다. 따라서 그 학설은 수차 억압의 대상이 되었으며, 특히 고대 인도나 중국에서는 후세의 역사에 전승되는 바가 극히 적다. 유럽에서는 이것은 소크라테스 이전의 초기 그리스 철학, 중세 말기의 유명론에서 볼 수 있으며 근세에는 베이컨, 가상디를 선구로 하여 16세기의 영국의 유물론, 게다가 19세기의 포이어바흐 및 러시아의 혁명적 민주주의자(헤르첸)에 의해서 계승되었고, 맑스, 엥겔스에 의해서 변증법적 유물론으로 고양되었다. 유물론은 물질과는 아무 관계없는 영혼이나 의식·정신을 인정하지 않고 실증과학의 성과에 의거하여 의식(사고)을 고도로 조직된 물질, 즉 두뇌의 소산으로 본다. 따라서 유물론은 우리의 의식으로부터 독립된 객관적 실재(물질)를 인정함과 동시에 우리의 인식을 정신의 자유로운 창조가 아닌 두뇌에 의한 객관적 실재의 반영으로서 이해한다.

양(量)의 질(質)로의 전화(독, Umschlagen Von Quantitat in Qualitat) 물을 가

열하는 경우 어느 한도 내에서는 액체 상태 그대로 온도만 높아져 가지만, 정상 기압 아래에서 섭씨 100℃에 도달하게 되면 물은 수증기로 변하기 시작한다. 이와 같이 모든 변화는 양적 측면을 지니며, 양적 변화(증대, 감소)는 어느 한도에 이르기 전까지는 질(質)을 변화시킬 수 없지만, 어느 한도에 이르게 되면 질적 변화가 생긴다. 이것은 점차적인 양적 변화에 의해서 준비되고 있지만, 질적 변화가 일어나는 때는 점차성(漸次性)이 중단되고 비약적인 변화가 일어나게 된다. 이것이 양의 질로의 전화이다. 이것의 관념론적인 형태는 G.W.F. 헤겔이 주장한 것이지만, 이것은 맑스주의에 있어서 변증법의 기본법칙의 하나이다.

지양(止揚, Pick up) 헤겔의 변증법에서 사용된 용어. 독일어의 본래의 의미는 '높이다', '보존하다' 및 '부정하다'라는 몇 가지를 포함하는데 보통은 '부정하다'라는 의미로 사용되었다(예를 들면 칸트의 사용법). 헤겔은 이 의미들을 채용하여 변증법상의 발전에 있어서 낡은 질(質)이 부정되고 새로운 질로 옮겨 갈 때 낡은 질에 있던 것이 모두 부정되어 버리는 것이 아니고 그 안의 적극적인 것은 새로운 질의 내부에 보존된다는 식으로 보존과 부정 두 측면이 거기에 있다는 것을 나타내기 위해 사용하였다. 마르크스, 엥겔스가 변증법을 유물론의 입장에서 파악하는 경우에도 이 용어를 사용하고 있다.

트리아데(독, Triade) 삼분법이라 부르며 자칫 이것만을 변증법의 내용으로 하는 경우가 적지 않다. 즉 최초의 '**정**'(正)은 다음에 오는 '**반**'(反)에 의해서 부정되며 다시 이것은 세 번째 단계인 '**합**'(合)에 의해서 부정되지만 이 '합' 속에는 '정'과 '반'이 어떤 의미에서 내포된다는 도식을 말한다. 물론 이러한 도식화의 가능성이, 변증법적 발전 논리를 내용면에서뿐만 아니라 형식상으로도 완벽하게 구성하려던 G.W.F. 헤겔 자신에게서 찾아질 수도 있지만, 그러나 정확히 따져 보면 G.W.F. 헤겔은 결코 그렇듯 경직된 고정적 형식화에 의해서보다는 오히려 2분법과 4분법도 적용할 수 있음을 분명히 한 바 있다. 이 점은 그의 대논리학 개념론에 잘 나타나 있다.

헤겔(Hegel, Georg Wilhelm Friedrich 1770~1831) 독일 고전철학의 최대의 철학자로 예나, 하이델베르크 등에서 강의하였으며, 만년에는 베를린대학의 교수로 활동하였다. 그의 철학은 칸트, 피히테 그리고 셸링의 체계를 집대성한 절대적 관념론으로 독일 고전철학은 G.W.F. 헤겔에 와서야 비로소 완성되었다고 할 수 있겠다. 우주에 존재하는 모든 것의 총체를 '절대정신'으로 간주하고, 이 절대정신이 모든 발전의 여러 단계를 관철하고 있으며, 그 각 단계가 각각 논리적 현상이나 자연적 및 사회적 현상을 표현한다. 다시 말하여 절대정신은 처음에 즉자적 단계에 머물러 있다가 그 발전의 각 단계에서 자신의 새로운 측면이나 규정을 발현시킨다. 절대정신은 질적으로도 양적으로도 측정되는 존재이며 그 본질은 현상에 의해서 현실성을 구성한다. 논리적 개념은 주관적이며 객관적인 모멘트를 통하여 이념으로 전화한다. 절대이념은 순수 논리의 영역에서 자기를 외화하여 자연으로 전화하고 다시 정신으로서 그 자신에게로 돌아온다. 정신의 발전 단계에 해당하는 것은 그 중에서도 가족, 국가, 종교, 마지막으로 철학이며, 철학은 자기 자신을 인식하는 절대정신으로서 G.W.F. 헤겔에 와서 나타난다. 이것이 G.W.F. 헤겔의 절대적 관념론이다. 이것에 따라 그의 철학도 '논리학' '자연철학' '정신철학' 세 부문으로 나뉘어진다. 그의 철학은 자연, 역사, 정신의 전 세계를 부단한 운동과 변화, 발전의 과정으로 나타내고, 그러한 것들의 내적인 연관을 파악하려는 거대한 시도였으며, 그 발전 과정이 곧 변증법이다. 이것은 그의 사상에 있어서 혁명적인 면이었으나, 그의 관념론적 체계의 요구로 인해 충분히 관철되지 못하였다. 정치적으로도 프랑스혁명을 감격적으로 받아들였으며, G.W.F. 헤겔이 거주하던 예나에 나폴레옹이 입성하던 날 그의 『정신현상학』이 인쇄되고 있었다 한다. 그러나 헤겔철학의 관념론적인 특유성에 의해서 만년에는 프로이센 군주 국가를 옹호하는 것처럼 오해되기도 한다.

현존재(現存在 ; 독 Dasein) 하이데거의 입장에서 실존철학의 기본 용어로 사용되는 경우와, G.W.F. 헤겔의 입장에서 현재 여기에(Da) 그 무엇이 존재함(Sein)을 나타내는 데 쓰이는 두 가지 경우를 들 수 있는데, 우리나라에서도 G.W.F. 헤겔적인 의미에서 정재(定在)와 정유(定有)라고 사용되는 경우도 있긴 하지만 독일어의 원뜻으로 보아서 그대로 현존재를 사용해도 무방하리라 본다. G.W.F. 헤겔의 주저 『정신현상학』, 『대논리학』의 번역 등 이 방면의 연구에 기여하고 있는 임석진(林錫診) 박사는 G.W.F. 헤겔의 용어로서의 Dasein을 현존재라고 옮기고 있다. 이 점에 있어서는 G.W.F. 헤겔 자신이 Dasein을 Existenz와 동일한 의미로 사용하고 있는 점이 주목된다. G.W.F. 헤겔에서의 현존재는 다만 있는 그대로의 존재임과 동시에 어떤 그 무엇을 가리킨다. 현존재로서 있는 것은 어떤 그 무엇이며, 그것은 또 다른 그 무엇과의 관계 속에 있다. G.W.F. 헤겔은 사상과 대상과의 관계 규정으로서 양태의 범주에 관한 칸트 이론을 다루면서 그가 여기서 현존재를 하나의 원리로 확정짓지도 못한 채 이를 개념과의 연관성으로부터 배제했다고 비난한다. 즉 "칸트는 개념과 존재의 종합 혹은 실존(Existenz)을 파악하거나 이를 개념으로 정립하는 데까지 다다르지 못한다"고 하면서 그는 현존재를 '존재와 무(無)의 단순한 일체화'(一體化)라고 하였다. 결국 이렇게 볼 때 "어떤 그 무엇은 그 질에 따라서, 첫째로 유한이며, 둘째로 변화적이다."라는 G.W.F. 헤겔의 현존재 개념에 있어 특히 주의할 것은, 1)이것이 생성과는 이미 다른 것이어서 단순한 유동이 아니라 상대적 안정을 기초로 하여 변화한다는 것으로 서술되고 2)또한 여기서는 아직도 양적 측면이나 3)본질과 현상의 구별 모두가 고려되지 않는다는 점이다.

형식과 내용(Form und Ingalt) ……논리적인 범주로서 명확하게 논한 인물이 G.W.F. 헤겔이며 유물 변증법에 있어서도 그 기본적인 범주의 하나가 되고 있다. 일반적으로 형식이란 다양한 요소를 통일적인 연관이나 구조에 연결짓는 것을 말하고, 형식은 내용에 의해서 규정되는 요소의 총체를 말한다. 형식과 내용은 서로 모순되고 대립되는 또 동시에 불가분의 관계로서 단지 추상적으로 구별될 뿐이다. 따라서 엄밀하게는, 내용은 예컨대 어떠한 형식으로도 주어질 수 있는 조각의 재료와 같은 것으로서 소재나 질료와는 구별되며, 형식도 내용과 무관계한 외적형식(예컨대 책표지가 어떤 것인가와 같음)과는 구별된다. 형식과 내용은 서로 모순되고 대립함을 동시에 상호 규정하고 침투한다. 유물변증법에서는 이러한 상호 관계에 있는 내용을 결정적인 것이라고 생각한다. 발전하는 사물, 예컨대 생산력(내용)과 생산관계(형식)의 통일로서의 생산 양식의 경우에는 내용이 형식을 결정함과 동시에 형식은 내용에 반작용한다. 형식의 발전은 내용의 발전에 뒤떨어져 양자의 모순이 발전하지만 그 발전의 방식과 해결의 방식은 구체적인 조건에 따라 다르다. 예를 들면 자본주의 사회에서의 양자의 모순은 새로운 내용과 이전의 형식 사이의 격렬한 충돌로 나타나지만 사회주의 사회에서의 양자의 모순은 충돌로까지는 발전하지 않고 해결될 수 있다고 한다.

□ 참고 문헌 소개 □

● 우리나라 문헌(번역본 포함)

(1) G. W. F. 헤겔, 임석진 역 『정신현상학』(분도출판사, 1981~2).
(2) ──, 임석진 역, 『대논리학』(지학사, 1982~3).
(3) ──, 임석진 역, 『역사에 있어서 이성』(지학사, 1980).
(4) ──, 전원배 역, 『논리학』(서문당, 1978).
(5) ──, 김종호 역, 『역사철학 강의』(삼성출판사, 1982).
(6) ──, 황세연 저, 『걸어 다니는 철학』(중원문화, 2014).
(7) H. 마르쿠제, 김현일 역, 『이성과 혁명』(중원문화, 2011).
(8) J. 아스라엘, 황태연 역, 『변증법』(까치, 1983).
(9) L. 골드만, 황태연 역, 『루카치와 하이데거』(까치, 1983).
(10) ──, 이춘길 역, 『계몽주의 철학』(지양사 1982).
(11) A. 꼬제브, 설헌영 역, 『역사와 현실 변증법』(한벗, 1981).
(12) M. 리델, 황태연 역, 『헤겔의 사회철학』(한울, 1983).
(13) J. 리터, 김재현 역, 『헤겔과 프랑스혁명』(한울, 1983).
(14) O. 푀겔러, 황태연 역, 『헤겔철학서설』(중원문화, 2012).
(15) S. 아비네리, 김장권 역, 『헤겔의 정치사상』(한벗, 1982).
(16) ──, 이홍구 역, 『칼 맑스의 정치사상과 사회사상』(까치, 1983).
(17) M. 리델, 이병창 역, 『헤겔 사유에 있어서 이론과 실천』(한밭, 1983).
(18) 호르트만, 장춘익 외 역, 『헤겔 변증법 연구』(풀빛, 1983).

(19) 권오궐 역, 『헤겔논리학 입문』(한마당, 1983).

(20) P. 뽈기에, 최정식 역, 『변증법의 이해』(한마당, 1983).

(21) 편집부 역, 『변증법 발달사』(거름, 1983).

(22) 편집실 역, 『변증법의 본질과 역사』(인간, 1983).

(23) R. 하이스, 황문수 역, 『변증법이란 무엇인가』(서문당, 1968).

(24) 편집부 엮음, 『변증법 입문』(이삭, 1983).

(25) 임석진 저, 황태연·이을호 역, 『헤겔에 있어서의 노동의 개념』(지학사, 1981).

(26) ——, 『시대와 변증법』(청사, 1978).

(27) 황태연 편저, 『헤겔 정신현상학 해설』(이삭, 1983).

(28) 임석진·황문수 외 저, 『헤겔연구 I』(범우사, 1984).

(29) 황세연 엮음, 『헤겔 정신현상학과 논리학 강의』(중원문화, 1984).

(30) 강금실외 역, 『헤겔 법철학 입문』(중원문화, 2011).

(31) J. 하버마스, 홍윤기 역, 『이론과 실천』(종로서적, 1983).

(32) M. 제이, 황재우 외 역, 『변증법적 상상력』(돌베개, 1981).

(33) 편집부 엮음, 『변증법적 논리학』(거름, 1983).

(34) G. 노바크, 김대웅 역, 『형식논리학과 변증법적 논리학』(중원문화, 1984).

(35) D. 맥렐란, 홍윤기 역, 『청년헤겔 운동』(학민사, 1984).

(36) K. 베커, 황태연 역, 『헤겔과 마르크스』(중원문화, 2012).

(37) K. 코지크, 김창수 역, 『구체성의 변증법』(거름, 1984).

(38) 편집부 엮음, 『모순과 실천의 변증법』(지양사, 1985).

(39) 철학사전편집위회, 『철학사전』(중원문화, 2012).

(40) 러시아아카데미연구소, 『철학사(전5권)』(중원문화, 2013).

(41) 강대석 저, 『철학사 입문』(중원문화, 2023).

(42) 철학사전편집위회, 『철학대사전』(중원문화, 2023).

□ 변증법 관련 외국책 소개 □

● 고대(古代)

(1) Platon, *Sophista*, Platonis Opera I., Oxford Classical Texts, ed. J. Burnet.

(2) Platon, *Parmenides*, Platonis Opera II., Oxford Classical Texts, ed. J. Burnet.

(3) Platon, *Philebus*, Platonis Opera II., Oxford Classical Texts, ed. J. Burnet.

(4) Platon, *Philebus*, Platonis Opera II., Oxford Classical Texts, ed. J. Burnet.

(5) Platon, *Charmides*, Platonis Opera III., Oxford Classical Texts, ed. J. Burnet.

(6) Platon, *Respublica*, Platonis Opera IV., Oxford Classical Texts, ed. J. Burnet.

(7) Robinson, R., *Plato's Earlier Dialectic*, 2d ed. Oxford 1953.

(8) Stenzel, J., *Studien zur Entwicklung der Platonischen Dialektik von Sokrates zu Aristoteles*, Breslau 1917, 2. Auflage 1931, 3. Auflage 1961.

(9) Niewohner, F. W., *Dialog und Dialektik in Platons Parmenides*, Meisenheim am Glan 1971.

(10) Aristoteles, *Analytica Priora*, Aristotelis, Opera I., hrsg, v, I Bekker, Berlin 1960.

(11) Aristoteles, *Analytica Posteriora*, Aristotelis, Opera I., hrsg, v, I Bekker, Berlin 1960.

(12) Aristoteles, *Topica*, Aristotelis, Opera I.,II., hrsg, v, I Bekker, Berlin 1960.

(13) Aristoteles, *Metaphysica*, Aristotelis, Opera II., hrsg, v, I Bekker, Berlin 1960.

(14) Wilpert, P., 》Aristoteles und die Dialektik《, in: Kantstudien 48, 1956/57.

(15) Paster, W. A. de, *Les Topiques d'Aristote et la Dialectique platocienne*, Fribourg/Suisse 1965.

(16) *Aristotle on Dialectic*. The Topics, ed. G. E. L. Owen, Oxford 1968.

(17) Evans, J. D. G., *Aristotle's Concept of Dialectic*, Cambridge 1977.

● 중세(中世)

(18) Augustinus, *De Dialectica*, ed. J. Pimborg & B. D. Jackson, Dordrecht & Boston 1975.

(19) Boethius, *Opera Omnia II.*, ed. J. P. Migne, (Patrologia Latina 64), Paris 1860.

(20) Anselmus, *Opera Omnia*, rec F. S. Schmitt, T. I-VI. Edinburgi 1946-1961.

(21) Petrus Abaelardus, *Philosophische Schriften*(Beirage zur Geschichte der Philisophie des Mittelalters XXI1-4), hrsg. v. B. Geyer, Munster I. W. 1919-1933.

(22) Petrus Abaelardus, *Dialectica*, ed. L. M. de Rijk, Assen 1956.

(23) Petrus Hispanus, *Tractatus*(Summule Logicales), ed. L. M. de Rijk,

Assen 1972.

(24) Bonaventura, *Opera Omnia*, 10 tomi in 11 vol., Quaracchi 1882-1902/

(25) Thomas Aquinas, *Opera Omnia*, 34 vol., ed. S. E. Frette et T. Mare. Parisiis(L. Vives) 1871-1882.

(26) Occham, G. d., *Ecpositio Aurea*, Bononae 1496.

(27) Occham, G. d., *Summa Logicae*, ed. P. Boehner et al., St. Bonaventure N. Y. 1974.

(28) Nicolaus Cusanus, *Opera Omnia*, 7 vol., ed. E. Hoffmann et R. Klibansky, 1932-53.

(29) Boehner, P., *Mediecal Logic*, Manchester 1952.

(30) Henry, D. P., *Mediecal Logic*, Metaphysics, London 1972.

(31) Pinborg, J., *Logik und Semantik im Mittelalter. Eine Uberblick*, Stuttgart-Bad Cannstatt 1972.

● 근세(近世)

(32) Descartes, R., *Meditationes*,(Euvres de Descartes,, Ch. Adam & P. Tannery Ⅶ. Paris 1904.

(33) Kant, I., *Kritik der reinen Vernnuft*, Gesammelte Schriften Ⅲ u. Ⅳ., hrsg. v. d. Koniglich PreuBishen Akademie der Wissenchaften, Berlin 1904/11 u. 1903/11.

(34) Dempf,A., *Das Unendliche in der mittelalterlichen Metaphysyik und in der kantischen Dialektik*, in: Veroffentlichungen des Katholischen Institutes fur Philisiphi (Albertus-Magnus-Akademie) zu Koln, Bd. Ⅱ. Heft 1., Munster 1926.

(35) Liebert A., *Geist und Welt der Dialektik*, Bd. I. Grundlegung der

Dialektik, Berlin 1929.

(36) Vleeschauwer, H.J. de, 》*Les Antionomies Kantiennes et la Clavis Universalis d'Arthur Collier*《, in: Mind 47., 1938

(37) Kopper, J., *Transzendentales und dialektisches Denken*, Kants tudien Eraganzungshefte 80., Koln 1961.

(38) Heintel, P., 》*Die Dialektik bei Kant*《, in: Studium Generale 21., 1968.

(39) Tonelli, G., 》*Der historische Uresprung der kantischen Termini nalyrik und Dialektik*《, in: Archiv fur die Begriffsgeschichte 7., 1962.

(40) Heimsoeth, H., *Transzendentale Dialektik*, 1-4, 1966 ff.

(41) Bennett, J., *Kant's Dialecric*, London 1974.

(42) Lutterfelds, W., *Kant's Dialektik der Erfahrung*, Meisenheim 1977.

피히테 및 셸링

(43) Fichte, J. G., *Grundlage der gesamten Wisenschaftslehre*, J. G. Fichte-Gesamtausgabe der Bayeruschen Akademie der Wisenschaften. I 2., hrsg. v. R. Lauth, Stuttgart-Bad Cannstatt 1964.

(44) Janke. W., *Fichte-Sein ind Reflexion*, Berlin 1970.

(45) Oiserman, T. I.,》*Die Dialektik in der Philisiphie J. G. Fichtes*《, in: Wissen und Gewissen, hrsg. v. M. buhr, 1962.

(46) Steihler, G., 》*Fichtes dialektischer Idealismus seine synthetische Methode*《, in, Wissen und Gewissen, 1962.

(47) Radermacher, H., 》*Fichtes und das Problem der Dialektik*《, n: Studium Generale 21., 1968.

(48) Hartkopf, W.,》*Die Dialektik in Fichtes als Vorstufe zu Hegels ialektik*《, in : Zeitschrift fur philosophische Forschung 21., 1967.

(49) Schelling, F. W. J., *System des traszendentalen Idealismus*, Schelling WerkeⅡ., hrsg. v. M. Schroter, Munchen 1927.

(50) Holz, H., 》*Die Struktur der Dialektik in den Fruhschriften von Fichte und schelling*《, in: Archiv der Geschichtsphilisiphie 52, 1970

(51) Hartkopf, W., 》*Die Dialektik in Schelling Fruhschriften*《, in: Zeitschrift fur philosophische Forschung 23., 1969.

(52) Uslar,D. v., 》*Die innere Bewegung der absoluten Identitat bei Schelling*《, in: Stadium Generale 21, 1968.

(53) Schmidt, F. W., *Zum Begriff der Negarivitat bie Schelling und Hegel*, Stattgart 1971.

(54) Schulz, W., 》*Das Verhaltnis des spaten Schelling zu Hegel*《, in : *Zeitschrift fur philosophische Forschung 8.*, 1954.

헤 겔

(55) Hegel, G. W. F., *Samtliche Werke, Jubilaumsaugabe in 26 Bdg.*, hasg. v. H. Glockner, Stuttgart 1927-1940.

(56) Mc Taggart, J., *Studies in the Hegelian Dialectic*, Cambridge 1896.

(57) Purpus, W., *Zur Dialektik des Bewnbtseuns nach Hegel. Beitrag zur Wurdigung der Phanomenologie des Geistes*, Berlin 1908.

(58) Glokner, H., *Der Begriff in Hegels Philisiphie. Versuck einer logischen Einleitung in das metalogische Grundproblem des Hegelianismus*, Tubingen 1924.

(59) Heimann, B., *System und Methode in Hegels Philisiphie*, Leipzig 1927.

(60) Gunther, G., *Grundzuge einer neuen Theorie des Denkens in Hegels Logik*, Leipzig 1933.

(61) Durr, A., *Zum Problem der Hegelschen und ihrer Formen*, Berlin 1938.

(62) Axmann, W., *Zur Frage nach dem Ursprung des dialektischen Denkens bei Hegel*, Wurzburg-Aumuhle 1939.

(63) Jung, E., *Entzweiung und Versohmung in Hegels Phanomenologie des Geistes*, hrsg. v. H. Rockel, Leipzig 1940.

(64) Hyppolite, J., *Genese et structure de la phenomenologie de l'esprit de Hegel*, Paris 1946.

(65) Kojeve, A., *Introduction a la leture de Hegel*. Lecons sur la phenomenologie de l'esprit, Paris 1947.

Deutsche Ubersetzung : *Hegel. Eine Vergegenwartigung seines Denkens*, hrsg v. I. Fetscherm Stuttgart 1958.

(66) Bloch, E., *Subjekt-Objekt. Erlauterungen zu Hegel*, Berlin 1951.

(67) Coreth, E., *Das Dialektik Sein in Hegels Logik*, Wien 1952.

(68) Hyppolite, J., *Logique et existence. Essai sur la logique de Hegel*, Paris 1953.

(69) Stiehler, G., *Die Dialektik in Hegels Phanomenoloie des Geistes*, Berlin 1964.

(70) Fulda, H. F., *Das Problem einer Einleitung in Hegels Wissenschaft der Logik*, Frankfurt a. M. 1965.

(71) Radermacher H., 》*Zum Problem des Begriffs Voraussetzung in Hegels Logik*《, in: Hegels-Stadium, Beiheft 4, 1969.

(72) Becker, W., *Hegels Begriff der Dialektik und das Prinzip des Idealismus. Zur systematischen Kritik der logischen und der phanomonologischen Dialektik*, Stuttgart 1969.

(73) Becker, W., *Hegels phanomonologie des Geistes. Eine Interpretation*,

Stuttgart 1971.

(74) Henrich, D., *Hegel im Kontext*, Frankfurt a. M. 1971

(75) Hartkopf, W., *Der Durchbruch zur Dialektik in Hegels Denken*, Meisenheim am Glan 1976.

(76) Schmitz, H., *Hegel als Denker der Indicidualitat*, Meisenheim am Glan 1957.

(77) Henrich, D., 》*Formen der Negation in Hegels Logik*《, in: Hegels-Jahrbuch, Koln 1974.

(78) Gohlerm G., 》*Dialektik und Politik in Hegels fruhen politischen systemen*《, in: G. W. F. Hegel Fruhe Politische Systeme-Berlin 1974.

(79) *Hegel*, hrsg. v. O. Pogger, Freiburg 1977.

(80) Kroner, R., *Von Kant bis Hegel*, 2 Bde., Tubingen 1921-1924.

(81) Hartmann, N., *Die Philosophie des deutschen Idealismus*, Berlin und Leipzig 1929.

(82) Lowith, K., *Von Hegel zu Nietzsche*, Zurich, New York 1941.

(83) Sok-zin Lim : *Der Begriff der Arbeit bei Hegel*, Bonn 1963

변증법과 기독교신학

(84) Kierkegaard, S. A., *Entweder-Oder, Gesammelte Werke 1-2.*, ubersetzt v. E. Hirsch, Dusseldorf 1956-57.

(85) Kierkegaard, S. A., *AbschlieBende unwissenschaftliche Nachschrift zu den Philosophischen Brocken*, Gesammelte Werke 16., ubersetzt v. H. M. Junghans, Dusseldorf 1957.

Barth, K., Der Romerbrief, 2. Auflage, Munchen 1922.

(86) Schleiermacher, F. E. D., *Dialektik*, hrsg. v. R. Odebrecht, 1942, Nachdruck

Darmstadt 1976.

변증법적 유물론

(87) Feuerbach, L., *Das Wesen des Christentums*, Gesammelte Werke 5., hrsg. v. W. Schuffenhauer, Berlin 1973.

(88) Feuerbach, L., *Grundsatze der Philisiphie der Zukunft*, Gesammelte Werke 9., hrsg. v. W. Schuffenhauer, Berlin 1970.

(89) Karl Marx, *Friedrich Engels Werke*, Berlin, 1956-1969

(90) Korsch, K., *Marxismus und Philosophie*, 2. Auflage, Leipzig 1930.

(91) Lefebvre, H., *Le materialisme dialectique*, Paris 1947.

(92) Rosental, M. M., *Die Dialektik in Marx'* Kapital, 1955.

(93) Hyppolite, J., *Etudes sur Marx et Hegel*, Paris 1955.

(94) Schmidt, A., *Der Begriff der Natur in der Lehre von Marx*, Frankfurt a. M. 1962.

(95) Garaudy, R., *Die Aktualitat des Marxschen Denkens*, Frankfurt a. M. 1969.

(96) Lukacs, G., *Geschichte ind KlassenbewuBtsein*, Berlin 1923.

(97) Jackson, T. A., *Dialectics-The Logic of Marxism, and its Critics*, New York 1936, 2. Auflage 1971.

(98) Bekkerm K., Marx' *phililosophische Entwicklung*. Sein Verhaltnis zu Hegel, 1940.

(99) Walter, E. J.,》*Der Begriff der Dialektik im Marxismus*《, in : Dialektica 1. 1947.

(100) Steinvorth, U., *Eine analytische Interpretation der Marxschen Dialektik*, Meisenhim 1977.

(101) Colletti. L., *Marxismus und Dialektik*(Marxismo e dialettica), Frankfurt, Berlin u. Wien 1977.

변증법의 역사일반

(102) Hartmann, E. v., *Uber dialektische Methode*, historische kritische Untersuchungenm Berlin 1868. Nachdruck Darmstadt 1963.

(103) Cohn, J., *Theorie der Dialektik*, Leipzig 1923. Nachdruck Darmstadt 1965.

(104) Wenzel, A., *Bedutung und Vieldeutigkeit der Dialektik*, Munchen 1959.

(105) Kofler, L., *Geschichte und Dialektik. Zur Methodenlehre der dialektischen Geschichtsbetrachtung*, Hamburg 1955.

(106) Kneale, W. & M., *The Development of Logic*, Oxford 1962.

(107) Prantl, C., *Geschichte der Logik im Abendlande*, 4 Bde. Leipzigs 1927, Nachdruck Grz 1955.

(108) Rod, W., *Dialektische Philosophie der Neuzeit 2 Bde*. Munchen 1974.

(109) Heiss, R., *Wesen und Formen der Dialektik*, Koln und Berlin 1959.

(110) Heiss, R., *Die groBen Dialektiker des 19*. Jahrhunderts. Hegel, Kierkegaard, Marx. Koln and Berlin 1963.

● 현대의 변증법 연구문헌

프랑스

(111) Gonseth, F., 》*Peut-ou Parler de science dialectique?*《, in: Dialectica 1., 1947.

(112) Gonseth, 》Experience et dialectique《, in : Stadium Generale 21.,1968.

(113) Gurvitch, G., *Dialectique et Sociologie*, 1965.

(114) Sartre, J. P., *Critique de raison dialectique*, Paris 1960.

(115) Merleau-Ponty, M., *Les acentures de le dialectique*, 1955.

프랑크푸르트학파

(116) Kosik, K., *Die Dialektik des Konkreten*, 1967.

(117) Revolutionare Praxis. *Jugoslawischer Marxismus der Gegenwart*, hrsg. v. G. Petrovic, 1969.

(118) Zivotic, M., 》*Die Dialektik der Natur und die Authentizitat der Dialektik*《, in : Revolutionare Praxis, 1969.

(119) Markovic, M., *Dialektik der Praxis*, Frankfurt a. M. 1968.

(120) Marcuse, H., 》*Zum Problem der Dialektik*《, in : Die Gesellschaf VII., 1930.

(121) Marcuse, H., *Reason and Revolution*, New York 1941.

(122) Marcuse, H., *Hegels Ontologie und die Theorie der Geschichtlichkeit*, Frankfurt a. M. 1968.

(123) Horkheimer, M, u. Adorno, Th. W., *Dialektik der Aufklarung*, New York 1944, Frankfurt a. M. 1969.

(124) Adorno, Th, W., *Negtive Dialektik*, Frankfurt a. M. 1966.

(125) Habermas, J., *Technik und Wissenschaft als Ideologie*, Frankfurt a. M. 1968.

(126) Habermas, J., 》*Analytische Wissenschaftstheorie und Dialektik*《, in : Logik der Sozialwissenschaften, Koln 1965.

(127) Habermas, J., *Erkenntnis und Interesse*, Frankfurt a. M. 1968.

(128) Habermas, J., *Theorie und Praxis*, Neuwied u. Berlin 1963, 4. erw.

Aufl. Frankfurt 1971.

분석철학과 변증법

(129) Popper, K. R., 》*Whar is the dialectic?*《, in: Mind 49, 1940.

(130) Albert, H., *Traktat uer kritische Vernuft*, 1968.

(131) Albert, H. u. a., *Der Positicismusstreit in der deutschen Soziologie*, Neuwied/Berlin 1969. darin : 》*Der Mythos der totalen Vernunft. Dialektische Anspruche im Lichte undialektischer Kritik*《, S. 193 ff. 》*In Rucken des Posttivismus? Dialektische Umwege in kritischer Beleuchtung*《, S. 267 ff.

(132) Simon-Schaefer, R., *Dialektik. Kritik eines Wortgebrauchs*, Stuttgart-Bad Cannstadt 1973.

(133) Bubner, R., *Dialektik und Wissenschaft*, Frankfurt a. M. 1973.

(134) Lucio Colletti u. a., *Moderne Sophistik*, Gottingen 1976.

(135) Logik der Sozialwissenschaften, hrsg. v. E. Topitsch, *Neue Wissenschaftliche Bibliothek 6*, Koln u. Berlin 1967.

(136) Gunther, G., *Idee und Grundri einer nicht-Aristotelischen Logik*, Bd. 1. Die Idee und ihre philosophischen Voraussetzungen, Hamburg 1959.

(137) Gunther, G., *Beitrage zur Grundlegung einer operationsfahigen Dialektik*, Bd. 1. Hamburg 1976.

(138) Stegmuller, W., *Das Wahrhektsproblem und die Idee der Semantik*, Wien u. New York 1969.

(139) Hubig, C., *Dialektik und Wissenschaftslogik*, Berlin 1978.

현상학, 해석학

(140) Heidegger, M., *Identitat und Differenz*, Pfullingen 1957.

(141) Heidegger, M.,》*Grundsatze des Denkens*《, in : Jahrbuch fur Psychologie und Psychotherapie, 6. Jahrgang Heft 1/3, Munchen und Freiburg 1958.

(142) Heidegger, M.,》*Hegels Begriff der Erfahrung*《, in: Holzwege, 4. Auflage, Frankfurt a. M. 1963.

(143) Gadamer, H. G., *Wahrheit und Methode*, Tubingen 1960.

(144) Gadamer, H. G., 》*Vorgestalten der Reflexion*《, in : Subjektivitat und Metaphysik, Frankfurt a. M. 1966.

(145) Gadamer, H. G., 》*Platons ungeschriebene Dialektik*《, in : Kleine Schriften III., Tubingen 1972.

(146) Gadamer, H. G., *Hegels Dialektik. Funf hermeneutische studien*, Tubingen 1971.

(147) Landgrebe, L., 》*Das Problem der Dialektik*《, in : Marxismus studien, 3. Folge(Schriften der evangelischen Studiengemeinschaft), Tubingen 1960.

(148) Perelman, Ch., 》*Dialectique et Dialogue*《 in : Hermeneutik und Dialektik II., Tubingen 1970.

(149) Poggeler, O., 》*Dialektik und Topik*《, in : Hermeneutik und Dialektik II., Tubingen 1970.

(150) Fink, E., 》*Phanomenologie und Dialektik*《, in : Nahe und Distanz, Freiburg 1976.

(151) Wiehl, R., 》*Begriffsbestimmung und Begriffsgeschichte. Zum Verhaltnis von Phanomenologie, Dialektik und Hermeneutik*《, in : Hermeneutik und Dialektik I., Tubingen 1970.

구조주의(構造主義)

(152) Lorenzen, P., 》*Szientismus versus Dialektik*《, in : Hermeneutik und

Dialektik I..Tubingen 1970.

(153) Schwemmer, O., 》*Vom 'Widerspruch in der Sache selbst'. Ein Versuch, Dialektik als Methode der Kritischen Theorie zu verstehen*《, in : Verniinftiges Denken, hrsg. v. J. Mittelstra u. M. Riedel, Berlin 1978.

(154) Lorenz, K., *Elemente der Sprachkritik. Eine Alternative zum Dogmatismus und Skeptizismus in der Analytischen Philosophie*, II., Frankfurt 1970.

(155) Lorenz, K.,》*Dialogspiele als semantische Grundlage von Logik kalkulen*《I. II. in : Archia fur mathematische Logik und Grurdlagenforschung 11., 1968.

(156) Lorenz, P. u. Lorenz, K., *Dialogische Logik*, Darmstadt 1978.

(157) Schulz, W., *Das Problem der absoluten Reflexion*, Frankfurt a. M. 1963.

(158) Schulz, W., 》*Hegel und das Problem der Metaphysik*《, in: Martin Heidegger zum 70. Geburtstag, Pfullingen 1969.

(159) Schulz, W., *Philosophie in der veranderten Welt*, Pfullingen 1972.

(160) Kulenkampff, A., *Antinomie und Dialektik*, Stuttgart 1970.

(161) Heintel, E., *Hegel und die analogia entis*, 1958.

(162) Heintel, E., 》*Das Einzelne, das Allgemeine und das Individualle*《, in: Rationalitat-Phanomenalitat-Individualitat, 1966.

(163) Heintel, E., *Die beiden Labyrintle der Philosophie*, 1968.

(164) Glaser, I., 》*Die historische Dimension der dialektischen Theorie*《, in: Vernunftiges Denken, hrsg. v. J. Mittelstra u. M. Riedel, Berlin 1978.

(165) Kaulbach, F., *Ethik und Metaethik. Darstelling und Kritik metaethischer Argumente*, Darmstadt 1974.

◆ 철학사 연표 ◆

년도	서 양	동 양	비 고
BC 3000년경	수메르, 도시문명 성립		
BC 3300년경	이집트, 통일국가 출현		
BC 2333년경		고조선(古朝鮮) 성립	
BC 2070년경		중국 하·은·주 성립	
BC 1000년경	그리스, 폴리스 형성		
BC 6세기경	고대철학 성립		
BC 624	탈레스 출생		만물 유전설
BC 572	피타고라스 출생		관념론자
BC 599?	마하비라 출생		자이나교 창시
BC 563		인도에서 석가모니 탄생	
BC 551		중국 공자(孔子) 출생	
BC 544		중국 묵자(墨子) 출생	
BC 515	파르메니데스 출생		
BC 490년			마라톤 전투
BC 479	소크라테스 출생		
BC 470	데모크리토스 출생		유물론 세계관 주장
BC 460	투키디데스 출생		역사가, 저술가
BC 427	플라톤 출생		관념론적 세계관 수립
BC 4세기경	스토아철학 시작		

년도	서 양	동 양	비 고
BC 384	아리스토텔레스 탄생		
BC 271년	에피쿠로스 출생		
BC 97년경	루크레티우스 출생		
BC 44년	키케로 출생		
BC 4년	예수 탄생		
30년경	세네카 출생		
174년	아우렐리우스 로마 황제 탄생		스토아학파 창시
200년경	고대철학 종점		
204년	플로티노스 출생		
			신플라톤주의 학교 개설
300년경	중세철학성립		
330년	비잔틴제국 성립		서로마제국멸망
387년	아우구스티누스 출생		
		광개토대왕 즉위	신학서『성직에 관하여』저술
392년		마호메트 탄생	
570년			
1096년	제1차 십자군 원정	중국 주자 출생	이슬람교 창시
1130년		징키츠칸 출생	
1162년			중국 주자학 성립
1214년	베이컨 탄생	원나라 서방원정	
1225년	토마스 아퀴나스 출생		근대철학의 등장
1271년	마르코폴로 동방여행		
1335년	인문주의 시작		르네상스운동 시작

년도	서 양	동 양	비 고
1335년		태조 이성계 출생	
1392년		조선 건국	조선 성리학 성립
1397년		세종대왕 탄생	
1492년	콜럼버스 신대륙 발견		서인도 정벌
1501년		이황 출생	
1500년경	로마교황청 부패		면죄부 판매
1469년	토마스 모어 출생		『유토피아』
1477년	루터의 종교개혁		면죄부 판매 비판
1517년	마키아벨리 출생		『유토피아』 출간
	F. 베이컨 출생		경험론 주창
1536년		이율곡 출생	
1545년		이순신 장군 출생	
1588년	토머스 홉스 출생		스페인 몰락과 영국 세계제패
1592년		일본 전국 통일	임진왜란 발발
1596년	데카르트 출생	명나라 멸망	
1632년	스피노자 출생		
1646년	라이프니츠 출생	청나라 건국	
1640년	근대 민주주의 성립		영국, 청교도혁명
1632년	존 로크 출생		
1642년	I. 뉴턴 출생		계몽 철학가
1689년	볼테르 출생		
1694년	몽테스키외 출생		
1712년	루소 출생		

년도	서 양	동 양	비 고
1769년	나폴레옹 출생		프랑스 혁명 주도
1723년	애덤 스미스 출생		『국부론』 저자
1724년	독일 칸트 출생		인식론 출발
1762년		정약용 출생	조선 실학 확립
1770년	헤겔 출생		변증법 확립
1788년			
1789년	쇼펜하우어 출생		유물론 출발점
1798년	공트 출생		프랑스 대혁명
1804년	포이어바흐 출생		실증주의자
1806년	존 스튜어트 밀 출생		무신론 철학 완성
1809년	찰스 다윈 출생		공리주의자
1813년	키르케고르 출생	중국 홍수전 출생	진화론자
1814년			실존주의자
			중국 아편전쟁 후
1818년	칼 맑스 출생		태평천국난 주도
1820년	F. 엥겔스 탄생		『자본론』 저자
1840년	제1차 아편전쟁		『자연변증법』 저자
1844년	F. W. 니체 출생		영국과 청나라
			『짜라투스트라는 이
			렇게 말하였다』로
1856년	프로이트 출생		유명함. 무신론자
			스위스의 정신분석
1859년	존 듀이/베르그송 출생		학자, 혁명가
1861년	에이브러햄 링컨 출생		실용주의 출현
			노예해방 선언

년도	서 양	동 양	비 고
1864년	막스 베버 출생		프로테스탄티즘 부활
1770년	헤겔 출생		1차 산업혁명 시작
1876년		조선 김구 출생	2차 산업혁명 시작
1879년	하이데거 및 비트겐슈	(안중근 출생)	
1889년	타인 출생		
1905년	사르트르 출생		실존철학자 전후
1908년	레비스트로스 출생		세계철학 주도
1910년		한·일 강제병합	조선주권 빼앗김
1911년		청나라 멸망	
1914년	1차 대전 발발	중국 탄생	
1918년	알튀세 출생		구조주의 주창
1919년	러시아 혁명	중국 공산당 창립	맑스 부활
1926년	미셸 푸코 출생	중국 손문 사망	(헤겔과 맑스 부활)
1929년	독일 하버마스 출생		
1945년			2차 대전 종결
1950년			세계 냉전시대 시작
		한국전쟁 발발	
1980년			
1987년		한국 5.18 항쟁	
1991년	소비에트 연방 해체	한국 6.10 항쟁	세계 냉전시대 종결
1998년		한국 IMF 구조신청	3차 산업혁명 시작
2000년		김대중 노벨 평화상	
2019년			4차 산업혁명 시작

중원문화 아카데미 新書

1 **한국근대 사회와 사상** • 일본 교토대학교 연구소 엮음
2 **걸어다니는 철학** • 황세연 저
3 **반듀링론** • F.엥겔스/김민석 역
4 **헤겔 법철학 입문** • 꼬우즈미 따다시 지음
5 **이성과 혁명** • H.마르쿠제/김현일 외 역
6 **정치경제학 교과서 I-1** • 짜골로프 외/윤소영 엮음
7 **정치경제학 교과서 I-2** • 짜골로프 외/윤소영 엮음
8 **정치경제학 교과서 I-3** • 짜골로프 외/윤소영 엮음
9 **이탈리아 맑스주의** • K.프리스터/윤수종 옮김
10 **걸어다니는 경제사** • 황세연 편저
11 **자본론에 관한 서한집** • K.마르크스와 F.엥겔스 저
12 **지배와 사보타지** • 안토니오 네그리/윤수종 옮김
13 **과학기술사** • 석동호 편저
14 **저개발과 의약품** • M. 뮐러/우연재 옮김
15 **맑스주의의 세 갈래길** • W. 레온하르트/하기락 옮김
16 **역사적 맑스주의** • R.알뛰세르/서관모 옮김
17 **경제학의 선구자들** • 일본경제신문사/김종호 옮김
18 **근현대 사회사상가 101** • 이마무라 히도시/안효상 옮김
19 **맑스를 넘어선 맑스** • 안토니오 네그리/윤수종 옮김
20 **교육과 의식화** • P.프레이리/채광석 역
21 **정치경제학 교과서 II-1** • 짜골로프 외/윤소영 엮음
22 **정치경제학 교과서 II-2** • 짜골로프 외/윤소영 엮음
23 **청년 마르크스의 휴머니즘** • H.포피츠/황태연 역
24 **사회를 어떻게 볼 것인가?** • 황세연 편저
25 **헤겔연구②** • 임석진 외저 (절판)
26 **칸트 철학입문** • W.O.되에링/김용정 역
27 **노동조합 입문** • 양원직 편저
28 **마르크스에서 쏘비에트 이데올로기로** • I.페처/황태연 역
29 **소유의 위기** • E.K.헌트/최완규 역
30 **변증법의 현대적 전개①** • W.뢰트/임재진 역
31 **변증법의 현대적 전개②** • W.뢰르/임재진 역
32 **모순의 변증법** • G.슈틸러/김재용 역
33 **헤겔연구③** • 임석진 외저 (절판)
34 **국제무역론** • 久保新一/김선기 역
35 **칸 트** • 코플스톤/임재진 역
36 **자연과학과 철학** • H.라이헨바하/김회빈 옮김
37 **철학 입문** • 황세연 편역
38 **맑스주의의 역사 ①** • P. 브르니츠키/이성백 옮김
39 **맑스주의의 역사 ②** • P. 브르니츠키/이성백 옮김
40 **한국사회와 자본론** • 황태연 저
41 **정치경제학 비판을 위하여** • K.마르크스/김호균 역
42 **과학기술 혁명시대의 자본주의와 사회주의** • 황태연 저/허상수 엮음
43 **혁명운동의 문제들** • S. P.노보셀로프/이창휘 옮김
44 **마키아벨리의 고독** • 루이 알뛰세르/김민석 역
45 **들뢰즈와 가타리** • 로널드 보그/이정우 옮김
46 **과학적 사회주의** • G.그로서/송주명 옮김
47 **맑스-레닌주의 철학의 본질** • F. V. 콘스탄티노프/김창선 역
48 **철학의 기초(1)** • A. 라키토프/김신현 옮김

중원문화 아카데미 新書

49 철학의 기초(2)
• A. 라키토프/김신현 옮김

50 소수자 운동의 새로운 전개
• 윤수종 외 지음

51 한눈에 들어오는 서양철학사
• 타케다 세이지/홍성태 옮김

52 마르크스즘과 유로코뮤니즘
• 산티아고 까리요/김유향 옮김

53 맑스주의와 프랑스인식론
• P. 토미니크 르쿠르/박기순 옮김

54 논리의 오류
• 에드워드 데이머/김회빈 역

55 프랑스 문화와 예술
• 마르크 블랑팽 · 장 폴 쿠슈/송재영 옮김

56 개발과 파괴의 사회학
• 홍성태 지음

57 인민의 벗이란 무엇인가
• V. 레닌/김우현 역

58 예술 · 정보 · 기호
• 가와노 히로시/진중권 역

59 담론의 질서
• 미셸 푸코 지음/이정우 해설

60 사회학의 명저 20
• 김진균 외 지음

61 철학사(1)
• Akademiya Nauk SSSR 편

62 철학사(2)
• Akademiya Nauk SSSR 편

63 철학사(3)
• Akademiya Nauk SSSR 편

64 철학사(4)
• Akademiya Nauk SSSR 편

65 철학사(5)
• Akademiya Nauk SSSR 편

66 인격의 철학, 철학의 인격
• 김종엽 저

67 담론의 질서
• 푸코 지음/이정우 옮김

68 교육자의 길
• 이오덕 외 저

69 정치경제학
• 짜골로프 저

70 박정희 시대-5.16은 쿠데타다
• 이상우 저

71 박정희 시대-민주화운동과 정치주역들
• 이상우 저

72 박정희 시대-5.16과 한미관계
• 이상우 저

73 박정희와 유신체제 반대운동
• 이상우 저

74 세계사 (제국주의 시대)
• 김택현 편

75 세계사 (제1차세계대전)
• 김택현 편

76 세계사 (제2차세계대전과 파시즘)
• 김강민 역

77 세계사 (현대)
• 조진원 편/이춘란 감수

78 근현대 형성과정의 재인식①
• 안종철 외 저

79 근현대 형성과정의 재인식②
• 정근식 외 저

80 시몬느 베이유 철학교실
• 앙느레느/황세연 역

81 소크라테스에서 미셸 푸코까지
• 기다 캔/김석민 역

82 상식 밖의 세계사
• 가바야마 고아치/박윤명 역

83 들뢰즈와 카타리
• 로널드 보그 저/이정우 옮김

84 새로운 예술을 찾아서
• 브레이트 저/김창주 역

85 역사 유물론의 궤적
• 페리 앤더슨/김필호 외 옮김

86 철학적 맑스주의
• 루이 알튀세르/서관모 역

87 생산의 발전과 노동의 변화
• 마이클 피오르 외/강석재 외 역

88 항일과 혁명의 한길에서
• 김운선 지음

89 지배와 사보타지
• 안토니오 네그리/윤수종 역

90 헤겔철학 서설
• 오토 푀겔러/황태연 역

91 과학적 공산주의란 무엇인가
• 빅토르 아파나시예프/최경환 역

92 페레스트로이카 논쟁(서독)
• 에케르트 외/송주명 역

93 페레스트로이카 논쟁(동독)
• 모르겐슈테른 외/신현준 역

94 페레스트로이카 논쟁(프랑스)
• 프랑시스 코엥/신현준 역

95 페레스트로이카 논쟁(소련)
• 야코블레프 외/신현준 역

96 마르크스주의와 개인
• 아담 샤프/김영숙 역

중원문화 아카데미 新書

97 **변증법이란 무엇인가** • 황세연 지음

98 **지역 민주주의와 축제의 관계** • 정근식 외 저

99 **왜 인간인가?** • 강대석 지음

100 **왜 철학인가?** • 강대석 지음

101 **왜 유물론인가?** • 강대석 저

102 **경제학의 선구자들 20** • 일본경제신문사 엮음/김종호 역

103 **남 영 동** • 김근태 저

104 **다시하는 강의** • 이영희, 한완상 외 저

105 **철학의 명저 20** • 한국철학사상연구회 엮음

106 **민족문학의 길** • 구중서 저

107 **맑스, 프로이트, 니체를 넘어서** • 서울사회과학연구소 저

108 **일본적 생산방식과 작업장체제** • 서울노동정책연구소 저

109 **근대성의 경계를 찾아서** • 서울사회과학연구소 지음

110 **헤겔과 마르크스** • K.베커/황태연 역

111 **헤 겔** • 나까야 쪼우/황세연 역

112 **탈현대 사회사상의 궤적** • 비판사회학회 지음

113 **역사가 말 못하는 것** • 민상기 지음

114 **동성애 욕망** • 기 오껭겜 지음/윤수종 옮김

115 **성(性) 혁명** • 빌헬름 라이히 지음/윤수종 옮김

116 **성(性) 정치** • 빌헬름 라이히 지음/윤수종 옮김

117 **성(性) 자유** • 다니엘 게링 지음/윤수종 옮김

118 **분열과 혁명의 영토** • 신승철 지음

119 **사랑과 욕망의 영토** • 신승철 지음

120 **인동의 세월:1980~1985** • F. 가타리 지음/윤수종 옮김

김종엽 저/420쪽/고급양장 신국판/
정가 28,000원

인격의 철학, 철학의 인격

한 철학자의 눈에 비친 인격에 대한 고찰!

저자는 여러 철학자들의 사유에 내재된 진정한 개성과 삶의 관점을 드러내 인격적 정체성이 무엇인지를 밝히고자 했다.

이 저서는 인격적 정체성을 사물과 구별되는 존재의 세계에서 설명하려는 실천적 과제를 안고 있습니다. 더불어 그것을 비판하는 논점과도 논쟁할 것입니다. 인격적 정체성을 정당화하려는 철학적 노력은 단순히 물리적 세계에 역행하는 무모한 시도가 아닙니다. 인격적 정체성에 대한 질문은 개별적 실존이 어떻게 변화무쌍한 삶의 실현과정에서 자기 자신과 동일함을 유지하며, 또한 동일함에 이를 수 있는지를 묻습니다.